그리스도인의 정체성

나는 누구인가?

기독교문서선교회(Christian Literature Center: 약칭 CLC)는 1941년 영국 콜체스터에서 켄 아담스에 의해 시작되었으며 국제 본부는 미국 필라델피아에 있습니다.

국제 CLC는 59개 나라에서 180개의 본부를 두고, 약 650여 명의 선교사들이 이동도서차량 40대를 이용하여 문서 보급에 힘쓰고 있으며 이메일 주문을 통해 130여 국으로 책을 공급하고 있습니다. 한국 CLC는 청교도적 복음주의 신학과 신앙서적을 출판하는 문서선교기관으로서, 한 영혼이라도 구원되길 소망하면서 주님이 오시는 그날까지 최선을 다할 것입니다.

그리스도인의 정체성

서문 ··· 6

차례

▼ **도입부** - 정체성이 혼란한 시대 ······························ 12

[1장] 나는 원래 어떤 존재였는가? ···························· 24
　＊ 사람들은 어떤 존재인가? ································· 24
　＊ 사람들(아담과 하와)이 지은 죄 ························ 25
　＊ 사람들이 지은 죄에 대한 결과 ························· 27
　＊ 죄로 인해 타락한 사람들의 모습 ····················· 29
　＊ 하나님의 구원 계획 ··· 32

[2장] 하나님 안에서 나는 누구인가? ························ 36
　1. **그리스도인의 정체성의 기준인 성경** ············· 37
　2. **그리스도인으로서의 정체성** ·························· 41
　　＊ 그리스도인의 정체성이란 ······························ 43
　　＊ 그리스도인들이 받게 되는 하나님의 은혜 ······ 76
　　＊ 그리스도인들의 삶의 기준 ····························· 83
　　＊ 그리스도인으로서의 정체성에 맞게 살아야 하는 이유 ····· 85
　　＊ 그리스도인으로서의 정체성에 맞게 사는 방법 ······ 86
　　＊ 그리스도인들이 하나님께 받은 사명 ············· 129
　　＊ 그리스도인들이 가지고 살아야 할 소망 ······· 131
　　＊ 그리스도인들이 버리거나 포기해야 하는 것들 ··· 133
　　＊ 사람들이 구원 받기 전의 모습과 구원 받은 후의 모습 ···· 139
　　＊ 그리스도인들이 정체성에 맞게 살 때의 변화 ····· 141
　3. **그리스도인으로서의 자존감** ·························· 143
　　＊ 그리스도인으로서의 자존감 ························· 144
　　＊ 하나님과 마귀가 그리스도인들을 대하는 방법 ··· 145
　　＊ 그리스도인들이 높은 자존감을 가지고 살 수 있는 이유 ···· 145

- ✱ 자존감이 높은 그리스도인들이 살아가는 모습들 ······ 148
- ✱ 그리스도인들이 자존감이 낮아지는 이유 ············· 149
- ✱ 자존감이 낮은 사람들의 특징 ······················· 151
- ✱ 자존감이 낮아지면 생기게 되는 문제들 ·············· 155
- ✱ 그리스도인들이 자존감을 높이기 위해서 점검해야 할 것들 ··· 158
- ✱ 그리스도인들이 자존감을 높이는 방법 ··············· 160
- ✱ 자존감이 높은 그리스도인들이 다른 사람들을 대하는 방법 ··· 162

[3장] 그리스도인으로서 나는 어떻게 살아야 하는가? ··· 164

1. 그리스도인들이 가져야 할 성경적인 세계관 ········ 165
- ✱ 성경적인 신관 ···································· 170
- ✱ 성경적인 인간관 ·································· 172
- ✱ 성경적인 신앙관과 구원관 ························· 175
- ✱ 성경적인 세상관과 역사관 ························· 177
- ✱ 성경적인 국가관 ·································· 179
- ✱ 성경적인 윤리관 ·································· 181
- ✱ 성경적인 문화관 ·································· 183
- ✱ 성경적인 결혼관과 가정관 ························· 188
- ✱ 성경적인 물질관 ·································· 192
- ✱ 성경적인 직업(일)관 ······························ 196

2. 그리스도인들 간의 관계 ························· 200
- ✱ 그리스도인들은 서로 어떤 관계일까 ················ 201
- ✱ 그리스도인들이 다른 사람들과 관계를 잘 맺기 위한 조건 ··· 202
- ✱ 그리스도인들이 서로를 대하는 방법 ················ 202
- ✱ 그리스도인들이 서로 사랑하며 살아야 하는 이유 ····· 208
- ✱ 그리스도인들이 서로의 잘못을 용서해야 하는 이유 ··· 209
- ✱ 그리스도인들이 서로에게 하면 안 되는 행동들 ······· 210
- ✱ 그리스도인들이 죄를 짓거나 잘못하는 것을 알았을 때 ··· 216
- ✱ 그리스도인들에게 형제들과의 관계가 중요한 이유 ··· 216
- ✱ 그리스도인들 간의 관계에 대한 성경적인 특별한 가르침들 ··· 217
- ✱ 그리스도인들이 멀리해야 하는 사람들 ·············· 220

3. 세상의 소금과 빛된 그리스도인들의 삶 ··········· 222
- ✱ 세상을 향한 그리스도인들의 사명 ·················· 224
- ✱ 그리스도인들과 교회들이 서로 사랑하고 협력해야 하는 이유 ··· 226
- ✱ 그리스도인들과 교회들이 돕고 섬겨야 할 사람들 ···· 227
- ✱ 그리스도인들과 믿지 않는 사람들의 공통점 ········· 228

- ✱ 그리스도인들과 믿지 않는 사람들의 다른 점 ·················· 231
- ✱ 세상 사람들이 예수 그리스도를 믿지 않는 이유 ·················· 234
- ✱ 믿지 않는 사람들이 짓는 죄와 그들이 주로 하는 일 ·················· 235
- ✱ 믿지 않는 사람들이 예수 그리스도를 믿을 수 있는 방법 ·················· 236
- ✱ 그리스도인들이 믿지 않는 사람들을 대하는 방법 ·················· 237
- ✱ 그리스도인들과 믿지 않는 사람들의 일반적인 관계 ·················· 237

맺음말 241

그리스도인의 정체성 | 서문

예수 그리스도를 믿음으로 구원 받아 그리스도인이 되면, 그리스도인으로서의 정체성이 주어지는데 그 정체성은 절대 변하지 않습니다. 그리스도인들이 하나님 안에서의 자신의 정체성이 무엇인지 알고, 그 정체성에 맞게 사는 것은 당연한 것입니다.

예를 들어, 한 가정에 아이가 태어나면 그 가족으로서의 정체성을 갖게 됩니다. 그리고 그 아이가 태어날 때의 성별에 따라 남자 또는 여자로서의 성 정체성을 갖게 되고, 그 정체성에 맞게 양육됩니다. 또한 그 아이는 존재 자체로 그 가족의 정체성을 가질 뿐만 아니라, 부모에게 가족으로서의 기본적인 규칙들을 배워 그 가정에 맞는 정체성을 바로 알게 됩니다. 그래서 그 아이는 자신이 속한 가족으로서의 정체성에 맞게 가족들을 사랑하고, 가족들과 함께 시간을 보내며, 가족들을 위해 살게 되는 것입니다. 또한 그 아이는 자신이 속한 민족(나라)의 언어와 역사 등을 배우면, 그 백성(국민)으로서의 정체성을 알게 될 뿐만 아니라 그 정체성에 맞게 살게 되는 것입니다.

마찬가지로 그리스도인이 된 사람들은 하나님 안에서의 자신의 정체성이 무엇인지 성경을 통해 배워서, 그리스도인으로서의 정체성에 맞게 살아야 합니다. 그리스도인들이 하나님 안에서의 자신의 정체성을 바로 알게 되면, 자신이 하나님께 특별한 사랑과 은혜를 받은 귀한 존재요, 지금도 변함없이 그분의 은혜와 사랑을 받으며 사는 하나님의 자녀임을 깨닫게 됩니다. 그래서 그리스도인으로서의 정체성에 맞게 사는 사람들은 하나님을 그 누구보다 사랑하고, 하나님의 말씀에 순종하며, 하나님과 영적으로 친밀한 관계를 맺고, 믿음으로 하나님을 기쁘시게 하는 삶을 삽니다.

그리고 그들은 예수 그리스도를 믿게 하신 것을 하나님의 은혜로 여길 뿐만 아니라, 예수 그리스도를 위해 고난을 받게 하시는 것도 하나님의 은혜로 여기며 삽니다(참조. 시 90:10; 고후 4:16-18; 빌 1:29-30 등). 다시 말해, 그들은 인생을 살면서 당하는 수많은 고난(고통, 가난, 슬픔, 실패 등)을 당연하게 받아들이고, 그 모든 고난을 하나님께 맡기고 기도하면서 영적인 기쁨과 평안이 가득 찬 마음으로 묵묵히 하나님이 기뻐하시는 삶을 삽니다.

그 뿐만 아니라 그들은 시도 때도 없이 찾아오는 마귀의 유혹과 시험들을 하나님을 믿고 의지함으로 맞서 싸워 승리를 쟁취하며 삽니다(벧전 5:8-9). 또한 그들은 하나님의 말씀에 맞게 살면서 교회와 믿음의 형제들을 중심으로 신앙생활을 하고, 어떤 환경이나 상황에서도 하나님 한 분만으로 만족하며, 사랑과 행복, 기쁨과 감사, 평안과 소망이 가득한 일상을 삽니다. 또한 그들은 세상적인 것보다 영적인 것에 더 집중하며 살고, 하나님이 찾으시는 바른 예배자로 살며, 예수 복음의 증인의 사명을 비롯해 하나님께서 맡겨주신 사명을 이루는 데 최선을 다하고, 죄를 멀리하고 소금과 빛된 선한 삶을 삽니다.

그런데 요즘 그리스도인들 중에는 하나님 안에서의 자신의 정체성을 제대로 모르거나 그리스도인으로서의 정체성에 맞지 않게 사는 사람들이 많습니다. 그들은 영적인 것보다 세속적인 것과 육체적인 것을 더 우선하고, 하나님을 위해 살기보다 자기 자신을 위해서 살며, 하나님께서 기뻐하시는 영혼 구원에는 관심이 없이 세상적인 풍요와 성공에만 관심을 두고, 심지어는 세상 사람들의 형통을 부러워하기까지 합니다. 물론 그들은 자녀들에게도 하나님의 말씀은 제대로 가르치지 않고, 오직 세상적인 성공과 풍요를 위한 교육에만 집중합니다.

또한 그리스도인들 중에는 세상적으로는 능력을 인정받고, 육체를 위한 일에는 부지런함과 성실함으로 사람들에게 칭찬을 받으면서도, 하나님의 말씀에는 무지하고, 개인적인 신앙생활이나 교회생활에는 게으르며, 예수 복음을 전하는 사명을 비롯해 하나님께서 맡겨주신 사명은 등한시 하는 사람들도 많습니다. 그리고 하나님과의 영적인 관계보다 다른 사람들과의 육체적인 관계를 위해서만 노력하고, 영적인 일보다 세상적인 일에만 필요 이상 노력하는 그리스도인들도 많습니다.

그래서인지 요즘 대부분의 교회에서 봉사할 사람(말씀을 가르칠 교사나 리더들의 부족, 그 외에 봉사자들 부족이 심각)이 없다는 말을 흔히 듣습니다. 그 뿐만 아니라 요즘은 신학을 공부하려는 그리스도인, 목회자나 선교사로 지원하는 그리스도인, 그리고 세상에서 하나님이 보시기에 선한 영향력을 미치는 직업을 선택하거나 자신이 속한 공동체에서 선한 삶으로 다른 사람들에게 예수 복음을 직간접적으로 전하며 사는 그리스도인들도 심각한 수준으로 줄어들고 있습니다.

그리스도인으로서의 정체성에 맞게 살지 않는 사람들은 하나님께서 주시는 복은 영적인 것보다 물질을 비롯해 눈에 보이는 세상적인 것들이라고 여기며, 복음 증거를 비롯해 영적인 일들은 목회자들이나 선교사들이 하면 된다고 생각하기도 합니다. 그러다보니 많은 그리스도인들이 하나님께 받은 좋은 은사들을 하나님을 위해서는 사용하지 않고, 오직 자신의 육체적인 유익과 세상적인 일에만 사용합니다. 그래서 지역 교회에 등록된 성도들이나 예배에 참여하는 성도들은 많은데, 자신이 가진 달란트와 소유로 영적인 일(섬김과 봉사, 전도와 구제 등)을 하겠다고 지원하는 사람은 많이 없는 실정입니다.

또한 요즘 그리스도인들 중에는 주일 예배에 참석하면 자신의 영적인 의무를 다했다고 생각하는 사람들이 넘쳐납니다. 사실 교회를 오래 다닌다고 믿음이 성장하거나 성숙해지는 것이 아니고, 하나님의 말씀을 읽고 그 말씀을 지켜 행하며 살아야 함에도 불구하고, 교회에 오래 다닌 것이 자신의 의가 되거나 자랑이 된 사람들이 너무나 많습니다. 요즘 먹고 사는 일을 비롯해 세상적인 일과 육체적인 즐거움을 위해 사느라 하나님께 나아가는 삶, 하나님의 말씀을 읽고 그 말씀의 본질에 맞게 사는 삶, 그리고 하나님께서 맡겨주신 사명을 행하는 삶은 뒷전에 미뤄 둔 채 사는 어리석고 믿음 없는 그리스도인들이 많아졌습니다.

예를 들어, 신앙생활을 제대로 안 해도 세상적으로 성공하거나 능력 있는 사람이 되면, 그것이 하나님께 영광이 되고 다른 사람들에게 선한 영향력을 많이 미칠거라고 착각합니다. 그래서 그런 사람들은 세상적인 성공을 거둔 후 인터뷰를 하는 경우 "모든 영광을 하나님께 돌립니다"와 같은 고백으로, 자신이 신앙이 좋은 사람인 것처럼 드러내기도 합니다. 그러나 그런 사람들은 세상적인 성공으로 신앙생활도 잘 하는 사람인 것처럼 합리화하는 사람이거나 영적으로 젖먹이 수준의 사람일 뿐, 결코 믿음으로 하나님을 기쁘시게 하는 성숙한 믿음의 사람이 아님을 알아야 합니다(참조. 고전 3:1-3; 히 5:12-14, 11:6).

하나님께서는 제대로 신앙생활을 하지 않으면서 세상적으로 성공하는 그리스도인들보다, 세상적으로는 성공을 못하고 부족한 것 많아도 자기를 부인하고 자기 십자가를 지고 묵묵히 예수 그리스도를 따르며, 작은 일에도 하나님의 말씀에 순종하고, 예수 그리스도를 위해 기쁨으로 고난당하며, 그 누구보다 예수 복음 전하며 사는 것을 우선하는 그리스도인들을 비교할 수 없이 더 귀하게 여기십니다. 또한 사람들이 예수 그리스도를 믿고 구원을 받은 후 곧바로 천국에 가지 않고 이 세상에 남아 사는 이유가, 세상적인 풍요를 누리고, 세상적인 행복을 맛보며, 세상적인 것에 대한 성취를 더 많이 경험하게 하려는 것이 아닙니다.

요즘 그리스도인들 중에는 하나님이 원하시는 삶을 살고 싶다고 입버 릇처럼 말하는 사람들이 있는데, 그들에게 막상 하나님이 기뻐하시는 영적인 일을 위한 제안이 들어오면, 세상적이고 육체적인 핑계를 대며 영적인 일을 하지 않는 경우가 대부분입니다. 다시 말해, 그들은 하나님을 기쁘시게 하는 삶을 살고 싶다는 말은, 다른 사람들에게 잘 보이고 싶어하는 공허한 외침에 불과합니다.

그렇지만 그리스도인들이 하나님께 받은 구원과 하나님의 영광을 위해 행하는 일, 그리고 하나님께서 맡기신 영적인 일을 하는 것은 세상적인 것과는 비교가 안 되는 가치가 있고, 그것들은 자신의 목숨을 걸고 지켜야 할 만큼 귀중하다는 것을 모든 그리스도인들은 알아야 합니다. 그리스도인들이 하나님 안에서의 자신의 정체성을 제대로 알게 된다면 헛된 것들에 자신의 인생을 걸지 않고, 자신의 시간과 능력을 낭비하지 않으며, 자신이 가진 물질과 소유를 헛되게 사용하지 않을 것입니다.

영적으로 성숙한 그리스도인들은 하나님을 위한 영적인 일을 그 어떤 세상적인 일보다 우선하며 삽니다. 물론 그리스도인들 중에는 교회에서는 능력을 인정받고 칭찬을 받으면서도, 가정이나 사회에서는 겉과 속이 다른 위선자의 모습으로 살거나 하나님의 말씀과는 거리가 먼 악한 모습으로 하나님을 욕되게 하는 사람들도 많습니다. 이런 그리스도인들도 자신의 정체성이 무엇인지 잘 모르거나 자신의 정체성에 맞게 살지 않는 사람들입니다. 이제 그리스도인들은 하나님께 속한 하나님의 자녀로서의 정체성에 맞게 살 것인지, 아니면 구원 받기 전의 옛 모습 그대로 마귀에게 속한 사람들처럼 살 것인지 결정해야 합니다.

이 책은 그리스도인들이 하나님 안에서 자신이 어떤 존재인지, 영적으로 어떤 삶을 살아야 하는지, 그리고 그들이 세상에서 어떻게 살아야 하는지 등의 바른 정체성을 알려줍니다. 또한 이 책은 그리스도인들이 자녀들에게 그리스도인으로서의 정체성을 가르치는 자료로 활용하기를 바라는 마음도 담겨 있습니다.

그래서 이 책을 읽는 모든 그리스도인들이 하나님 안에서의 자신의 정체성을 제대로 알게 되고, 그리스도인으로서의 높은 자존감을 갖게 되며, 성경적인 세계관에 맞게 인생을 살게 되고, 믿음의 형제들과 바른 관계를 맺게 되며, 하나님의 자녀로서 세상 사람들에게 소금과 빛된 선한 영향력을 미치며 살게 되기를 바랍니다. 또한 이 책을 만들 수 있는 믿음과 지혜를 주시고, 선교와 목회 현장에서 사용하게 하시는 하나님께 감사와 영광을 돌립니다.

끝으로 이 책을 쓸 수 있도록 신학적인 도움을 주신 선교사님들과 목회자님들, 그리고 출판에 필요한 도움을 주신 모든 분들에게 마음 깊이 감사를 드립니다.

도입부 | 정체성이 혼란한 시대

　결혼한 부부가 사랑의 결실로 아이를 낳았습니다. 그 아이가 자라면서 엄마와 아빠를 부르고, 부모의 말을 듣고 따르며 삽니다. 그 아이에게 부모는 자신의 삶을 인도하는 최고의 길잡이입니다. 그 아이는 놀이터에 가서 놀거나 학교에 갔다가도 자신의 집으로 돌아오며, 그 누구보다 부모를 사랑하고 부모의 말씀에 순종하며 삽니다. 그리고 부모는 그 누구보다 자녀를 사랑하며, 자녀를 사랑으로 잘 양육하고 교육합니다. 그렇게 그들은 가족으로서의 정체성을 가지고, 가정을 우선하며 삽니다. 자녀들이 잘 자라는 것을 보는 부모의 입가에는 웃음이 떠나지 않고, 자녀들을 양육하면서 큰 행복을 맛보게 됩니다.

　그런데 자녀들이 부모의 말을 듣기를 거부하고, 부모에게 순종하지 않으며, 자기 마음대로 살려고 할 뿐만 아니라, 가족들이 함께 사는 집에 들어가기 싫어한다면 부모의 마음이 어떻겠습니까. 하나님의 자녀들인 그리스도인들은 자신을 돌아보아 하나님 아버지와의 관계가 어떤지, 그리고 영적인 가정생활은 어떤지 꼭 점검해 보아야 합니다.

　그리스도인들이 하나님 안에서의 바른 정체성을 가져야 하는 이유가 바로 여기에 있습니다. 그리스도인들은 하나님께서 아버지 되시는 영적인 가정의 가족으로서 살고 있음을 항상 명심하고, 그 가정에서 어떤 정체성을 가지고 살아야 하는지 잘 알아야 합니다. 그리스도인들은 하나님의 자녀들로서 하나님과 영적으로 친밀하게 교제하면서 지내야 하고, 영적인 아버지인 하나님의 말씀에 순종해야 하고, 하나님을 사랑하며, 하나님이 기뻐하시는 선한 삶을 살아야 하며, 하나님께서 맡겨주신 사명을 적극적으로 행하며 살아야 합니다.

그리스도인들이 하나님의 자녀답게 살기 위해서는 먼저 자신이 하나님 안에서 어떤 존재인지와 하나님께서 어떻게 살기를 원하시는지를 성경을 통해 정확히 알아야 합니다. 그렇게 하나님 안에서 자신이 누구인지를 정확히 알아야 그리스도인으로서의 정체성을 바로 가질 수 있습니다. 모든 그리스도인들은 하나님 안에서 바른 정체성을 가지고 살아야 합니다. 그리스도인들이 하나님 안에서 어떤 정체성을 가진 존재인지 제대로 알기 위해서는 성령의 도우심으로 하나님의 말씀인 성경을 읽고 배워야 합니다. 그리스도인들이 성경을 읽고 배우면 하나님 안에서의 자신이 어떤 존재인지를 정확하게 알 수 있습니다.

다시 말해, 그리스도인들은 성경을 통해 자신이 하나님의 자녀로서 얼마나 귀한 존재인지, 자신이 하나님께 어떤 은혜와 사랑을 받았고, 또 받고 있는지, 하나님께서 자신에게 맡겨주신 사명은 무엇인지, 이 세상에서 어떤 삶을 살아야 하는지, 그리고 세상에 사는 동안 하나님의 말씀(성경, 진리)에 맞게 살면서 어떻게 예수 그리스도를 닮아가야 하는지를 알게 됩니다(고전 3:16-17; 엡 4:13-15; 빌 2:5; 골 2:9-10; 요일 2:6 등). 그뿐만 아니라 세상에서 소금과 빛된 선한 삶을 살아야 한다는 것과 자신이 하나님의 자녀임을 다른 사람들에게 알리며 살아야 한다는 것도 알게 됩니다(마 5:13-16; 빌 4:5; 벧전 2:12; 벧후 1:10-11 등).

그리스도인들은 하나님 안에서 그 누구보다 귀한 존재요, 하나님께 무한대의 사랑을 받는 존재입니다. 하나님께서는 귀하고 사랑스런 존재인 그들을 위해 상상할 수 없는 엄청난 은혜를 베풀어 주셨고, 지금도 은혜를 부어 주시고 계십니다. 그리스도인들이 하나님께 얼마나 귀함 받는 존재인지 간단하게 정리해도 그분의 은혜에 감동의 쓰나미가 몰려올 것입니다.

하나님이신 예수 그리스도께서 친히 인간의 몸을 입고 이 세상에 오셔서 그들의 죄를 대신 지시고 십자가에서 죽어주실 만큼 귀한 존재이며, 하나님의 때에 하나님의 은혜로 예수 그리스도를 믿고 구원을 얻게 하셔서 하나님의 자녀로 삼아주실 만큼 귀한 존재입니다. 또한 그들은 하나님께서 늘 만나주시고 기도를 들어주실 만큼 귀한 존재이고, 사랑과 은혜를 베풀어 주실 만큼 귀한 존재이며, 사명을 맡겨 주실 만큼 귀한 존재이고, 죄를 회개하면 용서해 주실 만큼 귀한 존재입니다. 그리고 그들은 하나님께서 천국에 들어가게 하실 만큼 귀한 존재이고, 영원히 살게 하실 뿐만 아니라 그 영원한 시간동안 함께 해 주실 만큼 귀한 존재입니다.

그리스도인으로서의 정체성에 맞게 사는 사람들은 세상에서 가장 낮고 천한 모습으로 살거나 굶주림에 구걸할 만큼 가난하게 살아도, 거동을 할 수 없을 만큼 아프거나 세상을 잘 살만한 지식이 전혀 없어도, 주변에 가족을 비롯해 도움을 받을만한 사람이 단 한 명도 없거나 죽을 만큼 힘든 일을 지속적으로 당해도, 견디기 힘든 수많은 핍박과 환난을 당하며 살거나 악한 마귀의 영적인 공격이 날마다 찾아온다고 해도, 이 외의 어떤 상황과 처지에서도 하나님을 믿고 의지하면서 기쁨으로 감사하며 행복하게, 그리고 거룩하고 당당하게, 하나님께서 주신 소망을 바라보며 그 모든 것을 이겨내며 살 것입니다.

하나님께서는 그리스도인들에게 그 어떤 상황과 처지에서도 이길 수 있고, 마귀와의 영적인 싸움에서 이길 수 있으며, 더 나아가 세상을 이길 수 있는 믿음과 능력을 매순간 주십니다(참조. 요일 5:4 등).

그리스도인들이 세상에 살다보면 부유할 때도 있고 가난할 때도 있으며, 평안할 때도 있고 고통을 당할 때 있으며, 성공할 때도 있고 실패할 때도 있으며, 기쁠 때도 있고 슬플 때도 있습니다(참조. 전 3:1-8, 9:11-

18 등). 다시 말해, 그리스도인들은 자신이 어떤 상황이냐에 관계없이 하나님의 자녀인 것은 변함이 없습니다. 그리고 하나님께서는 그리스도인들과 함께 해 주시고, 그들에게 변함없이 하나님의 은혜와 사랑을 부어주시며, 그들을 선한 길로 인도해 주십니다. 물론 모든 그리스도인들이 성숙한 믿음으로, 자신의 상황과 처지에 관계없이 하나님을 향한 절대적인 믿음과 그분에 대한 감사로 생활하는 것은 아닐 것입니다.

그리스도인들은 각자에게 다가오는 고통이나 고난, 환난이나 핍박에 각자 다른 모습으로 반응할 것입니다. 그럼에도 불구하고 그리스도인으로서의 바른 정체성을 제대로 알고, 그 정체성에 맞게 사는 사람들은 하나님께서 친히 인간의 몸을 입고 이 세상에 임마누엘(하나님이 우리와 함께 계시다)로 오셨다는 사실과 우리의 죄를 대신 지시고 십자가에서 죽으시고 부활하심으로 우리를 구원해 주셨다는 하나님의 은혜와 사랑에 대해 아는 사람이기에, 인생을 사는 동안 당하는 수많은 고난과 고통, 환난과 핍박 앞에서, 하나님을 원망하고 불평하기보다는 하나님을 의지하고 하나님께 매달려 기도하면서, 그 힘든 시간들을 이겨낼 것입니다. 더 나아가 하나님께서 자신에게 허락하신 모든 일에는 하나님의 뜻이 있으리라는 믿음으로, 오직 하나님의 도우심을 구하며 살 것입니다.

세상에 사는 사람들 중에 고통(질병, 장애)을 당하지 않고 사는 사람은 아무도 없습니다(참조. 창 3:16-19; 시 90:10; 롬 8:18; 고후 4:16-17 등). 사람들은 누구나 태어날 때부터 죽을 때까지 고난의 연속인 삶을 삽니다(참조. 시 90:10; 고후 4:16-18 등). 물론 모든 사람들은 각자의 생김새가 다르고 살아가는 삶의 형태가 다르듯, 각자가 겪는 고통과 고난의 모습은 다를 수 있습니다. 예수 그리스도께서도 태어나실 때부터 십자가에서 죽으실 때까지 고난을 당하셨습니다(참조. 사 53:12; 마 2:1-23, 27:11-50; 롬 5:6-8; 빌 2:6-8; 히 13:12; 벧전 4:1 등). 그리스도인들도 하나님의 뜻 안에서 고난(고통, 가난, 슬픔, 실패 포함)을 당할 수 있지만, 그 고난을 하나님께 맡기면 영적인 평안을 얻을 수 있습니다.

특히 그리스도인들도 인생을 살다보면 삶의 의욕이 꺾일 만큼 엄청난 고통과 고난, 환난과 핍박, 그리고 지속적인 시련을 당할 수 있습니다. 예를 들어, 욥, 다윗, 바울처럼, 그리고 히브리서 11장에 기록된 수많은 믿음의 선배들처럼 말입니다. 그렇지만 그럴 때라도 자신이 어떤 존재인지, 즉 자신이 하나님 안에서 어떤 정체성을 가진 사람인지를 기억해 낼 수 있는 믿음을 가지고 살아야 합니다. 그래서 그리스도인으로서의 정체성에 맞게 사는 그리스도인들은 다음과 같은 모습으로 살 것입니다.

예수 그리스도를 믿고 사는 것 자체만으로 행복하게 살고, 성경을 열심히 읽고 배울 뿐만 아니라, 그 말씀을 삶에서 실천하기 위해 최선의 노력하며, 하나님의 뜻을 잘 알고 그 뜻을 이루어 드리며 살고, 먹든지 마시든지 무엇을 하든지 하나님의 영광을 위해 살며, 하나님께 바른 예배와 찬양을 드리고, 늘 깨어 기도하며 삽니다. 그리고 그들은 어떤 상황에서도 하나님 한 분만으로 만족하며 살고, 고난과 고통을 당할 때만이 아니라 어떤 상황에서도 항상 기쁨으로 살며, 믿음과 행위로 하나님을 기쁘시게 하며 살고, 모든 일에 하나님께 감사하며, 하나님과 영적으로 친밀하기 위해 말씀과 기도 생활을 열심히 하고, 한 영혼을 귀하게 여김으로 예수 복음을 전하는 일에 최선을 다하며 삽니다.

또한 그들은 자기를 부인하고 자기 십자가를 지고 예수 그리스도를 따를 뿐만 아니라 예수 그리스도의 십자가와 부활을 자랑하며 살고,

어디에서 무엇을 하든 소금과 빛된 선한 삶을 살며, 자신이 손해를 보더라도 그로 인해 하나님이 영광을 받으신다면 더 기뻐하고, 받는 것보다 주는 것을 더 좋아할 뿐만 아니라 다른 사람들에게 대접하기를 즐거워합니다. 그들은 가족들(육체적인 가족과 영적인 가족)을 사랑하고, 그 가정을 잘 돌보며, 게으르지 않고 부지런하며, 주 안에서 열심히 땀 흘려 일하며 삽니다.

그 뿐만 아니라 그들은 죄의 본성인 육체의 욕구대로 살지 않고 성령의 요구대로 살고, 죄와 악을 멀리하고 선을 적극적으로 행하며, 오래 참고 화를 잘 내지 않고, 모든 사람들과 화평하게 살고자 노력하며, 자신의 모든 것을 하나님의 것으로 알고 늘 기쁨으로 베풀며 살고, 말에 실수가 적고 말을 잘 절제하며, 거짓말을 하거나 거짓된 삶을 살지 않고 늘 하나님 앞에 선 자처럼 정직하게 삽니다.

그들은 하나님과 자기 자신 뿐만 아니라 가족들과 이웃들, 그리고 원수들까지도 사랑하며 살고, 하나님의 마음으로 소외된 이웃을 적극적으로 도와주고 섬기며, 자신이 실수하거나 잘못했을 때는 바로 용서를 구하고, 다른 사람들이 실수하거나 잘못했을 때는 너그럽게 용서해 주며, 자신이 선 줄로 알고 교만한 것이 아니라 자신의 부족과 연약함을 늘 인정하는 겸손한 모습으로 살고, 하나님의 자녀라는 사실을 자랑스러워하면서 다른 사람들에게 그 사실을 자랑하며 삽니다. 그리고 그들은 세상적이고 헛된 욕심을 버리고 영적인 성숙을 추구하고, 자녀들에게 하나님의 말씀에 맞게 사는 삶으로 본이 되며, 소금과 빛된 선한 삶으로 세상 사람들에게 인정을 받으며 삽니다.

이 외에도 그들은 그리스도인으로서의 정체성에 맞게 살고자 매우 열심히 노력하며 삽니다. 특히 그리스도인들은 하나님 안에서 자신이 어떤 존재인지를 제대로 알면, 하나님을 위해 목숨을 걸고 살 수 있습니다. 다시 말해, 하나님을 위해 순교했던 사람들도 자신이 하나님께 얼마나 큰 은혜와 사랑을 받았는지, 그리고 자신이 하나님 안에서 어떤 존재인지를 알았기 때문에 그런 일을 할 수 있었던 것입니다. 위에서 열거한 모습들이 그리스도인으로 사는 우리들의 모습과 비슷한지 비교해 보아야 합니다.

반면 그리스도인이라고 말하면서도 그리스도인으로서의 정체성에 맞게 살지 않는 사람들은 신앙생활을 오래 했음에도 불구하고 믿음의 확신이 없고, 마음과 삶의 변화가 거의 없으며, 하나님의 말씀을 읽고 듣고 지켜 행하는 것에 열심이 없고, 말로는 신앙이 있다고 하면서도 신앙생활은 형식적이거나 위선적이며, 예수 그리스도를 따르기 위해 힘쓰기보다는 먹고 사는 것에 더 관심을 두고 삽니다.

또한 그들은 하나님의 자녀로서 이미 행복한 사람들이기에 거룩한 삶을 추구하며 살아야 하는데도 세속적인 것으로 행복을 얻으려고 하며, 세상에서 소금과 빛된 선한 삶을 살기보다는 세속적인 것을 추구하며 살다가 때로는 하나님을 욕되게 하기도 하고, 다른 사람들을 섬기기보다는 섬김을 받는 것을 더 좋아하며, 나누고 베푸는 것보다 받는 것을 더 원하고, 낮고 겸손한 척은 해도 실제로는 낮고 겸손한 삶은 살지 않으며, 예수 그리스도 를 위해 살기보다는 자기 자신을 위해 삽니다.

그 뿐만 아니라 그들은 하나님께 영광을 돌리기보다 자신을 높이려고 하거나 교만하며, 하나님의 뜻이 아닌 자기 마음대로 삽니다. 그리고 그들은 죄를 지으면서도 회개를 잘 하지 않거나 죄를 짓고도 죄책감조차 느끼지 않을 때가 많고, 모든 일을 하나님께 맡기지 못해 자주 걱정하거나 작은 일에도 쉽게 낙심하며, 말로는 사랑과 용서의 삶을 산다고 하지만 실제 삶은 그렇지 않은 모습인 경우가 많고, 하나님보다 물질을 더 섬기거나 사랑하는 모습을 보이며, 가정이나 가족들을 잘 돌보지 않고, 적극적으로 선을 행하지 않습니다. 또한 그들은 믿지 않는 사람들을 불쌍히 여기지 않을 뿐만 아니라, 그들에게 예수 복음을 전하는 일에 소극적이고, 가난하고 어려운 이웃들에게 나누는 것에 인색한 모습으로 삽니다.

그들은 하나님의 자녀로서의 자신감이나 당당함도 없고, 하나님과 상관없는 모습으로 살기도 하며, 천국에 대한 소망보다 세상에 대한 소망으로 살고, 주어진 상황과 모든 일에 불평과 불만이 많으며, 부정적인 말과 행동을 보일 때가 많습니다. 또한 그들은 하나님께서 맡겨주신 사명에 관심이 없거나 사명을 이루는 것에 게으르며, 열등감이나 자격지심이 심하고, 짜증이나 화를 자주 내며, 다른 사람들과 자주 다투고, 이기적이며, 거짓된 모습이 많고, 헛된 욕심이 많으며, 생명을 귀하게 여기지 않고, 음란한 삶을 비롯해 다양한 죄악을 아무렇지 않게 저지르기도 합니다.

사실 예전에는 이민자들의 민족 정체성에 대한 문제가 가장 이슈였다면, 요즘은 성 정체성에 대한 문제가 전 세계적으로 사회적인 이슈가 되고 있을 뿐만 아니라, 그리스도인들과 지역 교회들, 그리고 신학교들에게까지 크고 작은 부정적인 영향을 미치고 있습니다. 하나님께서는 남자와 여자를 질서와 역할의 차이를 갖도록 창조하셨습니다(창 3:16; 고전 11:3-12; 엡 5:21-33; 딤전 2:9-15 등). 남자를 하나님과의 언약을 맺는 대표자로 삼으셨으며(창 2:4-17, 17:1-14 등), 남자가 여자의 머리(고전 11:3)라고 말씀합니다.

물론 하나님 안에서는 여자가 남자 없이 독자적으로 존재하지 않고, 남자도 여자 없이 독자적으로 존재하지 않습니다(고전 11:11-12). 또한 하나님께서는 남자와 여자를 차별하신 적이 없으실 뿐만 아니라(롬 3:2, 10:11-13; 고전 11:11-12, 12:13 등), 남자와 여자를 예수 그리스도 안에서 하나로(평등하게) 여기십니다(갈 3:28). 남자와 여자의 역할을 바꾸려고 하는 시도는 잘못된 것입니다(참조. 신 22:5; 롬 1:26-32; 고전 6:9).

그런데 성경적인 정체성을 제대로 가지고 있지 않은 사람들은 하나님께서 악한 죄라고 정죄하는 동성애와 같은 잘못된 성 정체성을 문제없는 것처럼 받아들입니다. 그들은 자신들이 영적으로 깨어 있는 사람이고, 하나님의 사랑으로 충만한 사람이며, 다른 사람들을 잘 포용해 주는 사람이라고 착각하며 삽니다.

반면 그들은 동성애와 같은 잘못된 성 정체성을 비롯해 세속적인 정체성을 성경을 기준으로 틀렸다고 하는 사람들을 배타적인 사람이자, 사랑이 없는 사람으로 치부합니다. 그러나 그들이 한 가지 모르는 사실은 죄를 짓는 사람들을 옳다고 두둔하는 것은 하나님을 싫어하는 사람들의 특징이라고 성경은 말씀한다는 사실을(참조. 롬 1:18-32).

요즘 동성 간의 결혼을 합법화하는 나라들부터 남자와 여자의 성 외에 제3의 성을 만드는 나라까지 생기고 있으며, 심지어는 태어날 때가 아니라 성장해서 스스로 자신의 성을 결정하게 하는 나라까지 생기고 있습니다. 물론 그리스도인들은 남성과 여성의 역할과 질서가 다르다고 서로를 차별하거나 무시하는 태도를 버려야 하고, 잘못된 성 정체성을 추구하지 말아야 하며, 시대와 상황이 바뀌었다고 하면서 잘못된 성 정체성을 가진 사람들의 주장이 맞다고 인정하거나 각자가 옳다고 생각하는 대로 살면 된다고 말해서도 안 됩니다. 하나님께서는 거룩하시고 공의로운 분이시기에 절대로 죄를 용납하지 않으십니다.

그리스도인들은 하나님은 사랑이시기에 동성애와 같은 잘못된 성 정체성도 무조건 이해하시고 용서하실거라고 생각하거나 말하면 안 됩니다. 그리스도인들은 시대와 상황, 다른 사람들과의 관계, 그리고 세상적인 지식과 상식에 맞춰 살아야 하는 사람들이 아니라, 하나님의 말씀인 성경을 기준으로 살아야 하는 사람들임을 항상 명심해야 합니다. 특히 그리스도인들은 잘못된 성 정체성을 가진 사람들에게 예수 복음을 전하여 전도해야 하며, 그들이 하나님의 말씀에 맞는 정체성으로 변화될 수 있도록 도와주어야 합니다.

성 정체성의 문제는 결국 결혼과 가정에 큰 혼란을 가져왔습니다. 결혼은 하나님께서 한 남자와 한 여자를 결합하여 가정을 세우도록 정하신 제도입니다. 그리고 가정은 하나님 나라의 모형이고, 생육하고 번성하는 공동체이며, 사랑 공동체이자 말씀과 예배 공동체입니다(참조. 창 2:18-25; 막 3:33-35; 롬 8:14-17; 엡 5:21-33 등). 그래서 가정은 하나님께서 세우시고 지켜 주셔야 바로 설 수 있습니다. 하나님께서 가정을 세우신 이유는 남자와 여자가 결혼을 통해 서로를 사랑하고 도우며 행복하게 살게 하기 위해(창 2:18-25), 남자와 여자가 한 몸이 되어 생육하고 번성하며 살게 하기 위해(창 1:28, 2:18-25, 9:1-7; 렘 29:6), 남자와 여자가 음란의 죄를 짓지 않고 거룩한 삶을 살게 하기 위해(고전 7:9), 그리고 하나님을 아버지로 모신 영적인 가정의 모습을 가르쳐 주기 위해서 입니다(롬 8:14-17; 갈 4:6-7; 히 2:11 등).

그런데 요즘 결혼과 가정은 성경과 거리가 먼 모습으로 심각하게 변질되고 있습니다. 예를 들어, 서로 사랑하지 않으면서도 물질이나 외모적인 조건에 따라 결혼하는 경우, 동성끼리 결혼하는 경우, 그 외에도 간음이 아닌 이유로 이혼하는 경우 등 성경적인 기준을 따르지 않는 경우가 많습니다. 그로 인해 수많은 가정들이 아픔을 겪고 있거나 깨어지고 있는 것이 안타까운 현실입니다.

이렇게 성 정체성을 비롯한 정체성의 혼란은 그리스도인들 각 개인의 문제를 넘어 가정문제, 교회문제, 그리고 사회와 국가적인 문제까지 수많은 문제들을 야기하고 있습니다. 그 뿐만 아니라 잘못된 정체성들은 점진적으로 더 넓은 영역으로 확산되고 있습니다. 특히 그리스도인들 가정의 어린 자녀들이 성 정체성을 비롯해 세속적이고 잘못된 정체성에 노출되는 빈도가 많아지면 많아질수록, 그들의 성경을 대하는 태도가 부정적으로 바뀌게 됨을 알 수 있습니다. 그렇게 되면 믿음의 가정에서 자란 자녀들이면서도 성경 말씀에 대한 의심은 커지고, 성경을 지켜 행하지 않아도 된다는 그릇된 사고가 자리잡게 될 수 있습니다.

그리스도인들은 성경을 기준으로 그리스도인으로서의 정체성을 제대로 갖는 것이 아주 중요합니다. 그리고 자녀들에게 그리스도인으로서의 바른 정체성을 가르치는 것은 그 무엇보다 중요합니다. 그리스도인으로서의 정체성을 제대로 갖지 못하면 마귀가 원하는 잘못된 정체성에 맞게 살 수도 있기 때문입니다. 오늘날 그리스도인이라고 말하는 수많은 사람들이 그리스도인으로서의 바른 정체성과는 거리가 먼 마귀가 원하는 세속적인 정체성, 즉 세상 사람들과 동일한 정체성을 가지고 살기도 합니다.

정체성의 문제는 그리스도인들뿐만 아니라, 세상 사람들과 세상 문화에도 엄청난 변화를 가져오고 있습니다. 예전에는 이민자들이나 그 자녀들이 자신의 민족 정체성에 대한 문제로 고민하는 것이 대부분이었다면, 요즘은 성 정체성을 비롯해 성경의 왜곡과 잘못된 해석으로 인한 그리스도인으로서의 정체성마저 심각하게 위협받고 있는 것이 현실입니다.

심지어는 세상과 세상 사람들을 변화시켜야 할 그리스도인들과 하나님의 교회들이 시대와 상황이 변하였다고 하며, 세상 사람들의 잘못된 정체성에 동조하는 어처구니없는 상황에까지 이르렀습니다. 이러한 때에 그리스도인들과 하나님의 교회들은 성경을 통해 정체성을 배우고 가르칠 뿐만 아니라, 그 정체성에 맞게 살려고 적극적으로 노력해야 합니다.

그리스도인으로서의 바른 정체성을 가지고 사는 방법은 날마다 무엇을 하든지 하나님의 영광을 위해 살아야 하고, 날마다 하나님의 말씀을 읽고 듣고 그 말씀을 삶에서 실천해야 하며, 날마다 예수 그리스도(고난과 십자가의 죽으심, 부활하심, 재림과 최후의 심판 등)를 묵상해야 합니다.

또한 날마다 하나님께 받은 사랑과 은혜에 감사해야 하며, 날마다 자신의 마음과 삶에 있는 죄를 버리고 거룩한 하나님의 사람으로 성화되어져야 하며, 날마다 하나님께서 맡겨주신 사명들을 기쁨으로 행해야 하고, 날마다 하나님과 영적으로 깊은 만남을 가질 뿐만 아니라 하나님께서 주신 소망을 믿음으로 바라보며 살아야 합니다. 그리고 그리스도인으로서의 정체성을 흔들려는 마귀와의 영적인 싸움을 말씀으로 날마다 이겨내며 살아야 합니다. 그러기 위해 성령으로 충만하고, 영적으로 바로 선 삶을 살게 해 달라고 항상 깨어 하나님께 기도해야 합니다.

1장 나는 원래 어떤 존재였는가?

그리스도인들이 하나님 안에서의 자신의 정체성을 제대로 알고 그 정체성에 맞게 살기 위해서는, 예수 그리스도를 믿기 전의 자신은 어떤 존재였는지를 제대로 아는 것이 매우 중요합니다. 그래야 자신이 그리스도인이 된 것은 자신의 노력이나 행위가 아닌 하나님의 특별한 은혜와 사랑으로 된 것임을 알 뿐만 아니라, 말로 표현할 수 없는 엄청난 특권을 받은 것임을 정확히 깨닫게 될 것이기 때문입니다. 그 사실들은 그리스도인들이 하나님께 감사하며 살 뿐만 아니라, 그리스도인으로서의 정체성에 맞게 살고자 결단하고 노력하게 하는 원동력이 될 것입니다.

사람들은 어떤 존재인가?

사람들은 하나님의 형상과 모양을 따라 영혼과 육체를 가진 존재로 하나님께 지음을 받았습니다(창 1:26-30, 2:7, 18-22, 5:1, 9:6; 골 3:10 등). 사람들은 하나님께 영광과 찬양을 돌릴 존재로 지음을 받았습니다(시 148:1-14; 사 43:7, 21; 고전 6:19-20, 10:31 등). 사람들이 하나님을 사랑하고 하나님의 말씀을 믿고 그 말씀에 순종하며 사는 것이 하나님께 영광 돌리는 삶입니다(참조. 신 6:4-5; 마 5:13-16; 요 15:7-12; 롬 4:20 등). 그 중에서 사람들이 하나님께 드리는 최고의 영광은 영과 진리로 하나님께 예배를 드리는 것입니다(요 4:20-24 등).

또한 사람들은 하나님께 사랑과 귀함을 받는 존재요, 하나님과 인격적인 교제를 할 수 있는 존재요, 만물을 통해 하나님을 알 수 있는 존재로 지음을 받았습니다(창 3:8-24, 17:1-22; 사 43:1-7; 요 3:16; 고전 1:9 등). 그 뿐만 아니라 하나님께서는 남자와 여자를 질서와 역할의 차이를 갖도록 창조하셨습니다(창 3:16; 고전 11:3-12; 엡 5:21-33; 딤전 2:9-15 등). 남자를 하나님과의 언약을 맺는 대표자로 삼으셨으며(창 2:4-17, 17:1-14 등), 남자가 여자의 머리(고전 11:3)라고 말씀합니다.

물론 하나님 안에서는 여자가 남자 없이 독자적으로 존재하지 않고, 남자도 여자 없이 독자적으로 존재하지 않습니다(고전 11:11-12). 남자와 여자는 서로의 역할과 질서는 다르지만 서로를 귀하고 동등하게 여기며, 서로 사랑하고 기도해 주며, 서로 도와주고 협력하며 살아야 합니다(참조. 창 2:4-25, 3:1-24 등). 하나님께서는 남자와 여자를 차별하신 적이 없으실 뿐만 아니라, 남자와 여자를 예수 그리스도안에서 하나로 여기십니다(롬 10:11-13; 고전 11:11-12, 갈 3:28 등).

사람들은 인격적인 존재요, 이성적이고, 도덕적이며, 영적인 존재로 하나님께 지음 받았을 뿐만 아니라, 사람들은 땅에서 번성하고 그 땅을 정복하며, 이 땅의 모든 생물을 다스리며 사는 복을 받았습니다(창 1:26-30, 9:6; 시 8:4-8; 엡 4:24 등). 하나님께서 흙으로 인간과 짐승(각종 들짐승들과 공중의 각종 새들 등)을 지으셨지만 서로 다르게 창조하셨습니다(창 2:7, 19; 고전 15:39). 그만큼 인간은 동물이나 다른 피조물과는 다른 특별한 존재임을 알아야 합니다.

그러기에 그리스도인들은 자신이 하나님께 귀하게 지음을 받은 존재임을 알 뿐만 아니라, 예수 그리스도를 믿음으로 구원 받은 하나님의 자녀로서 그 누구보다 하나님께 존귀히 여김을 받고 사랑 받으며 살고 있음에 감사하며 살아야 합니다.

🔵 사람들(아담과 하와)이 지은 죄

하나님과 아담(인간의 대표) 사이의 첫 번째 언약(행위 언약)은, '에덴동산의 모든 열매는 먹되 선악을 알게 하는 나무의 열매를 먹지 말라, 만약 그 나무의 열매를 먹으면 반드시 죽게 될 것이다'라는 말씀이었습니다(창 2:16-17, 3:2-3). 그러나 아담과 하와는 뱀의 유혹에 빠져 선악을 알게 하는 나무의 열매를 먹고, 하나님과의 약속을 어기는 죄를 지음으로 하나님께 불순종했습니다(창 3:1-24; 롬 5:12-21 등).

아담과 하와가 지은 죄는 하나님과의 언약(행위 언약)을 어긴 것, 하나님의 말씀보다 뱀(마귀)의 말에 더 귀를 기울인 것, 하나님의 말씀에 불순종한 것, 하나님과 같이 되려는 교만한 마음을 가진 것, 그리고 죄를 짓고도 하나님께 회개하지 않고 변명을 한 것 등입니다(창 3:1-24; 롬 5:12-21 등). 아담과 하와는 선과 악을 알게 하는 나무의 열매를 먹는 죄를 지은 후 자신들이 벌거벗은 줄을 알고 무화과나무 잎을 엮어 치마를 만들어 입었고, 하나님의 음성을 듣고 하나님을 두려워하여 숨었습니다(창 3:7-13).

죄는 하나님의 법을 어기는 것과 선을 행할 줄 알고도 행하지 않는 것입니다(호 6:7; 롬 14:23; 약 4:17; 요일 3:4, 5:17 등). 또한 죄는 하나님을 믿지 않는 것, 하나님의 말씀에 불순종하는 것, 하나님의 말씀대로 살지 않는 것, 우상을 숭배하는 것, 그리고 하나님을 사랑하지 않는 것입니다(신 9:7; 겔 20:16; 요 14:24; 요일 3:4 등). 인간들은 육신의 연약함과 마음의 욕심 때문에 마귀의 유혹에 넘어져 죄를 짓게 되며, 그 죄악 된 행동이 반복되면 결국 마음에 악한 성품과 삶에 악한 습관으로 자리 잡게 됩니다(마 12:33-37, 26:41; 요 8:42-47; 약 1:14-15 등).

성경은 인간이 짓는 죄를 크게 3가지로 분류합니다.

첫째는 원죄인데, 이 죄는 인간이 지은 첫 번째 죄로 아담이 선과 악을 알게 하는 나무의 열매를 따 먹음으로 하나님께 불순종하여 지은 죄입니다(창 3:1-24; 시 51:5; 호 6:7; 롬 5:12-21 등).

둘째는 스스로 짓는 죄인데, 이 죄는 사람들의 마음에 교만이나 탐욕,

미움이나 질투, 악한 생각과 같은 죄와 간음, 살인, 우상 숭배, 물질 만능주의, 선한 삶을 살지 않는 등의 마음과 행위(생각과 말과 행동)로 짓는 죄입니다(롬 1:28-32; 골 1:21; 갈 5:19-21; 약 1:14-15 등).

그리고 **마지막으로 성령을 거역하고 모독하는 죄**인데, 이 죄는 예수 그리스도를 믿지 않는 죄이자 예수 그리스도를 믿지 못하도록 방해하는 죄로, 하나님께 용서를 받지 못하는 죄입니다(마 12:31-32; 막 3:28-29; 눅 12:10 등).

사람들이 지은 죄에 대한 결과

아담과 하와가 하나님과의 약속을 어김으로 하나님께 벌을 받게 되는데, 아담(남자의 대표)은 평생토록 땀 흘리는 수고를 통해서만 먹을 것을 얻을 수 있게 되었고, 죽어서는 흙으로 돌아가는 벌을 받았으며, 하와(여자의 대표)는 큰 고통 중에서 아이를 낳게 되었고, 남편에게 다스림을 받게 되는 벌을 받았습니다(창 3:16-19).

사람들은 죄를 지은 결과로써, 하나님의 영광에 이르지 못하고, 하나님과의 영적인 관계가 단절되며, 마귀의 지배를 받으며 살게 되고, 하나님의 진노와 저주를 받아 죽게 됩니다(창 2:17; 요 8:39-47; 롬 3:23, 5:12, 6:23; 갈 3:10 등). 다시 말해, 사람들이 죄를 지으면 하나님께 벌을 받게 되는데, 그 중에 최고의 벌은 죽음입니다. 성경은 사람들이 죄를 지음으로 겪게 될 세 가지의 죽음을 소개하고 있습니다.

첫째는 육체적인 죽음으로, 영혼과 육체가 분리되어 영혼은 천국(예수 그리스도를 믿어 구원을 받은 사람들을 가는 곳)이나 지옥(예수 그리스도를 믿지 않는 사람들이 가는 곳)에 가고, 육체는 흙으로 돌아가는 것을 말합니다(창 3:19; 전 12:7; 고후 5:1-10; 히 9:27 등).

둘째는 영적인 죽음으로, 하나님과 인간의 영적인 관계가 죄로 인해 깨어지는 것을 말합니다(창 2:16-17; 겔 18:1-32; 롬 3:23; 골 2:13 등). 하나님께 불순종하고 죄를 지어 거룩하신 하나님과의 교제가 단절되는 영적인 죽음이 사람에게 생긴 죽음의 시작입니다(참조. 골 1:17-23).

그리고 **마지막으로 영원한 죽음**으로, 예수 그리스도를 믿지 않아 구원받지 못한 사람들이 예수 그리스도께서 재림하실 때에 부활하여 최후의 심판을 받고, 영혼과 육체가 함께 지옥에서 영원히 고통당하는 것을 말합니다(마 10:28; 눅 12:5; 계 20:11-15, 21:8 등).

성경은 모든 사람은 한 번은 죽는다고 말씀합니다(고전 15:22; 히 9:27 등). 물론 이 세상에 태어난 사람들은 모두 자신의 죄 값으로 죽음을 맞이하지만, 죄가 없으신 예수 그리스도께서는 죄로 죽을 수 밖에 없는 사람들의 죄 값을 대신 갚아주시기 위해 죽으셨습니다(참조. 롬 6:23; 딛 2:14; 벧전 3:18; 요일 2:2 등). 특히 아담의 죄는 아담 이후에 태어날 모든 사람들에게 영향을 미칩니다(롬 5:12-21; 엡 2:1-3 등).

그래서 아담 이후에 태어나는 모든 사람들(성령으로 처녀의 몸에 잉태되어 이 땅에 태어나신 예수 그리스도는 제외)은 아담의 죄(원죄-인간이 처음 지은 죄, 즉 아담이 선과 악을 알게 하는 나무의 열매를 따먹은 죄)를 전가 받아, 모든 사람들이 영적으로 죽게 되어 사람들이 이 세상에 태어날 때는 원죄를 가지고 태어납니다(시 51:5, 58:3; 전 7:20; 롬 3:10-12 등). 그리고 사람들은 자신의 죄를 스스로 해결할 수 없고, 오직 예수 그리스도를 믿어 구원을 받아야만 해결할 수 있습니다(요 1:12; 행 4:12; 고전 12:3; 엡 2:8-9 등). 다시 말해, 원죄를 가진 인간은 하나님의 은혜가 아니면 스스로 죄의 문제를 해결할 수 없고, 스스로의 힘으로는 하나님께 나아갈 수도 없습니다(참조. 요 14:6; 롬 8:1-17; 고전 12:3; 엡 2:7-10 등).

그러기에 그리스도인들은 자신의 죄의 문제를 해결해 주신 하나님께 감사할 뿐만 아니라, 하나님이 가장 싫어하는 죄악 된 삶을 살지 않기 위해 깨어 기도하면서 힘써 노력해야 합니다. 물론 혹시라도 죄를 지었을 때는 즉각 회개하고 하나님께 돌이켜야 합니다.

죄로 인해 타락한 사람들의 모습

죄로 인해 타락한 사람들은 하나님과의 관계가 단절되어 마귀에게 속한 사람들이 됩니다. 마귀에 속한 사람들-세상(땅)에 속한 사람, 죄의 본성인 육체에 속한 사람, 거짓에 속한 사람-은 하나님과 하나님의 말씀인 성경을 믿지 않고, 예수 그리스도를 믿지 않아 구원 받지 못하며, 영원한 생명보다 세상에 소망을 두고 삽니다(요 8:39-47; 고전 2:9-16, 3:1-3, 15:40-50 등).

반면 하나님께 속한 사람들-그리스도께 속한 사람, 하늘(위)에 속한 사람, 영에 속한 사람, 진리에 속한 사람-입니다(막 9:38-41; 요 18:37; 고전 2:9-16; 갈 3:29; 요일 4:1-6 등). 하나님께 속한 사람들은 예수 그리스도를 믿고 구원을 받았고, 하나님의 말씀인 성경을 믿고 그 말씀을 지켜 행하며, 그 무엇보다 하나님의 영광을 위해 살면서 영원한 생명과 천국을 소망합니다.

그리스도인들은 마귀에 속한 사람들처럼 살고 있지는 않은지 항상 점검하고, 마귀에게 속한 사람들처럼 살지 않도록 주의해야 합니다(고전 10:12; 벧전 5:8-9 등). 그 뿐만 아니라 그리스도인들은 자신이 하나님께 속한 사람임을 알고, 항상 하나님께 속한 사람답게 사는 데 힘써야 합니다.

또한 마귀에 속한 사람들은 거짓의 아비인 마귀의 뜻과 죄의 본성인 육체의 욕구대로 삽니다(요 8:39-47; 롬 8:1-13; 갈 5:16-26; 요일 3:8-10 등). 그들은 성령 하나님을 모르기에 성령께서 요구하시는 삶을 살지 않을 뿐만 아니라, 성령의 요구대로 사는 사람들을 어리석게 여깁니다(고전 2:9-16). 그리고 그들은 거듭나지 않았을 뿐만 아니라 하나님의 뜻대로 살지 않기 때문에 하나님 나라에 들어갈 수 없으며, 하나님께서 주시는 하나님 나라의 상급과 영광을 받지도 못합니다(마 7:21-23; 요 3:5; 고전 6:9-10; 엡 5:3-7 등).

그들 안에는 성령이 없어 경건하지 않고 육체적인 정욕대로 살면서 분열을 일삼고(롬 8:1-9; 유 1:18-19), 예수 그리스도께서 육체로 이 세상에 오셨다는 사실과 예수님께서 그리스도라는 사실을 부인하며, 하나님의 말씀을 듣지 않거나 그 말씀을 지켜 행하지 않습니다(요일 2:18-23, 4:1-6, 5:5-12; 요이 1:7-9 등). 그 뿐만 아니라 그들은 하나님을 믿지 않기에 그 분을 제대로 알지 못하고, 마음에 하나님 두기를 싫어하며(롬 1:18-32; 요일 4:7-8 등), 하나님을 사랑하는 마음이 없기에 이 세상과 세상에 속한 것들을 사랑합니다(요일 2:15-17, 4:7-8).

마귀에 속한 사람들은 세상에 속하지 않았다는 이유로 예수 그리스도를 미워했고, 지금도 세상에 속하지 않은 그리스도인들을 미워합니다(마 24:9-10; 막 13:13; 요 15:18-25, 17:14-16, 등). 또한 그들은 거짓의 아비인 마귀가 지배하는 세상에 속했기에, 진리는 듣지 않고 거짓을 듣고 행합니다(요 8:47; 요일 4:1-6 등). 그리고 그들은 하나님보다 사람들에게 잘 보이고 인정받기를 원하며(마 6:1, 5, 16; 요 12:37-43). 헛된 말과 거짓 철학에 속기도 하고, 세속적인 사상이나 잘못된 정체성을 받아들이기도 하며, 하나님의 말씀을 왜곡하고 거짓을 가르치는 이단에 빠지기도 하고, 심지어는 우상숭배를 하기도 합니다(골 2:8; 딛 3:10-11; 요일 4:1-6 등).

사람들이 다양한 정체성의 혼란을 겪는 근본적인 이유도, 죄를 지음으로 인해 하나님을 떠나 마귀가 원하는 대로 살고, 하나님의 말씀을 무시하기 때문입니다. 다시 말해, 사람들이 죄를 지음으로 인해 하나님과의 관계가 단절되면서, 자신이 하나님 안에서 얼마나 귀한 존재인지를 비롯해 어떤 존재인지를 잃어버리게 된 것입니다. 그러다보니 마귀가 이

끄는 대로 사는 것이 그들 나름대로 진리 안에서 사는 것처럼 착각하고, 마귀를 따르는 사람들이 많아져 그들의 기준이 상식이 되고, 그들의 말이 곧 진리처럼 통용되어버린 것입니다.

그래서 어떤 사람들은 자신이 하나님과 동등한 존재이거나 엄청 우월한 존재인 것처럼 주장하기도 하고, 어떤 사람들은 자신이 우연히 생겨나 지금도 열심히 진화하고 있는 존재라는 생각을 하기도 합니다. 아니 마귀는 사람들이 이렇게 생각하는 것을 당연하게 여기도록 부추겨 뉴 에이지 사상이나 진화론과 같은 말도 안 되는 사상이 생겨나게 된 것입니다.

그런데 그리스도인들은 자신들이 하나님께 속한 사람들인 것과 하나님께 진리의 말씀인 성경을 받아 읽어서 하나님의 뜻이 무엇인지 알고 있으며, 하나님 안에서의 정체성을 가졌습니다. 그런데도 그리스도인들 중에는 세상적인 가치를 당연하게 여기고 따르는 사람들이 늘고 있고, 더 놀라운 것은 동성애를 비롯해 성경에서 잘못되었다고 말씀하는 정체성의 문제들을 시대와 상황이 바뀌었다는 이유로 지지하거나 무분별하게 받아들이는 잘못을 범하는 것입니다.

다시 말해, 자신이 그리스도인이라고 말하는 사람들 중에는 하나님에 대한 절대적인 믿음이 없고, 하나님의 말씀에 절대적으로 순종하지 않으며, 하나님의 뜻이 아닌 자신의 생각에 옳은 대로 행하거나 하나님의 말씀보다 세상적인 것을 기준으로 살다보니, 어느 순간부터 하나님 안에서의 자신의 정체성을 잊어버린 사람들도 많이 있다는 사실입니다.

그런 사람들은 자신이 세상 사람들과 동일한 모습으로 살아도 되는 것처럼 생각하고, 세상 사람들이 주장하는 잘못된 정체성을 비롯해 세속적인 사상들을 두둔하거나 받아들여도 자신은 이해와 포용을 잘하는 그리스도인이라고 착각하는 것입니다. 그러기에 하나님께 속한 사람들인 그리스도인들은 마귀의 유혹과 시험에 넘어져 죄와 악을 저지르지 않고, 마귀가 원하는 세속적인 가치에 기준을 두고 사는 세상 사람들과 동일한 모습으로 살지 않으며, 성경적으로 잘못된 정체성이나 사상을 지지하거나 받아들이지 않기 위해 노력해야 합니다. 그 뿐만 아니라 하나님께 속한 사람으로서 하나님을 전적으로 의지하고 따를 뿐만 아니라, 하나님의 말씀에 맞게 살기 위해 항상 영적으로 깨어 기도해야 합니다.

하나님의 구원 계획

하나님께서는 죄로 인해 죽을 수 밖에 없는 인간들을 불쌍히 여기셨습니다. 그래서 사랑이신 하나님께서는 죄로 죽을 수 밖에 없는 인간들을 위해 예수 그리스도를 통한 구원의 계획을 가지고 계셨습니다(창 3:15; 요 3:16; 행 4:12; 살후 2:13-14; 딤전 2:4-6 등). 구원자이신 메시아는 여자의 후손, 아브라함의 후손, 다윗의 자손, 그리고 고난 받는 종으로 오실 것이라고 알려주셨습니다(창 3:15, 17:6-7; 사 7:14, 53:1-12; 마 1:1 등).

또한 하나님께서는 구원이 반드시 일어날 일임을 가르쳐 주시기 위해 아담과 하와에게 가죽 옷을 입혀주신 것(창 3:21), 출애굽 때의 유월절 어린 양(출 12:1-30)과 광야의 불뱀과 놋뱀 사건(민 21:4-9) 등을 통해 보여주셨습니다. 그리고 이스라엘 백성이 이집트에서 탈출하는 사건(출 12:31-51), 광야에서 구름 기둥과 불 기둥으로 인도하신 것(출 13:21-22), 요단강을 건너 가나안 땅에 입성하게 하시고 가나안 땅을 정복하게 하신 것(수 3:1-17, 4:19, 6:1-27, 12:1-24 등), 이스라엘 백성들을 바벨론 포로에서 돌아오게 하신 것(스 1:1-6:22, 7:1-10:44; 느 1:1-13:31) 등을 통해 실제로 구원해 주실 것임을 보여주셨습니다.

구원은 하나님께서 선택한 사람들 중에 하나님의 때에 성령 하나님께서 회개하게 하시고, 예수 그리스도를 믿게 하셔서 하나님의 자녀로 부르신 사람들이 받는 것입니다(롬 5:1-11, 8:1-39; 고전 12:3; 고후 5:17-21; 살후 2:13-14 등). 물론 하나님께서는 모든 사람들이 예수 그리스도를 믿음으로 구원을 받고, 진리를 알고 그 진리 안에서 살아가기를 바라고 계십니다(딤전 2:4-6). 구원은 하나님께서 예정한 사람들을 하나님의 때에 부르셔서 의롭게 하시는 것입니다. 사람들은 하나님의 때에 그리스도인들이 전하는 예수 복음을 듣고, 자신의 죄를 회개하고 예수 그리스도를 믿음으로 구원을 받습니다(요 1:12; 롬 1:16-17, 10:9-10; 엡 2:8-9; 빌 3:9 등).

여기서 예수 그리스도를 믿는다는 것은 예수 그리스도를 영접(마음으로 받아들임)하고, 그 분의 말씀에 순종하며 사는 것입니다(참조. 요 1:12, 3:14-15, 6:54-57, 7:37-38, 15:5 등). 그리고 회개는 죄에서 돌이켜 하나님께로 돌아오는 행위로, 자신의 죄를 하나님께 잘못했다고 용서를 구하고 그 죄에서 돌이켜 하나님께서 원하시는 선한 삶을 사는 것입니다(대하 7:14; 겔 18:30; 행 26:20 등). 사람들이 하나님께 회개를 하면 죄를 용서 받아 영원한 생명에 이를 수 있게 되며, 성령 하나님이 함께 하셔서 하나님의 말씀대로 살게 하시는 복을 받게 됩니다(잠 1:23; 행 2:37-38, 3:19, 26 등).

하나님께서는 죄로 인해 죽을 수 밖에 없는 인간들을 위해 하나님의 때에 성령을 통해 여자의 후손(처녀인 마리아), 즉 구원자이신 예수 그리스도를 이 세상에 보내셨습니다(창 3:15; 사 7:14; 마 1:18-25; 눅 2:1-21; 갈 4:4-5 등). 그리고 예수 그리스도께서 이 세상에 사시는 동안 고난을 받게 하셨을 뿐만 아니라, 저주의 십자가에서 죄로 죽어가는 사람들의 죄를 대신해서 죽게 하셨습니다(마 20:28; 갈 1:4; 빌 2:6-8; 벧전 1:19-23등).

이렇게 하신 것은 하나님께서 사람들을 사랑하셔서 행하신 것입니다(요 3:16; 롬 5:8; 딛 2:11; 요일 4:7-10 등). 예수 그리스도의 십자가의 죽으심은 하나님의 사랑과 공의를 만족시켰기 때문에, 예수 그리스도를 믿는 모든 사람들이 죄를 용서 받고 구원을 얻게 되는 것입니다(롬 6:5-7; 엡 1:6-7; 벧전 1:19-23, 2:23-25 등). 그래서 구원은 죄로 죽어가는 사람들을 불쌍히 여기신 하나님의 사랑과 은혜의 선물이며, 구원은 사람들의 선한 행위가 아닌 오직 하나님의 은혜로만 받을 수 있습니다(갈 2:16; 엡 2:8-10; 살후 2:13-14; 딤후 1:9; 딛 3:4-7 등).

다시 말해, 구원은 자신의 행위나 능력으로 받을 수 있는 것이 아니기에, 구원 받은 사람들은 자신이 무엇인가 대단한 행위를 해서 구원을 받은 것처럼 자랑하거나 자신을 높이면 안 되고, 오직 구원의 은혜를 베풀어 주신 하나님을 높이고 자랑하며 그분께 감사하며 살아야 합니다(참조. 고전 1:26-31 등). 또한 예수 그리스도를 믿음으로 구원을 받는 것에는 유대인과 이방인, 남자와 여자, 어른과 아이, 장애인과 비장애인, 부유한 자와 가난한 자 사이에 차별이 없습니다(행 15:7-11; 롬 3:21-31, 10:1-13; 골 3:11 등). 누구든지 예수 그리스도를 믿으면 자신의 죄를 용서 받고 구원을 얻게 됩니다.

하나님께서 사람들을 구원하실 때의 과정은 소명(하나님께서 택하신 사람들을 부르심), 중생(부르신 사람들을 거듭나게 하심), 회심(자신이 죄인임을 깨닫고 회개하고 하나님께로 돌이키게 하심), 신앙(예수 그리스도를 믿게 하심), 칭의(의로운 사람으로 인정해 주심), 양자됨(하나님께서 양자 삼아 하나님의 자녀가 되게 하심), 성화(하나님의 말씀대로 거룩하게 살도록 도우심), 견인(받은 구원을 하나님께서 끝까지 이끌어 주심), 영화(천국에 들어가 영원토록 하나님과 함께 살게 하심)입니다(참조. 요 1:12; 롬 8:29-39; 갈 2:16; 엡 1:4-5; 딤후 4:18; 벧후 1:3-15 등).

하나님께서 택하신 사람들을 부르시는 것부터 하나님의 양자로 삼으시는 것까지는 한 순간에 이루어집니다. 그리고 구원 받은 사람들이 평생 동안 죄를 멀리하고, 하나님의 말씀에 맞게 삶으로 거룩한 하나님의 자녀다운 모습으로 변화되는 것을 성화라고 합니다. 또한 하나님께서는 구원 받은 사람들을 끝까지 사랑해 주셔서 구원을 완성하게 해 주시고, 육체적인 죽음을 통해 영화롭게 되어 천국에서 영원히 살게 하십니다. 그렇게 예수 그리스도를 믿음으로 구원을 받은 사람들은 하나님의 자녀가 됩니다(요 1:12; 고후 6:15-18; 갈 3:26 등).

그래서 하나님의 자녀들인 그리스도인들은 하나님을 아버지라 부를 수 있고(롬 8:14-17; 갈 4:6-7), 거룩하신 하나님 앞에 가까이 나아갈 수 있게 됩니다(참조. 창 3:14-19; 요 1:12, 14:6; 행 4:12 등). 하나님께서는 약속을 어기시는 분이 아니시기 때문에, 하나님께서 약속하신 구원은 지금 이 순간에도 그분의 계획대로 이 세상 가운데서 온전히 이루어지고 있습니다. 그 사실을 알고 믿으며, 하나님의 구원 계획에 따라 예수 그리스도를 믿음으로 구원을 받은 그리스도인들은 하나님의 은혜를 기억하고 그 은혜에 감사할 뿐만 아니라, 죄로 죽어가는 사람들에게 더 적극적으로 예수 복음을 전하여 한 영혼이라도 더 구원에 이를 수 있도록 도우며 살아야 합니다.

2장 하나님 안에서 나는 누구인가?

　예수 그리스도를 믿음으로 구원을 받은 그리스도인들이 하나님 안에서 자신의 정체성이 무엇인지 아는 것은 아주 중요합니다. 자신이 하나님 안에서 어떤 사람인지를 제대로 알아야 세상에 사는 동안 하나님과 바른 관계를 맺을 수 있고, 하나님께서 원하시는 대로 살 수 있으며, 하나님을 기쁘시게 하는 믿음의 삶을 살 수 있고, 다른 사람들과 복된 관계를 맺을 수 있으며, 예수 그리스도를 닮아가는 삶을 살 수 있기 때문입니다.

　그래서 이 장에서는 하나님 안에서 자신이 누구인지 알기 위해 그리스도인의 정체성의 기준인 성경, 그리스도인으로서의 정체성, 그리고 그리스도인으로서의 자존감에 대해 살펴보겠습니다.

 **그리스도인의 정체성의 기준인 성경**

　그리스도인들이 하나님 안에서 자신이 누구인지, 즉 자신의 정체성을 알려면 성경을 읽고 배워야 합니다. 왜냐하면 그리스도인으로서의 정체성에 대해서는 오직 성경을 통해서만 알 수 있기 때문입니다. 다시 말해, 그리스도인들은 반드시 성경을 기준으로 하나님 안에서의 자신의 정체성을 확립해야 합니다. 성경은 하나님의 말씀이 기록된 책으로 진리입니다(삼하 7:28; 시 119:89; 요 17:17; 딤후 3:15-17; 벧후 1:20-21 등).

　성경은 하나님의 특별 계시로 성령의 감동을 받은 사람들을 통해 기록된 완전하고 권위 있는 책이며, 성경 말씀 전체는 성령의 영감으로 쓰여졌습니다(고전 2:13; 딤후 3:16-17; 벧후 1:20-21 등). 그리고 하나님께서 영원하시기에 하나님의 말씀도 영원합니다(참조. 시 119:89; 벧전 1:23-25 등). 성경은 구약(옛 언약으로 예수 그리스도께서 오실 것에 대한 기록)과 신약(새 언약으로 예수 그리스도의 탄생, 생애와 공적인 사역, 죽으심과 부활, 승천과 다시 오심, 그리고 최후의 심판에 대한 기록)으로 되어 있습니다(렘 31:31-34; 눅 24:27, 44; 히 1:1-2, 8:8-13 등).

　성경은 총 66권으로, 구약성경 39권에는 창세기, 출애굽기, 레위기, 민수기, 신명기, 여호수아, 사사기, 룻기, 사무엘 상/하, 열왕기 상/하, 역대 상/하, 에스라, 느헤미야, 에스더, 욥기, 시편, 잠언, 전도서, 아가, 이사야, 예레미야, 예레미야 애가, 에스겔, 다니엘, 호세아, 요엘, 아모스, 오바댜, 요나, 미가, 나훔, 하박국, 스바냐, 학개, 스가랴, 말라기가 있고, 신약성경 27권에는 마태복음, 마가복음, 누가복음, 요한복음, 사도행전, 로마서, 고린도 전/후서, 갈라디아서, 에베소서, 빌립보서, 골로새서, 데

살로니가 전/후서, 디모데 전/후서, 디도서, 빌레몬서, 히브리서, 야고보서, 베드로 전/후서, 요한 1, 2, 3서, 유다서, 요한계시록이 있습니다.

성경의 가장 중요한 내용은 하나님의 영광, 그리고 예수 그리스도와 예수 그리스도를 통한 구원입니다(참조. 눅 24:27, 44; 요 5:39, 20:30-31; 엡 1:3-14; 딤후 3:16-17 등). 성경에는 인간을 포함한 모든 만물의 창조, 하나님과 인간의 관계, 죄로 인한 인간의 타락, 타락한 인간을 위한 하나님의 구원의 계획, 삼위일체 하나님과 예수 그리스도(인간의 몸을 입고 세상에 오신 하나님, 탄생, 사역, 고난과 죽으심, 부활, 승천, 재림, 최후의 심판)와 하나님 나라, 예수 그리스도를 믿는 사람들의 구원, 하나님께 부름 받은 사람들의 존귀함, 구원 받은 사람들이 세상을 살아가는 방식, 죄와 선, 교회, 죽음 이후의 세계인 영원한 천국과 지옥을 비롯해 다양한 내용들이 기록되어 있습니다(참조. 창 1:1-31; 요 1:1, 14; 요일 1:1-2 등).

하나님께서 사람들에게 성경을 주신 목적은 성경을 통해 예수 그리스도를 믿어 구원 받게 하고, 구원받은 사람들이 어떻게 살아야 하는지 알려주기 위해 주셨습니다(시 19:7-11; 요 20:30-31; 롬 15:4; 딤후 3:15-17; 계 1:1-3 등).

사람들은 성경을 통해 예수 그리스도를 믿어야 하고, 예수 그리스도를 믿어 구원을 받은 후에는 하나님의 말씀에서 요구하는 대로 살아야 합니다(참조. 요 5:39-47, 6:60-69; 행 17:11-12; 요삼 1:4; 계 1:1-3 등).

성경을 읽고 지키는 사람들이 얻게 되는 유익은 진리를 알게 되고, 하나님의 뜻대로 바르게 살게 되며, 하나님의 복을 받게 되는 것입니다(시 19:7-11; 눅 11:28; 딤후 3:15-17; 히 4:12-13; 계 1:3 등). 성경을 읽고 지키는 사람들은 하나님을 사랑하는 사람이 되고, 하나님의 사람으로 온전하게 되고, 선한 일을 행할 능력을 갖추게 되며, 하나님이 주시는 새 힘을 얻게 되고, 지혜롭게 되며, 기쁨으로 살게 되며, 영적으로 밝아지고, 영적으로 자라게 됩니다(시 19:7-11; 마 4:4; 딤후 3:15-17; 히 4:12-13; 요일 5:3 등). 성경은 성령 하나님의 도우심으로 해석해야 바로 이해할 수 있으며, 성경의 내용을 추가하거나 빼버리면 하나님께 벌을 받습니다(신 4:1-2; 요 14:26; 고전 2:6-16, 4:6; 계 22:18-19 등).

그리스도인들이 성령의 도우심으로 성경을 읽게 되면 하나님의 말씀의 본질을 정확히 깨닫게 되며, 진리로 영혼이 살아나며, 지혜롭게 되며, 믿음이 자라며, 말씀이 꿀보다 달게 느껴져 죄를 버리고 말씀을 더 사모하고 더 잘 지켜 행하며 살게 됩니다(참조. 시 19:7-10, 119:1-176; 잠 1:1-7; 롬 10:17; 계 1:3 등).

성경은 하나님의 말씀으로 그리스도인들의 삶의 기준이며, 세상이 변하고 시대가 바뀌어도 변하지 않는 진리입니다. 그러기에 그리스도인들은 날마다 성경을 읽고 묵상하고 배우는 것이 중요하며, 그 말씀을 삶에서 적극적으로 지켜 행하며 살아야 합니다(시 19:7-11; 딤후 3:15-17 등). 그러나 그리스도인들 중에도 성경의 진리를 믿고 지켜 행하는 것에는 관심이 없고, 쓸데없는 이야기나 거짓된 이야기에 귀를 기울이고 따르며 살기도 하는데, 자신이 진짜 그리스도인이라면 절대로 그런 모습으로 살아서는 안 될 것입니다(참조. 롬 1:25; 딤전 6:5; 딤후 4:2-4; 약 3:14-16; 요일 4:5-6 등).

그리스도인들이 성령 하나님의 도우심으로 성경의 본질을 제대로 이해하고 알면 나를 알고 영적인 적을 정확히 알게 되어, 세상에 사는 동안 영적인 싸움에서 백전백승 할 수 있게 될 것입니다. 왜냐하면 성경은 살아 있는 하나님의 말씀으로 힘이 있고, 그리스도인들의 마음속에 있는 생각과 감정까지 다 드러나게 하며, 마귀와의 영적인 싸움에서 승리할 수 있게 하기 때문입니다(마 4:1-11; 엡 6:10-18; 히 4:12-13

등). 그러기에 그리스도인들은 그 무엇보다 성경을 읽고 배우며, 그 말씀을 지켜 행하기 위해 성령 하나님과 더 친밀한 관계를 맺고, 항상 깨어 기도해야 합니다.

 **그리스도인으로서의 정체성**

사람들에게 정체성이란 "나는 누구인가"라는 질문에 대한 대답입니다. 다시 말해, 사람으로서의 정체성은 그 사람의 본질적인 특성(성별, 외모, 역할(자녀나 형제로서의 역할 등)과 질서, 인종, 민족, 지위 등 태어날 때부터 주어지는 다양한 특성)과 경험적인 특성(신앙, 가치관, 성격, 지식과 지혜, 자신이 선택한 여러 공동체(가정, 교회, 사회, 국가 등) 속에서의 역할과 질서 등 태어난 후 살면서 배우거나 경험한 특성)이 합쳐져, 그 사람이 어떤 사람인지를 알려주는 것이라고 할 수 있습니다.

그리스도인의 정체성은 예수 그리스도를 믿음으로 구원을 받은 후 "하나님 안에서 나는 누구인가"라는 질문에 대한 대답입니다. 다시 말해, 그리스도인으로서의 정체성은 예수 그리스도를 믿음으로 구원 받는 순간부터 주어지는 본질적인 특성(하나님의 자녀, 거듭난 사람, 용서 받은 사람, 생명책에 기록된 사람, 영원한 생명을 얻은 사람, 하나님 나라의 시민 등)과 구원 받은 후 성경과 교회를 통해 배우고 경험한 것으로 형성되는 경험적인 특성(예배자, 예수 복음의 증인, 성경적인 가치관과 세계관에 맞게 사는 사람, 예수 그리스도를 닮아가는 사람, 하나님의 교회의 성도, 자신이 속한 여러 공동체에서 맡은 다양한 역할들, 마귀와의 영적인 싸움을 하는 그리스도의 군사, 세상의 소금과 빛 된 선한 삶을 사는 사람 등)이 합쳐져 자신이 어떤 존재인지를 가르쳐 줍니다.

그리스도인들이 가지고 있는 각각의 정체성은 하나님께서 맡겨주신 사명과 같다고 할 수 있는데, 그 이유는 그리스도인으로서의 정체성에 맞게 사는 것이 곧 하나님께서 맡겨주신 사명을 온전히 이루는 것과 같기 때문입니다. 그리스도인들이 하나님 안에서의 자신의 정체성을 제대로 알게 된다면, 그들은 하나님께서 자신들에게 베풀어 주신 은혜와 사랑, 자신들을 귀히 여기셔서 맡겨주신 사명, 그리고 영원한 천국을 향한 소망들로 인해 하나님을 향한 기쁨과 감사로 가득 찬 인생을 살게 될 것입니다. 그리고 그들은 세상에 사는 동안 거룩하고 선한 삶을 살게 되며, 생명을 귀하게 여기게 되고, 자존감이 높은 모습으로 살며, 뜨겁게 사랑하고 마음으로 용서하며 살고, 자신에게 맡겨주신 하나님의 사명을 충성스럽게 감당하면서 하나님께 영광을 돌리게 될 것입니다.

또한 그리스도인들이 하나님 안에서의 자신의 정체성에 맞게 산다면, 누구나 예수 그리스도를 닮아갈 수 있을 것입니다. 왜냐하면 그리스도인으로서의 정체성을 가진 사람들은 하나님께 사랑과 은혜를 받을 뿐만 아니라, 하나님께 귀히 여김을 받는 하나님의 자녀임을 바로 깨닫고, 성경에 맞게 생각하고 말하고 행함으로 예수 그리스도를 닮아가는 삶을 살 것이기 때문입니다(엡 5:1-2; 히 3:1, 12:1-3; 요일 2:6 등). 그리스도인들이 하나님 안에서 자신의 정체성에 맞게 살면 세상 사람들이 먼저 우리가 그리스도인임을 알게 될 정도로 복된 삶을 살게 될 것입니다.

그리스도인들은 성경을 기준으로 하나님 안에서 자신이 어떤 존재인지를 정확히 알 뿐만 아니라, 그리스도인으로서의 정체성에 맞게 살아야 합니다. 그리스도인들이 하나님 안에서의 자신의 정체성에 맞는 삶을 살기 위해서는 하나님의 말씀인 성경을 믿고 그 말씀에 맞게 살아야 하며, 자기를 부인하고 자기 십자가를 지고 예수 그리스도를 따라야 하고, 성령 하나님의 요구에 순종해야 하며, 예수 그리스도를 닮아가는 삶을 살고자 기도하고 노력해야 합니다.

마귀는 그리스도인들이 그리스도인으로서의 정체성에 맞게 살지 못하도록 끊임없이 방해할 것이기 때문에, 그리스도인들은 항상 영적인 방심을 하지 말고 마귀에게 넘어지지 않도록 조심해야 합니다.

그리스도인의 정체성이란

그리스도인들은 자신이 어떤 정체성을 가진 존재인지 아는 것만으로도, 자신이 하나님께 얼마나 큰 은혜와 사랑을 받고 사는지, 하나님께 얼마나 귀하게 여김을 받는 존재인지, 그리고 그리스도 예수 안에 있는 하나님의 사랑에서 절대로 끊어질 수 없을만큼 소중한 존재인지도 깨닫게 될 것입니다(사 43:1-7; 요 1:12, 3:16; 롬 5:6-8, 8:35-39 등).

그리스도인으로서의 정체성을 바로 알면 하나님을 사랑할 수 밖에 없고, 하나님께 감사할 수 밖에 없으며, 하나님의 말씀에 순종할 수 밖에 없고, 하나님께 예배와 찬양을 드릴 수 밖에 없으며, 먹든지 마시든지 무엇을 하든지 하나님께 영광 돌리는 삶을 살 수 밖에 없고, 하나님께서 맡기신 사명을 위해 살 수 밖에 없을 것입니다.

그만큼 그리스도인들이 하나님께 받은/받는 사랑과 은혜는 헤아릴 수 없을 만큼 크다는 것을 깨닫게 될 것입니다. 또한 그리스도인으로서의 정체성을 제대로 알게 되면, 세상적인 헛된 욕심, 세상이나 물질을 사랑하는 마음, 자기를 자랑하던 삶까지 다 버리고, 오직 예수 그리스도를 자랑하며 살 것입니다.

그리스도인들도 구원을 받기 전에는 마귀에 속한 사람-세상(땅)에 속한 사람, 죄의 본성인 육체에 속한 사람, 거짓에 속한 사람-이었지만, 하나님의 은혜로 예수 그리스도를 믿고 구원 받아 하나님께 속한 사람이 된 것입니다(요 8:39-47; 고전 2:9-16, 3:1-3, 15:40-50 등). 그리스도인들은 의와 진리의 거룩함으로 새 사람이 된, 즉 하나님의 형상과 모양으로 지음 받았던 원래의 모습으로 회복된 사람입니다(엡 4:24; 골 3:9-10 등).

그러기에 그리스도인들은 하나님 안에서 주어진 자신의 정체성을 정확히 알고, 기쁨과 감사로 그 정체성에 맞게 살며, 자신이 하나님의 자녀임을 세상에 알리며 살아야 합니다(빌 4:5; 벧후 1:10-11 등). 그렇다면 그리스도인들은 하나님 안에서 어떤 정체성을 가진 존재인지를 성경을 통해, 그리스도인들의 핵심적인 정체성에 대해 살펴보겠습니다.

첫 번째, 그리스도인들은 하나님께 선택 받은 사람입니다(마 22:1-14; 롬 8:29-30; 엡 1:4; 벧전 2:9-10 등). 그리스도인들은 하나님께 선택 받아 왕 같은 제사장이요, 거룩한 민족이자 하나님의 백성이 된 사람입니다(렘 31:31-34; 고후 6:14-16; 벧전 2:9-10; 계 21:3 등). 그리스도인은 하나님 앞에 거룩하고 흠이 없게 하시려고 창세 전에 하나님께 선택 받은 사람입니다(엡 1:4).

다시 말해, 그리스도인들은 어두움(죄악)에서 불러내어 하나님의 놀라운 빛 가운데로 들어가게 하신 하나님(능력과 성품, 그리고 찬양할 만한 모든 것)을 세상에 전하며 살게 하기 위해 선택을 받은 사람인 것입니다. 사실 이스라엘 백성들은 자신들이 하나님께 선택받은 백성이라는 것에 대한 엄청난 자부심으로 선민사상을 마음에 품고 삽니다. 그런 면에서 그리스도인들은 자신이 하나님께 선택받았다는 사실에 대해 그들보다 더 큰 자부심을 갖고 사는지 깊이 생각해 보아야 합니다.

왜냐하면 이스라엘 백성들의 대부분은 자신들이 하나님께 선택 받은 백성이라고 생각하면서도 영적으로 눈과 귀가 가려져 예수 그리스도를 믿지 않을 뿐만 아니라 아직도 오실 메시아를 기다리는데, 그리스도인들은 이미 예수 그리스도를 믿음으로 구원을 받았기 때문입니다. 그리스도인들은 자신이 하나님께 선택을 받은 사람인 것에 대한 큰 자부심을 가지고 살고, 거룩하고 흠이 없는 삶을 살며, 세상에 하나님과 하나님께서 행하신 일들을 자랑하며 살아야 합니다.

두 번째, 그리스도인들은 하나님의 은혜로 예수 그리스도를 믿어 구원을 받은 사람입니다(롬 10:9-10; 엡 2:8-9; 골 1:12-14; 살후 2:13; 히 10:38-39 등). 그리스도인들은 자기의 선한 행위나 공로가 아닌 하나님의 은혜와 사랑의 선물로 구원을 받게 된 것입니다. 인간이 세상에 사는 동안 하나님께 받을 수 있는 최고의 선물은 바로 예수 그리스도를 통한 구원입니다. 그리스도인들은 인간이 하나님께 받을 수 있는 최고의 선물을 이미 받은 사람들입니다.

하나님께서 주신 구원이라는 선물의 핵심은 죄로 인해 지옥에서 영원히 고통을 받을 수 밖에 없는 사람들을, 고통도 슬픔도 없는 천국에서 하나님과 영원히 기쁨으로 살 수 있게 하시는 것입니다. 그리스도인들은 그런 놀라운 사랑과 은혜를 하나님께 이미 받은 사람들입니다. 그 놀라운 은혜와 사랑은 하나님이신 예수 그리스도께서 친히 이 세상에 인간의 몸을 입고 오시고, 죄로 죽어가는 사람들의 죄를 대신 지시고 십자가에서 죽으신 것입니다(참조. 요 3:16; 롬 5:6-8; 고전 1:18-21; 빌 2:6-11 등).

그래서 그리스도인들은 하나님께서 베풀어 주신 구원의 은혜와 사랑에 항상 감사하며 살아야 하는 것입니다. 또한 그리스도인들은 세상에 사는 동안 아무리 힘들고 어려운 상황이 찾아와도, 구원의 은혜와 사랑을 받은 것만으로도 그 모든 상황을 믿음으로 능히 이길 수 있어야 합니다. 그리고 자신이 하나님께 구원 받은 것을 자랑할 뿐만 아니라, 구원 받은 사람으로서의 당당함으로 살아야 합니다. 물론 자신이 잘나서 구원을 받은 것이 아님을 항상 명심하고, 자기 의를 드러내는 교만을 버리고 하나님 앞에 선 사람처럼 겸손하게 살아야 합니다.

세 번째, 그리스도인들은 거듭난 사람, 즉 물과 성령으로 다시 태어난 사람입니다(요 3:1-21; 벧전 1:3-4, 23 등. 참조. 행 10:44-48, 19:4-7). 그리스도인들은 성령을 통해 예수 그리스도를 주님으로 믿게 되어, 영적으로 마귀의 자녀에서 하나님의 자녀로 다시 태어난 사람들입니다(참조. 고전 12:3 등).

다시 말해 그리스도인들은 성령으로 거듭난 성령을 받은 사람인데, 이는 성령의 기름 부음을 받은 사람을 의미합니다(행 2:38 요일 2:20-27. 참조. 롬 8:9; 고후1:21-22; 요일 3:24, 4:13). 그리스도인으로 다시 태어난 사람들은 풀무 불에서 불순물을 제거한 순금과 같이 깨끗한 사람이 되는 것으로, 그들이 마귀의 자녀로 살면서 지었던 마음과 삶에 있는 모든 죄들을 성령의 불로 완전히 태워 없애버리셔서 거룩한 사람이 되었다는 것입니다.

세상에서도 범죄를 저질러 감옥에 갇혀 있던 사람이 형기를 마치고 출소하면 교화된 마음과 삶, 즉 새 사람으로 거듭난 삶을 살아야 합니다. 마찬가지로 마귀의 자녀로 죄악을 저지르며 살다가 하나님의 은혜로 다시 태어나 하나님의 자녀가 된 그리스도인들은 성령께서 깨닫게 하시는 예수 그리스도의 말씀을 기억하고 그 말씀에 맞게 살 뿐만 아니라, 그 분을 세상에 전하는 삶을 살아야 합니다(참조. 요 14:16-26, 15:26, 16:7-15; 행 1:8 등).

그리스도인들은 거듭나기 전처럼 거짓의 아비인 마귀가 원하는 대로 살면 절대 안 되고, 성령을 통해 예수 그리스도를 믿음으로 구원해 주신 하나님이 원하시는 대로 살아야 합니다. 특히 하나님께로부터 난 사람들은 세상을 이길 힘을 갖고 있는데 그 힘은 바로 믿음이라고 말씀하시기에, 거듭난 사람들은 믿음이 성장하고 성숙해지도록 하나님의 말씀을 읽고 그 말씀에 맞게 살아야 합니다(요일 5:4. 참조. 롬 10:17).

네 번째, 그리스도인들은 하나님의 자녀요, 하나님의 가족입니다(요 1:12; 롬 8:14-17; 고후 6:17-18; 갈 4:4-7; 요일 3:1-10 등). 그리스도인들에게 그 무엇과도 바꿀 수 없는 가장 중요한 정체성이 바로 하나님의 자녀라는 사실입니다. 그리스도인들은 예수 그리스도를 믿음으로 하나님의 자녀가 되는 특권을 받았으며, 하나님의 자녀로서 하나님을 아버지라고 부르며 삽니다. 그래서 그리스도인들은 기도할 때 예수 그리스도처럼 하나님을 아버지라고 부르며 기도하고, 기쁠 때나 슬플 때나 무슨 일이 있든지 간에 자녀들이 부모를 찾듯이 하나님 아버지를 찾는 것입니다 (마 7:7-11; 눅 11:9-13 등).

  자녀들에게 부모는 인생의 롤모델이자 스승이며 삶의 방향을 제시하는 사람이자 기댈 언덕과 같은 존재이듯이, 그리스도인들에게 하나님 아버지는 그런 분이십니다. 물론 하나님 아버지는 세상의 부모와는 다르게 믿음의 대상이시며, 전지전능하신 존재이심으로 하나님의 자녀인 그리스도인들은 언제든지 그 분을 믿고 의지하는 삶을 살아야 합니다. 하나님께서는 자녀들인 그리스도인들이 무엇을 구하든 좋은 것(성령)을 주시는 분이시며, 자녀들에게 항상 하나님 나라와 같이 좋은 것 주시기를 기뻐하시는 분이십니다(참조. 마 7:7-11; 눅 11:9-13, 12:31-32 등).

  그리스도인들은 항상 하나님 아버지께 깨어 기도로 구해야 합니다. 그리스도인들은 하나님의 자녀로서 하나님께 놀라운 사랑과 은혜를 날마다 받을 뿐만 아니라, 귀히 여김을 받으며 살게 됩니다. 좋은 부모에게서 태어난 것과 좋은 가문에서 사는 것을 자랑스러워하는 것처럼, 하나님의 자녀가 된 것을 그것과는 비교할 수 없을 만큼 자랑스러워해야 합니다.

  다섯 번째, 그리스도인들은 하나님께 부름 받은 사람입니다(롬 1:6, 8:28-30 등). 그리스도인들은 하나님의 때에 하나님의 방법으로 하나님께 부름을 받아 구원에 이른 사람들입니다. 사람들이 하나님께 부름을 받음으로 변화가 시작되고, 하나님의 사랑과 은혜를 넘치게 받게 됩니다.

  예를 들어, 아담이 범죄 했을 때 에덴동산에서 그를 부르셨고, 아브라함이 우상 가득한 동네에 살 때에 하나님께서 부르셨으며, 사무엘이 어렸을 때에 한 밤중에 그를 부르셨고, 갈릴리 호수에서 물고기를 잡고 있던 베드로와 안드레를 부르셨으며, 바울처럼 예수 그리스도를 믿는 사람들을 잡으려는 악한 마음으로 다메섹으로 가던 그를 부르셨습니다. 또한 하나님께서는 죄로 물들어 사는 우리들을 구원으로 부르셨습니다. 오늘날 하나님께서 세상 사람들을 구원으로 부르시는 방법은, 먼저 구원 받은 사람들이 전하는 예수 복음을 통해 부르시는 것입니다(참조. 고전 1:21 등).

그리스도인들은 자신이 누군가의 전도로 하나님께 구원에로의 부름을 받았음을 기억하고, 아직도 예수 그리스도를 믿지 않는 세상 사람들에게 예수 복음을 적극적으로 전하여 그들을 하나님께로 부르는 일에 힘써야 합니다(참조. 빌 3:13-14). 또한 갓난 아이는 부모의 부름에 기쁨으로 반응하고, 자녀들이 부모가 불러 심부름을 시키면 그에 맞게 반응하며, 양들은 목자의 부름에 즉각적으로 반응하여 행동하듯이, 그리스도인들도 일상생활에서 하나님의 부르심에 귀 기울일 뿐만 아니라, 그 부르심에 기쁨으로 즉각 반응하며 살아야 합니다.

하나님께서 일상생활에서 그리스도인들을 부르실 때는 크게 3가지 정도의 의미가 있을 수 있는데, 영적인 교제를 위한 부르심, 사명을 주시기 위한 부르심, 그리고 잘한 일은 칭찬하시고, 죄와 잘못은 꾸짖으시기 위한 부르심입니다. 그리스도인들은 항상 영적으로 깨어 하나님이 어떤 부르심으로 자신을 부르시는지 분별하여 그에 맞게 반응하며 살아야 합니다.

여섯 번째, 그리스도인들은 예수 그리스도의 제자입니다(마 28:18-20; 요 8:31, 13:34-35, 15:1-17 등). 예수 그리스도께서는 그리스도인들이 서로 사랑하며 살 때, 모든 사람들은 그 모습을 보고 그리스도인들이 예수 그리스도의 제자라는 것을 알 것이라고 말씀하셨기에, 예수 그리스도의 제자들인 그리스도인들은 서로 사랑하는 일에 힘써야 합니다(요 13:34-35).

예수 그리스도께서는 제자들에게 영과 진리로 예배를 드리는 삶, 하나님의 말씀을 읽고 지키는 삶, 자기를 부인하고 자기 십자가를 지는 삶, 하나님의 나라와 그의 의를 구하는 삶, 하나님 아버지의 뜻대로 사는 삶, 하나님을 경외하는 삶, 영적으로 깨어 기도하는 삶, 하나님의 말씀을 가르치는 삶, 서로 사랑하는 삶, 빛과 소금의 삶, 섬김과 낮은 자의 삶, 겸손한 삶, 나눔의 삶, 선한 삶, 예수 복음을 증거하는 삶, 그리고 근심 없는 평안의 삶을 살아야 한다고 말씀하셨습니다(마 5:1-16, 6:1-34, 10:26-33; 막 9:33-37; 눅 14:7-11; 요 14:1, 27 등).

또한 예수 그리스도께서는 제자들에게 예수 그리스도의 증인으로서 모든 민족을 제자로 삼아 그들에게 아버지와 아들과 성령의 이름으로 세례를 주고, 하나님의 말씀을 가르쳐 지키게 하라고 말씀하셨습니다(마 10:1-15, 28:18-20; 막 6:7-13; 눅 9:1-6, 10:1-20 등). 그 뿐만 아니라 예수 그리스도께서는 그렇게 사는 제자들과 세상 끝날 때까지 항상 함께 해 주시겠다고 말씀하셨습니다(마 28:18-20. 참조. 요 15:1-17, 17:20-23; 갈 2:20).

예수 그리스도의 제자인 그리스도인들은 세상 사람들에게 적극적으로 예수 복음을 전하고, 그들에게 하나님의 말씀을 가르쳐 지키게 하는 일에 힘쓰며 살아야 합니다. 자신이 예수 그리스도의 제자라고 생각하는 그리스도인들은 그 무엇보다 서로 사랑하고, 예수 복음을 전하는 일에 힘쓰며 사는지 항상 점검해야 합니다. 그리스도인들은 하나님, 자기 자신, 배우자, 가족들(육체적인 가족들과 영적인 가족들), 이웃들, 그리고 원수들까지 사랑해야 합니다(마 5:43-48, 22:34-40; 막 12:28-34; 눅 6:32-35; 요 13:34-35, 15:10-17 등).

요즘 세상은 죄악이 많아짐으로 사랑이 점점 식어지고 있지만, 그리스도인들은 하나님의 말씀에 맞게 뜨겁게 사랑하며 사는 예수 그리스도의 제자들이 되어야 합니다(마 24:12; 벧전 1:22, 4:8).

일곱 번째, 그리스도인들은 예수 그리스도와 함께 죽고, 그 분과 함께 다시 산 사람입니다(롬 6:1-14; 갈 2:20, 6:14; 엡 2:1-22; 골 2:12 등). 예수 그리스도와 함께 죽고, 그 분과 함께 다시 산 사람들은 자신의 남은 인생은 하나님께서 덤으로 주신 인생으로 여겨야 합니다. 이 때부터는 자신을 위해 살지 않고, 예수 그리스도를 위해 살아야 하는 인생이니까요. 다시 말해 이 때부터는 하나님이 기뻐하시는 일, 하나님을 위한 일, 그리고 하나님이 맡기신 일을 하며 살아야 합니다. 물론 그 일을 기쁨과 감사로 행하며 살아야 합니다.

예수 그리스도와 함께 죽고, 그 분과 함께 다시 산 그리스도인들은 자신이 가진 육체적인 것들과 세상적인 모든 것들을 예수 그리스도를 위해 다 버린 사람, 즉 죄의 본성인 육체의 욕구대로 살거나 세상적인 것들을 추구하지 않고, 오직 하나님이 기뻐하시는 삶(예수 그리스도의 십자가를 자랑하는 삶)을 사는 모습으로 변화된 사람이라는 것입니다(참조. 빌 3:7-11).

그리스도인들이 예수 그리스도와 함께 죽고, 예수 그리스도와 함께 다시 산 것을 가장 잘 보여주는 예식은 세례입니다(창 17:10; 롬 6:3-11; 갈 3:26-27; 골 2:11-13 등). 그리스도인이라면 누구나 삼위일체 하나님의 이름으로 세례를 받아야 하고, 세례를 받은 후에는 생명을 걸고 예수 그리스도를 위해 살아야 합니다.

바울은 예수 그리스도 외에는 아무것도 알지 아니하기로 결심했으며, 예수 그리스도의 십자가 말고는 아무것도 자랑할 것이 없다고 고백했던 것처럼, 그리스도인들도 예수 그리스도를 알아가기 위해 열심을 내고, 일상생활에서는 예수 그리스도를 자랑하는 일에 힘써야 합니다(고전 2:2; 갈 6:14).

여덟 번째, 그리스도인들은 하나님께 속한 사람-그리스도께 속한 사람, 하늘(위)에 속한 사람, 영에 속한 사람, 진리에 속한 사람-입니다(막 9:38-41; 요 18:36-37; 고전 2:9-16; 갈 3:29; 요일 4:1-6 등). 그리스도인들은 하나님께 속한 사람으로 그 누구보다 하나님의 말씀인 진리대로 살아야 하고, 육체적이고 세상적인 삶보다 하나님을 향한 영적인 삶을 우선하며 살아야 합니다. 예수 그리스도를 믿지 않는 사람은 마귀에 속한 사람-세상(땅)에 속한 사람, 죄의 본성인 육체에 속한 사람, 거짓에 속한 사람-인데, 그리스도인들은 그런 사람들처럼 살아서는 안 됩니다.

그리스도인들이 하나님께 속했다는 것은 하나님 안에 산다는 것입니다. 하나님 안에서 산다는 것은 하나님의 말씀 안에서 사는 것입니다. 세상에 사는 그리스도인들에게 하나님의 말씀은 안전하고 평안하게 살 수 있는 울타리입니다. 그리스도인들이 하나님 안에, 즉 하나님의 말씀 안에서 살면 가장 좋은 것은 하나님이 주시는 좋은 것을 받아 누릴 수 있고, 마귀와 같은 악한 존재로부터 완전히 보호를 받을 수 있습니다.

다시 말해, 하나님 안에서 살면 안전하고 평안하며, 그로 인한 기쁨과 감사가 가득한 삶을 살 수 있습니다. 또한 하나님 안에서 살면 마귀와의 영적인 싸움에서 승리할 수 있고, 세상에서 어떤 상황과 어려운 처지에 놓여도 하나님의 말씀의 능력으로 참고 인내할 뿐만 아니라 결국 이길 수 있습니다. 그리스도인들은 하나님께 속한 사람이 되어, 그런 엄청난 특권을 부여 받은 것입니다. 그리스도인들은 하나님께 속한 사람으로서 하나님과의 영적인 관계에 집중하고 하나님의 말씀의 울타리 안에 살므로, 세상에 살아도 육체적이고 세속적인 것 때문에 좌우로 흔들리거나 마귀의 유혹에 빠져 죄악된 삶을 살지 않아야 합니다.

아홉 번째, 그리스도인들은 생명책에 이름이 기록된 사람입니다(말 3:16; 빌 4:1-3; 계 3:4-5, 20:12-15 등). 이 생명책에 기록된 사람은 하나님 나라, 즉 천국에 들어가는 사람입니다. 생명책에 이름이 기록되는 방법은 자신의 죄를 회개하고 예수 그리스도를 믿음으로 구원을 얻을 때 가능합니다(참조. 마 4:17; 요 1:12 등). 특히 하나님께서는 하나님을 경외하는 사람과 그 분의 이름을 귀히 여기는 사람의 이름을 그 책에 기록하셨다고 말씀합니다(말 3:16). 그리스도인들은 하나님을 경외하고 그 분의 이름을 귀히 여기며 살아야 합니다.

  예수 그리스도의 제자들은 전도를 하고 돌아와 마귀들조차도 예수 그리스도의 이름으로 자신들 앞에 굴복하였다고 흥분하며 말했습니다. 그 때 예수 그리스도께서는 그들에게 "마귀들이 너희에게 굴복한 것으로 기뻐할 것이 아니라 너희의 이름이 하늘에 기록된 것으로 기뻐하여라"라고 말씀하셨습니다(눅 10:17-20). 다시 말해, 그리스도인들에게는 마귀를 굴복시킬 만큼 큰 능력을 가지고 사는 삶보다, 예수 그리스도를 믿음으로 구원을 받아 하나님 나라의 생명책에 이름이 기록되는 것이 비교할 수 없이 낫다는 것입니다.

  예를 들어, 국립도서관 같은 곳에 가면 수천만 권의 책이 꽂혀 있습니다. 그 책들 중에는 베스트셀러인 책도 있고, 스테디셀러인 책도 있습니다. 그리고 대부분의 사람들이 알만한 유명한 사람이 쓴 책도 있고, 저자가 기록되지 않은 책도 있습니다. 그런데 그 수많은 책에 자신의 이름이 기록되어 있다고, 자신의 영적인 신분이 바뀌지는 않습니다. 다시 말해, 도서관에 꽂혀 있거나 서점에서 판매되는 모든 책에 자신의 이름이 기록되어 있다고 해도, 영원한 천국에 들어갈 수는 없습니다.

  오직 하나님 앞에 놓여 있는 생명책에 자신의 이름이 기록되어야만 천국에 들어갈 수 있습니다. 그 사실을 분명히 알고 그리스도인들은 세상에서 유명한 책들에 자신의 이름이 실리는 것을 기뻐하기보다, 예수 그리스도를 믿음으로 구원받아 하나님 나라의 생명책에 이름이 기록된 것을 기뻐하며 살아야 합니다.

열 번째, 그리스도인들은 성령의 전, 즉 하나님의 거룩한 성전입니다 (고전 3:16-17, 6:19-20 등. 참조. 참조. 롬 8:9; 고후 1:21-22; 요일 3:24, 4:13). 사람들이 예수 그리스도를 믿는 순간 성령 하나님께서 그들의 내면에 영적으로 임재 하시는데, 이것을 성령 세례라고 합니다. 다시 말해 성령 세례를 받은 사람들은 그 마음 안에 성령께서 거하시는 성령의 전이 되는 것입니다. 그리스도인들은 성령의 전으로서 죄의 본성인 육체의 욕구대로 살지 말고, 성령 하나님의 요구에 순종하며 살아야 합니다(참조. 롬 8:1-17; 갈 5:16-26 등).

물론 그리스도인들이 성령의 요구에 순종하면서 살면, 성령의 열매(사랑, 희락, 화평, 오래 참음, 자비, 양선, 충성, 온유, 절제)를 비롯해 영적인 좋은 열매를 맺는 삶을 살게 될 것입니다. 또한 죄의 본성인 육체적인 일(음행, 더러운 것, 호색, 우상 숭배, 주술, 원수 맺는 것, 분쟁, 시기, 분을 냄, 당 짓는 것, 분열함, 이단, 투기, 술 취함, 방탕함 등)을 자연스럽게 버리게 될 것입니다.

그리스도인들은 자신의 마음과 삶을 돌아보아, 성령의 열매와 같은 영적인 좋은 열매가 맺히고 있는지 확인해야 합니다. 그리고 혹시라도 자신의 마음과 삶에 죄의 본성인 육체의 욕구대로 사는 것이 있으면 지금 당장 회개하고 돌이켜야 합니다.

예수 그리스도께서는 "선한 사람은 선한 것을 쌓았다가 선한 것을 내고, 악한 사람은 악한 것을 쌓았다가 악한 것을 낸다"(마 12:35. 참조. 마 15:17-20 등)고 말씀하셨습니다. 다시 말해 내면에 성령께서 임재해 계시는 사람들인 그리스도인들은 완전하게 선하신 분이 마음에 자리잡고 계시기에, 항상 선한 것을 마음과 삶으로 나타내며 살아야 합니다. 그리스도인들은 선을 행할 줄 알고도 행하지 않으면 죄임을 알고, 세상에 사는 동안 끊임없이 선을 행하며 살아야 합니다(약 4:17).

열한 번째, 그리스도인들은 하나님께 죄를 용서받은 사람입니다(사 1:18; 엡 1:7, 4:31-32; 골 3:13; 요일 1:9 등). 그리스도인들이 하나님께 죄를 용서받은 것은 자신의 행위가 아니라, 예수 그리스도의 보배로운 피, 즉 하나님의 은혜로 된 것입니다(벧전 1:18-23 등). 그리스도인들은 하나님께 용서를 받은 사람답게 용서하는 삶을 살아야 합니다.

그리스도인들은 잘못한 사람이 진심으로 용서를 구하면, 일흔 번씩 일곱 번이라도 마음으로 용서해 주어야 합니다(참조. 마 18:21-35; 눅 17:3-4). 물론 잘못한 사람이 용서를 구하지 않거나 마음에 없이 용서를 구할 때는 각자의 믿음의 수준에 따라 대응할 수 있지만, 어떤 상황이라도 자신의 영적인 생활을 위해 그들을 마음으로 용서하고 사는 것이 더 유익합니다(참조. 마 6:14-15; 막 11:25 등).

성숙한 믿음의 선배들은 대부분 하나님의 마음으로 용서의 삶을 살았는데, 자기 가족을 죽인 살인자를 용서해 준 사람들(손양원 목사, 아미쉬 공동체 등), 자신에게 억울한 누명을 씌운 사람을 용서해 준 사람들, 자신의 재산을 도둑질해 간 도둑을 용서해 준 사람들을 비롯해 크고작은 용서의 삶을 살았습니다. 물론 지금도 성숙한 믿음을 가진 그리스도인들은 하나님께서 자신을 용서해 주신 것에 감사함으로, 다른 사람들을 용서해 주며 삽니다.

또한 그리스도인들이 용서하는 삶을 살면 하나님께 용서를 받을 수 있고, 용서하지 않는 삶을 살면 하나님께 용서를 받을 수 없습니다(마 6:14-15, 18:35; 막 11:25-16; 눅 6:37; 고후 2:10 등). 또한 그리스도인들이 다른 사람들을 용서하지 않고 분을 내거나 진노(복수와 보복 포함)를 하는 것은 하나님의 의를 이루지 못하는 것임을 알아야 합니다(약 1:19-20 등). 모든 그리스도인들과 모든 지역 교회들은 하나님의 마음을 가지고 용서의 삶을 살아야 합니다.

열두 번째, 그리스도인들은 거룩하고 의로운 사람입니다(마 25:31-46; 롬 1:17, 5:1, 10:9-10; 갈 2:15-21; 벧전 1:15-16 등). 그리스도인들은 하나님께 심하게 얼룩진 죄도 눈처럼 깨끗하게 용서 받았고, 진홍색처럼 붉은 죄도 양털처럼 희어지게 용서 받았습니다(사 1:18). 다시 말해, 그리스도인들은 예수 그리스도께서 십자가에서 흘리신 보배로운 피로 말미암아, 모든 죄를 깨끗이 용서 받은 것입니다(요일 1:7).

그리고 그리스도인들은 성령을 통해 예수 그리스도를 믿음으로 의롭게 되었습니다(참조. 고전 12:3; 갈 2:15-21, 3:11 등). 그리스도인들은 "법 없이도 살 수 있는 사람", "절대 나쁜 일을 하지 않는 사람" 등으로 하나님과 다른 사람들에게 인정을 받을 수 있어야 합니다. 다시 말해, 그리스도인들은 죄를 미워할 뿐만 아니라, 자신의 생각과 말과 행위에서 죄를 버리기 위해 엄청난 노력과 기도에 힘쓰는 사람이어야 합니다.

사람들은 하나님의 형상과 모양으로 지음 받았을 때, 거룩하고 의로운 모습이었습니다(참조. 창 1:26-27). 그런데 죄를 지음으로 타락하여 거룩하고 의로운 모습을 잃어버렸습니다. 그렇지만 하나님의 은혜로 예수 그리스도를 믿고 구원을 받으면서, 다시 하나님의 형상과 모양을 회복한 거룩하고 의로운 사람이 된 것입니다. 그리스도인들은 예수 그리스도의 십자가의 죽으심을 통해 구원을 받은 것을 깨닫고, 거룩하고 흠이 없으며, 책망할 것이 없고 의로운 모습으로 살기 위해 노력해야 합니다(참조. 시 1:1-6; 골 1:20-22 등). 뿐만 아니라 죄악을 멀리하고, 죄를 지었을 때는 즉각적으로 회개하며, 하나님이 원하시는 선한 삶을 사는데 최선을 다해야 합니다.

열세 번째, 그리스도인들은 예수 그리스도의 친구입니다(요 15:14-15). 예수 그리스도께서는 하나님 아버지께 들은 것을 친구인 그리스도인에게 다 알려주셨습니다. 다시 말해, 그리스도인들은 예수 그리스도의 친구로서 예수 그리스도께서 무엇을 위해 이 세상에 오셨고, 무엇을 위해 이 세상에 사셨으며, 앞으로 무엇을 위해 이 세상에 다시 오실지 알아야 합니다. 물론 예수 그리스도가 누구신지 알고, 그 분이 이 세상에서 어떻게 사셨으며, 이 세상에 다시 오실거라는 사실을 믿고, 예수 그리스도를 닮아가는 삶을 살 뿐만 아니라 그분을 세상 사람들에게 전해야 합니다.

예수 그리스도의 친구가 되는 방법은 그 분의 명령(말씀)에 순종하는 것입니다. 그러기에 그리스도인들은 예수 그리스도의 친구로서 그 분의 명령(말씀)이 무엇인지 성경을 통해 배우고, 그 명령(말씀)에 순종하며 살아야 합니다. 또한 그리스도인들은 예수 그리스도를 아는 것에 그치지 않고, 그 분을 세상에 자랑해야 합니다. 잠언 기자는 "철이 철을 날카롭게 하고 사람이 그의 친구를 빛나게 한다"(잠 27:17)고 말씀하신 것처럼, 예수 그리스도께서는 친구들인 그리스도인들을 빛나게 하셨습니다. 그리스도인들도 친구가 되시는 예수 그리스도를 빛나게 하는 삶을 살아야 합니다.

열네 번째, 그리스도인들은 예수 그리스도의 지체입니다(롬 7:4; 고전 6:15, 12:27 등). 그리스도인들은 예수 그리스도의 몸, 즉 예수 그리스도와 생명으로 연합된 존재입니다. 그래서 그리스도인들은 예수 그리스도와 뗄래야 뗄 수 없는 관계입니다. 그리스도인들의 모임인 교회는 그리스도의 몸이고, 그리스도는 교회의 머리이십니다. 야고보 기자는 하나님의 말씀을 듣기만 하고, 행하지 않으면 자신을 속이는 사람이라고 말씀했는데(약 1:22-25), 그리스도인들이 머리되신 예수 그리스도의 말씀을 듣기만 하고 행하지 않으면 자신을 속이는 자, 즉 영적으로 죽게 됩니다. 또한 머리되신 예수 그리스도의 말씀을 듣고도 행하지 않으면 영적인 장애인이 됩니다.

예를 들어, 머리에서 무엇을 할지 결정한 후에 팔과 다리에 움직이라는 명령을 내리는데, 그 팔과 다리가 제대로 움직이지 못하는 장애인들이 있습니다. 마찬가지로 머리되신 예수 그리스도께서 그리스도인들과 지역 교회들에게 무엇을 해야 하는지 말씀하시는데, 그 말씀에 맞게 움직이지 않거나 그 말씀을 무시하면 영적인 장애인들과 같은 모습이 되는 것입니다. 그런데 오늘날 그리스도인들과 지역 교회들 중에는 머리되신 예수 그리스도의 말씀을 듣기만 하고 행하지 않는 영적인 장애를 가졌거나 영적으로 죽은 그리스도인들과 교회들이 엄청 많이 있다는 사실이 안타깝습니다.

또한 성찬 예식은 그리스도인들이 예수 그리스도와 연합되는 것을 가장 잘 보여주는 예식입니다. 그리스도인들은 성찬 예식을 통해 예수 그리스도의 몸과 살을 예표하는 떡과 잔을 먹고 마심으로 그 분과 친밀한 연합을 하게 됩니다. 그리스도인들은 그 사실을 알고 예수 그리스도의 죽으심을 기념하는 성찬에 적극적으로 참여할 뿐만 아니라, 성찬에 참여할 때는 더 간절히 회개하고, 자기 자신을 잘 돌아보며, 마음과 기도로 열심히 준비해야 합니다. 그리고 그리스도인들은 성찬을 행할 때마다 예수 그리스도와 영적으로 깊이 만나기 위해 노력해야 합니다. 특히 그리스도인들은 자신의 몸을 아끼고 사랑하듯이, 예수 그리스도를 그 누구보다 깊이 사랑하며 살아야 합니다.

열다섯 번째, 그리스도인들은 하나님의 교회의 성도입니다(고후 1:1, 9:1-15; 엡 2:19, 4:11-16; 벧전 2:9-10). 하나님의 교회의 성도로서의 그리스도인들은 하나님의 거룩한 백성이라는 의미로, 하나님과 하나님의 교회를 섬기는 사람들입니다. 다시 말해, 그리스도인들은 예수 그리스도의 피 값으로 세운 교회의 성도(넓은 의미에서 성도는 교회의 목사, 장로, 집사, 그리고 평신도를 모두 포함)로, 하나님의 교회의 구성원입니다. 그리스도인들은 교회의 성도로서 교회의 머리되신 예수 그리스도의 다스림을 받을 뿐만 아니라, 그 분의 권위에 순종해야 합니다.

또한 그리스도인들은 교회의 성도로서 그리스도께서 교회를 통해 무엇을 이루시기를 원하시는지 성경을 통해 배워 그 일을 이루어 드리는 데 힘써야 하고, 교회의 모임과 하는 일에 잘 참여해야 하며, 교회가 주 안에서 잘 세워지도록 부지런히 봉사하고 기쁨으로 섬겨야 합니다. 성도들은 먼저 하나님 앞에서 거룩한 모습으로 살아야 합니다. 그러기 위해 성도들은 하나님의 말씀을 읽고 배우고 그 말씀을 실천하며, 죄를 짓지 않으려고 노력해야 합니다. 그 뿐만 아니라 성도들은 하나님의 교회를 위해 헌신해야 합니다. 그러기 위해 성도들은 하나님의 교회를 위해 무엇을 해야 할지 배워야 하고, 하나님의 교회를 위해 일할 수 있도록 믿음과 지혜, 건강과 능력을 달라고 기도해야 하며, 하나님의 교회를 위해 기쁨으로 일해야 하고, 하나님의 교회를 위해 일하는 동안 모든 영광은 오직 하나님께 돌려야 합니다.

요즘 지역 교회에서 큰 문제가 되는 것들 중에는 성도들이 거룩하지 못하다는 것과 성도들이 하나님의 교회를 위해 일하지 않는다는 것입니다. 성도들이 교회에서 하나님의 말씀을 통해 성도의 삶이 얼마나 중요하고, 성도들이 어떤 역할을 해야 하는지 정확히 배우지 못했기 때문이기도 하고, 예수 그리스도를 믿지 않는 사람들이라도 교회에만 출석하면 성도라고 인정해 버리는 데서 문제가 생기는 것입니다. 그리스도인들은 자신이 하나님의 교회의 성도라는 사실을 확실히 믿는다면, 성도의 삶이 얼마나 중요하고, 성도로서 하나님의 교회에서 어떤 역할을 해야 하는지 정확히 배워서 하나님의 교회를 위해 힘쓰는 온전한 성도가 되어야 합니다.

열여섯 번째, 그리스도인들은 하나님 나라의 시민입니다(엡 2:19; 빌 3:20 등). 그리스도인들은 세상에서 한 나라의 국민일 뿐만 아니라, 하나님 나라인 천국의 시민입니다. 그래서 그리스도인들은 이 세상에 사는 동안 하나님 나라인 천국을 소망할 뿐만 아니라, 세상에서는 나그네처럼 살아야 합니다. 다시 말해, 그리스도인들은 이 세상에 영원히 살 것처럼 세상과 세상 것에 소망을 두지 않아야 하고, 세속적인 것(물질, 육체적인 쾌락)을 추구하며 살지 않아야 합니다. 물론 세상에서도 적당히 살아서는 안 되고, 하나님께서 맡겨주신 사명들을 비롯해 각자가 속한 공동체(가정, 교회, 학교나 직장, 사회, 국가 등)에서의 역할에 최선을 다해야 합니다.

하나님 나라에 들어갈 수 있는 사람들은 예수 그리스도를 믿어 구원 받은 사람(요 1:12; 요 6:35-40), 물과 성령으로 거듭난 사람(요 3:1-10), 하나님 아버지의 뜻대로 행하는 사람(마 5:17-20, 7:21-23 등), 죄를 회개하고 돌이켜 어린 아이처럼 낮추는 사람(마 18:1-5, 19:13-15; 막 10:13-16; 눅 18:15-17) 등입니다. 반면 하나님 나라에 들어갈 수 없는 사람들은 예수 그리스도를 믿지 않는 사람, 물과 성령으로 거듭나지 않은 사람(요 3:1-8 등), 성령 하나님을 모독하는 사람(마 12:31-32; 막 3:28-29), 죄를 회개하지 않는 사람(마 11:20-24; 눅 13:1-5 등), 하나님의 뜻대로 행하지 않는 사람(마 7:21-23), 하나님보다 물질을 더 섬기는 사람(마 19:16-30), 하나님 나라보다 세상적인 것을 우선하는 사람(눅 9:58-62), 개들과 점술가들과 음행하는 자들과 살인자들과 우상 숭배자들과 거짓말하는 자들(고전 6:9-10; 갈 5:19-21; 엡 5:3-5; 골 3:5-10; 계 22:14-15 등)입니다.

요즘 사람들은 미국과 같은 선진국의 시민권을 가지려고 많은 노력을 합니다. 그리고 미국 시민권을 얻게 되면 시민권 인터뷰를 보는데, 그 때 미국의 시민이 되면 미국의 헌법과 질서를 온전히 지키겠다고 선서를 해야 합니다. 그렇게 미국의 시민권을 얻으면 사람들은 환호성을 치며 좋아합니다. 하물며 그리스도인들은 미국과 같은 선진국의 시민권과는 비교가 되지 않을만큼 좋은 천국의 시민권을 가진 사람들입니다. 자신이 천국 시민이라고 믿는 그리스도인들은 반드시 하나님의 말씀의 법을 온전히 지키며 살아야 합니다.

열일곱 번째, 그리스도인들은 새로운 피조물(새 사람)입니다(고후 5:17; 갈 6:15; 엡 4:21-24; 골 3:8-10 등). 그리스도인들이 새로운 피조물(새 사람)이 되었다는 것은 죄로 말미암아 영원히 죽을 수 밖에 없는 존재가, 예수 그리스도를 믿음으로 영원히 죽지 않을 새 생명을 얻은 존재로 변화되었다는 것입니다.

다시 말해, 그리스도인들은 하나님과의 영적인 관계가 온전히 회복되고, 하나님께서 인간을 창조하실 때 주셨던 하나님의 성품과 영원한 생명의 은혜를 다시 받을 수 있게 된 것입니다. 새로운 피조물(새 사람)이 된 그리스도인들은 죄악으로 물들고 헛된 것을 추구하던 옛 모습을 다 버려야 합니다. 그리고 그리스도인들은 생각, 말과 행동, 그리고 삶을 사는 방식에 이르기까지 모든 것이 하나님의 말씀에 맞게 새롭게 변화된 삶을 살아야 합니다.

예를 들어, 한 남자와 한 여자가 사랑을 하여 결혼을 하면, 그 때부터는 그 누구보다 배우자만을 사랑하고 배우자를 우선하며 살아야 합니다. 결혼 후에는 두 사람이 정해놓은 규칙에 따라 살아야 하고, 배우자를 기쁘게 하는 일과 배우자의 행복을 위해 힘써야 합니다. 그렇게 사는 것이 자신의 행복이요 기쁨이기 때문입니다. 그런데 결혼을 한 부부가 배우자와의 관계보다 결혼 전처럼 다른 사람들과의 관계를 더 중요하게 여기거나 배우자의 동의 없이 다른 사람들과 시간을 보내느라 집에 들어오지 않는다면 어떻게 되겠습니까.

더 나아가 오직 배우자와만 성적인 관계를 맺어야 하는데, 배우자 외에 다른 사람과 성적인 관계를 맺는 간음을 하면 어떻게 되겠습니까. 마찬가지로 그리스도인들은 자신이 하나님 안에서 새 사람이 되었기에,

하나님이 정해놓은 법과 질서, 규칙과 윤리 등에 따라 살아야 합니다. 만약 그것을 지키지 않는 삶을 살면 악한 죄를 짓는 것이 됩니다.

열여덟 번째, 그리스도인들은 하나님의 뜻을 행하는 사람입니다(시 143:10; 마 7:21; 살전 5:16-18 등). 하나님의 뜻은 하나님께서 원하시고 계획하시는 일로 하나님의 말씀인 성경에 기록되어 있고, 하나님의 뜻이 이루어지는 것이 그리스도인들에게는 복입니다. 그리고 하나님의 뜻을 행하는 사람들은 하나님의 나라에 들어갈 수 있기에, 그리스도인들은 이 세상에 사는 동안 하나님의 뜻을 이루기 위한 삶을 살아야 합니다. 세상 사람들은 하나님을 믿지도 않고 하나님의 뜻이 무엇인지도 모르기에 자기의 생각에 옳은 대로 살지만, 그리스도인들은 성경 읽고 기도를 함으로 하나님의 뜻을 제대로 알아갈 뿐만 아니라, 그분의 뜻대로 살아야 합니다(참조. 요 6:38-40 등).

사람들이 하나님과 멀어질수록 하나님의 뜻과 상관없이 자기의 생각에 옳은 것을 행하며 사는데, 그리스도인들은 하나님의 뜻을 그 무엇보다 우선적으로 행해야 합니다. 그리스도인들이 하나님의 뜻을 알기 위해서는 성령의 도우심으로 성경을 읽어야 하고, 모든 일에 하나님께 기도해야 하며, 하나님의 말씀을 기준으로 영적인 분별력을 가져야 합니다.

또한 그리스도인들이 하나님의 뜻대로 산다는 것은 하나님께 영광과 찬양을 드리며 살고, 하나님을 사랑하고 그분의 말씀에 순종하며, 항상 기뻐하고 감사하며, 어떤 상황에서도 만족하고, 성령 안에서 거룩하고 선한 삶을 살며, 하나님을 위해 고난도 기쁨으로 받으며, 하나님을 의지함으로 기도하며 사는 것입니다.

그리스도인들은 자신이 하나님의 뜻대로 살고 있는지 점검해 보아야 하는데, 자신이 하나님의 뜻대로 살고 있는지 확인하는 방법은 자신의 모습을 성경에 비춰보는 것입니다. 자신이 성경 말씀을 잘 지켜 행하면 하나님의 뜻에 따라 사는 것이고, 그렇지 않다면 하나님의 뜻과는 거리가 먼 삶을 사는 것임을 발견할 수 있습니다. 자신이 하나님의 뜻대로 산다고 말하는 그리스도인들 중에, 하나님의 말씀에 맞게 사는 사람만이 하나님의 뜻대로 사는 사람인 것을 명심해야 합니다.

열아홉 번째, 그리스도인들은 하나님께서 맡겨주신 사명을 행하는 그리스도의 일꾼입니다(롬 1:5-6; 고전 4:1-2; 고후 11:22-33; 골 1:7 등). 그리스도인들에게 사명은 하나님께서 그리스도인들에게 세상에 사는 동안 하나님을 위해 행하라고 맡기신 섬김과 봉사의 임무라고 할 수 있습니다(참조. 창 1:26-30; 마 28:18-20; 롬 14:7-9; 고전 3:1-11; 고후 5:17-21 등). 그리스도인들은 하나님의 일꾼으로서 하나님께서 맡겨주신 사명을 예수 그리스도를 믿어 구원을 받는 순간부터 죽음에 이르기까지 평생 동안 이루며 살아야 합니다(참조. 마 10:1-16; 눅 10:1-12; 고전 4:1-2; 골 3:10-12; 벧전 4:7-10 등).

하나님께서 그리스도인들을 하나님의 일꾼으로 세우시고 맡겨주신 사명의 핵심은 하나님을 섬기고 하나님의 영광을 위해 하나님의 말씀에 순종하며 사는 것, 영과 진리로 예배드리는 것, 하나님의 이름을 높이고 찬양하는 것, 그리고 예수 복음을 증거하는 것입니다(참조. 마 5:13-16, 28:18-20; 요 4:23-24; 고전 9:14-27, 10:31 등). 물론 그리스도인들은 하나님께서 맡겨주신 사명을 이루기 위해 사나 죽으나 오직 하나님께 헌신해야 합니다(참조. 행 20:24; 롬 14:7-9; 고전 4:1-21; 빌 1:20-30; 딤후 4:1-8). 그리고 그리스도인들은 사명을 이루어가는 동안 자신의 연약함과 부족함을 인정하고, 자신을 세워주신 하나님께 감사하며, 겸손하고 부끄럽지 않은 일꾼으로 살기 위해 성령 하나님께 도움을 구해야 합니다(참조. 롬 8:26-27; 고전 9:14-27; 고후 12:9-10; 딤후 2:15-17; 히 4:14-16 등).

그리스도인들은 하나님께서 맡겨주신 사명을 게을리 하거나 제대로 행하지 않는 게으르고 무익한 일꾼이 되면 안 되고, 한 영혼의 생명을 귀하게 여기지 않는 삯꾼이 되어서도 안 됩니다. 그리스도인들은 하나님께서 맡겨주신 사명들을 기쁨으로 행하면서 하나님께는 영광을 돌리고, 죄로 죽어가는 사람들에게는 생명을 얻도록 도와주어야 합니다.

스무 번째, 그리스도인들은 예수 그리스도를 믿고 따르는 사람입니다(마 16:24; 막 8:34; 눅 9:23; 행 11:26 등). 그리스도인들은 자기를 부인하고 자기 십자가를 지고 예수 그리스도를 따르며, 그 분을 위해 살고, 그 분을 세상 사람들에게 전하며, 그분을 닮아가는 삶을 살아야 합니다(참조. 엡 4:13-15; 빌 2:5; 골 2:9-10; 요일 2:6 등). 그리스도인들은 자신을 드러내거나 자랑하는 인생이 아니라, 오직 예수 그리스도를 드러내고 자랑하며 사는 인생이어야 합니다. 그래서 바울은 예수 그리스도를 알기 위해 자기에게 유익하던 모든 것들, 즉 자기 자신이 자랑할 만한 모든 것들을 다 쓰레기처럼 여기겠다고 말했습니다(빌 3:7-9).

그 뿐만 아니라 바울은 자신은 예수 그리스도와 함께 십자가에 못 박혀 죽었으므로 이제는 자신의 인생이 아니라 자신을 통해 예수 그리스도의 인생을 살겠으며, 오직 예수 그리스도의 십자가만을 자랑하며 살겠다고 말했습니다(갈 2:20, 6:14 등). 마찬가지로 자기를 부인하고 자기 십자가를 지고 예수 그리스도를 따르는 그리스도인들도 바울처럼 예수 그리스도를 알기 위해 자기에게 유익하던 모든 것들을 쓰레기처럼 여길 수 있어야 합니다. 그리고 예수 그리스도와 함께 십자가에 못 박혀 죽었음을 기억하고, 오직 자신을 통해 예수 그리스도를 나타내고 예수 십자가만 자랑하며 살아야 합니다.

그리스도인들이 세상에 사는 동안 자기를 부인하고 자기 십자가를 지고 예수 그리스도를 믿고 따르며 산다는 것은 엄청난 기도와 노력, 인내와 절제가 필요합니다. 결코 자신의 노력으로 이룰 수 있는 삶이 아니라 하나님의 도우심으로 그렇게 살 수 있음을 알아야 합니다. 또한 예수 그리스도를 믿고 따르는 삶은 한 번의 노력이나 짧은 순간에 이루어지는 것이 아니라, 평생 동안 묵묵히 그 길을 걸어야 가능한 삶입니다.

요즘 많은 그리스도인들은 자신이 예수 그리스도를 믿는 사람이라는 표시로 십자가 목걸이나 십자가 장신구를 하는 경우가 많은데, 진짜 중요한 것은 십자가를 몸에 장식하는 것이 아니라, 자기 자신을 온전히 내려놓고 예수 그리스도를 믿고 따르는 삶을 사는 것임을 명심해야 합니다.

스물한 번째, 그리스도인들은 예수 그리스도의 군사입니다(빌 2:25; 딤후 2:3; 몬 1:2 등). 그리스도인들은 예수 그리스도를 위해 목숨까지 바치고, 그 분께 온전히 순종하는 군사여야 합니다. 물론 예수 그리스도의 군사인 그리스도인들은 이 땅의 사람들에 대항하여 싸우는 것이 아니라, 이 세상의 어두운 세력들과 공중의 권세 잡은 악한 영들에 대항하여 영적인 싸움(믿음의 선한 싸움)을 하는 것입니다(참조. 롬 7:14-25; 엡 6:10-18; 히 12:4 등).

예를 들어, 전쟁터에 나가는 군인들이 총을 들고 적군들과 싸울 때는 나라와 국민들을 지키기 위해 목숨을 바쳐 싸우는 것처럼, 그리스도인들도 영적인 전쟁터인 세상에 사는 동안 하나님 나라의 백성으로 그 나라와 하나님의 영광을 위해 하나님의 말씀을 들고 마귀들을 강력하게 대적해야 합니다(참조. 약 4:7). 마귀들과의 영적인 싸움에서 승리함으로 하나님께 영광을 돌리고, 하나님의 나라를 확장할 뿐만 아니라, 자신의 신앙을 지키고 하나님께서 맡기신 사명을 잘 해나가며, 그들의 방해로 인해 예수 그리스도를 모르거나 믿지 않는 사람들에게 예수 복음을 적극적으로 전하여 예수 그리스도께로 인도할 수 있어야 합니다(참조. 살후 2:9-10 등).

또한 그리스도인들은 예수 그리스도의 군사로서 불의에 맞서 싸우는 정의로운 사람이어야 하고, 잘못한 일을 보면 의로운 분을 낼 수 있는 사람이어야 하며, 거짓에 대항하는 정직한 사람으로 살아야 합니다. 물론 그리스도인들이 마귀와의 영적인 싸움에서 승리하기 위해서는 항상 하나님과 영적으로 친밀한 관계를 맺고 살아야 하고, 하나님의 말씀으로 잘 무장되어 있어야 하며, 항상 깨어 기도해야 하고, 하나님을 믿고 의지해야 하며, 말씀과 믿음으로 충만한 삶을 살아야 합니다(참조. 마 26:41; 히 4:12-13; 요일 5:4-5 등). 예수 그리스도의 군사인 그리스도인들이 믿음의 선한 싸움을 하는 것은 믿음과 영원한 생명을 지키기 위한 싸움으로, 영적인 싸움에서 믿음을 지켜내면 결국 영원한 생명과 의의 면류관을 받게 됩니다(참조. 딤전 1:18-20, 6:12; 딤후 4:7-8 등).

스물두 번째, 그리스도인들은 예수 그리스도의 종(하나님의 종)입니다(롬 1:1; 고전 7:21-23; 갈 1:10; 엡 6:9 등). 예수 그리스도의 종(하나님의 종)인 그리스도인들은 세상에 있는 일반적인 종들과는 다르게, 하나님께서 베풀어 주신 은혜와 사랑에 감사해서 자발적으로 하나님을 주인으로 모시고, 하나님의 뜻을 행하는 종이 된 사람들입니다. 그리고 하나님의 종이 된 사람들은 죽음에 이르는 죄의 종에서 벗어나 의에 이르는 순종의 종이 된 것입니다(참조. 롬 6:15-23 등).

그리스도인들이 예수 그리스도의 종(하나님의 종)이라는 말은 그들의 생명의 주관자가 하나님이시고, 그들의 말과 행동의 자유도 하나님께 있으며, 그들의 삶의 방향이나 행해야 할 일들도 모두 주인이신 하나님께 있고, 그들은 오직 하나님만을 높이며 살아야 한다는 의미입니다. 그러기에 그리스도인들은 주인이신 하나님께 자신의 생명과 인생을 온전히 맡기며 살아야 합니다. 또한 예수 그리스도의 종(하나님의 종)이라는 말은 하나님께 쓰임 받는 사람이라는 의미도 있기에, 그리스도인들은 하나님께 충성된 종이 되어야 합니다(참조. 고전 4:1-2). 그래서 그리스도인들은 주인이신 하나님의 말씀과 뜻에 복종해야 하고, 믿음으로 그분을 기쁘시게 하는 삶을 살 뿐만 아니라, 그분이 맡겨주신 사명을 행하며 살아야 합니다.

그리스도인들은 주인이신 하나님의 뜻을 무시하고 자신이 하고 싶은 일을 하면서 살면 안 됩니다. 그리스도인들이 주인이신 하나님의 말씀에 온전히 복종하며 살기 위해서는 성령 하나님의 도움이 꼭 필요하기에, 항상 성령 하나님께 도움을 구하는 기도를 해야 합니다. 그리고 그리스도인들이 하나님을 기쁘시게 하는 삶을 살기 위해서는 믿음이 있어야 하기에, 하나님의 말씀을 읽고 그 말씀을 삶에서 실천하는 삶을 통해 영적인 모습이 자라도록 노력해야 합니다. 요즘 그리스도인들 중에서는 하나님의 종임에도 자신이 주인인 것처럼 생활하는 사람들도 많은데, 자신이 진짜 그리스도인이라면 절대 그런 모습으로 살면 안 됩니다.

스물세 번째, 그리스도인들은 예수 그리스도의 향기입니다(고후 2:14-17). 그리스도인들은 세상에 예수 복음을 전하는 향기와 같은 존재입니다. 다시 말해, 그리스도인들은 사람들을 멸망이나 죽음의 길로 인도하면 안 되고, 예수 그리스도를 전해 구원과 생명을 얻게 하는 일에 힘써야 하는 사람들임을 알려줍니다.

세상에는 영적으로 죽은 사람들이 가득하여 영적으로 썩고 냄새납니다. 그런 세상과 영적으로 죽어 썩고 냄새나는 사람들에게 예수 그리스도를 전함으로 그들에게 생명의 향기를 내뿜을 수 있도록 도와주어야 합니다. 그리스도인들은 세상에 사는 동안 죽어가는 영혼들을 살리는 일에 힘쓰며 살아야지, 다른 사람들을 영적으로 실족시키거나 죽이는 일을 하면 절대 안 됩니다(참조. 마 18:6-7; 막 9:42; 눅 17:1-2 등).

바울은 자신이 먹는 음식 때문에 믿음이 연약한 사람들을 비롯해 다른 사람들이 실족하게 된다면, 세상에 사는 동안 고기를 비롯해 실족시키는 음식을 먹지 않겠다고 말했을 만큼 한 영혼을 귀하게 여겼습니다(참조. 롬 14:1-23; 고전 8:1-13 등). 이처럼 그리스도인들은 자신을 통해 그 어떤 사람이라도 실족시키면 안 되고, 생명을 귀하게 여김으로 한 영혼이라도 더 예수 그리스도께로 인도하여 살려야 합니다.

그리스도인들끼리는 세상에 사는 동안 죽어가는 생명을 살리기 위해 서로 적극적으로 협력을 해야 합니다. 또한 그리스도인들은 예수 그리스도의 향기로서 세상에 선한 영향력을 미쳐야 합니다. 자신이 속한 가정, 교회, 사회를 비롯해 믿지 않는 세상 사람들에게 이르기까지 예수 그리스도의 사랑을 전하고, 그들에게 선한 모습을 보이며 살아야 합니다. 그리스도인들은 주변 사람들에게 항상 선한 모습으로 행하여, 예수 그리스도의 향기를 내뿜는 선한 이웃으로 살아야 합니다(눅 10:25-37 등).

스물네 번째, 그리스도인들은 예수 그리스도로 옷 입은 사람입니다(롬 13:11-14; 갈 3:27). 그리스도인들은 세례를 통해 예수 그리스도와 연합한 사람, 즉 예수 그리스도와 함께 죽고, 예수 그리스도와 함께 산 사람으로, 율법이 아닌 예수 그리스도의 은혜 아래 있게 되었습니다. 다시 말해, 그리스도인들은 예수 그리스도로 옷을 입은 사람으로 예수 그리스도의 성품과 삶을 닮아가야 합니다. 그 뿐만 아니라 예수 그리스도로 옷 입은 그리스도인은 자신의 모습과 삶에서 예수 그리스도를 나타내며 살아야 합니다.

예수 그리스도로 옷을 입은 그리스도인들의 특징을 로마서 13장 11-14절을 통해 살펴보면, 하나님의 말씀을 어기는 악한 생활을 버리고, 믿음으로 빛 된 삶을 살아야 합니다. 흥청망청 먹고 마시는 삶인 유흥을 즐기며 살면 안 됩니다. 술 취하거나 술을 마시는 것 때문에 문제를 일으키면 안 됩니다. 성적으로 문란한 삶을 살지 말아야 합니다. 시간 낭비하는 방탕한 삶을 살면 안 됩니다. 다른 사람들과 자주 다투고 싸우며 살면 안 됩니다. 하나님의 말씀을 잘 지켜 행하는 사람들을 시기하거나 질투하면 안 됩니다. 죄의 본성인 육체의 욕구, 즉 헛된 욕심과 정욕대로 살지 않아야 합니다. 그리스도인들은 선하신 예수 그리스도를 자신의 모습과 삶을 통해 세상 사람들에게 보여주며 살아야 합니다.

예를 들어, 무슨 옷을 입었는지가 그 사람이 무엇을 하는 사람인지 알려줍니다. 군인은 군복을 입고 나라와 국민을 적으로부터 지키고, 경찰은 경찰복을 입고 시민들을 범죄를 당하지 않고 안전하게 살 수 있도록 도와주며, 소방관은 불에 타지 않는 무거운 복장과 다양한 장비들을 몸에 착용하고 지역 사회에 불이 났거나 사고를 당한 시민들을 구해 주고, 의사는 하얀 가운을 입고 아픈 사람들을 치료하고 죽어가는 사람들을 살리며, 법관은 법복을 입고 죄없는 사람들의 억울함을 풀어주고 죄있는 사람들에게는 벌을 내림으로 다시는 범죄를 저지르지 못하도록 사회와 격리하는 등 사람들이 입는 옷마다 그에 맞는 역할이 있음을 압니다.

마찬가지로 그리스도인들은 예수 그리스도의 옷을 입었기에, 세상 사람들과 동일한 모습으로 살면 안 되고 자신을 통해 예수 그리스도가 드러나며 예수 그리스도께서 세상에서 하시고자 하시는 일을 하며 살아야 합니다. 예수 그리스도로 옷을 입은 그리스도인들은 말과 행동을 항상 절제하고 조심해야 합니다. 무늬만 그리스도로 옷을 입은 사람이 아니라, 마음과 삶으로 그리스도의 옷을 입은 삶을 살아야 하는 것입니다. 다시 말해, 예수 그리스도로 옷 입은 그리스도인들은 예수 그리스도처럼 생각하고 말하고 행동함으로서, 결국 예수 그리스도를 닮은 사람이 됩니다.

예수 그리스도로 옷을 입은 그리스도인들은 세상 사람들보다 더 정직하고, 더 윤리적이며, 더 선하고, 더 잘 베풀며, 더 잘 섬기고, 더 겸손하며, 더 잘 용서하고, 더 잘 배려하는 삶을 살아야 합니다. 또한 그리스도인들은 세상 사람들보다 더 부지런하고, 더 성실하며, 더 책임감 있고, 법과 질서를 더 잘 지키며, 더 가정을 잘 돌보며, 더 열심히 최선을 다해 살며, 소외된 사람들을 더 잘 돕고, 자신이 가진 것을 기꺼이 더 잘 나누며 살아야 합니다.

그 뿐만 아니라 그리스도인들은 세상 사람들보다 더 기쁘고 행복하게 살며, 더 감사하며 살고, 자신에게 주어진 삶에 더 만족해 하며, 더 평안하고 여유 있는 삶을 살고, 더 큰 사랑을 실천하며 살아야 합니다. 그래서 세상 사람들이 그리스도인들을 부러워할 만한 모습이 되어야 합니다.

스물다섯 번째, 그리스도인들은 예수 그리스도의 편지입니다(고후 3:2-3). 그리스도인들은 예수 그리스도께서 예수 복음을 세상에 전하라고 보내진 편지와 같습니다. 사랑하는 사람에게 연애편지를 받으면 가슴이 콩닥콩닥 뛰면서 기쁨과 설렘으로 흥분하는 것처럼, 그리스도인들은 하나님의 사랑의 메시지가 담긴 편지가 되어 세상 사람들에게 말로 다 할 수 없는 큰 기쁨을 줄 수 있어야 합니다. 다시 말해, 그리스도인들이 세상 사람들에게 다가가면 하나님의 사랑이 그들에게 전달될 수 있을만한 모습으로 살아야 한다는 것입니다. 그리스도인들은 세상에 사는 동안 예수 그리스도의 편지답게, 예수 복음과 하나님의 사랑을 세상 사람들에게 열심히 전하며 살아야 합니다.

그리스도인들은 예수 그리스도와 그 분께서 하고 싶은 말씀이 세상 사람들에게 제대로 잘 전달될 수 있을 만큼 선한 삶을 살아야 합니다. 또한 그리스도인들은 세상 사람들이 예수 그리스도를 만나고 알아갈 수 있는 축복의 통로로서의 역할에 충실해야 됩니다. 요즘 그리스도인들과 지역 교회들이 세상 사람들을 향한 예수 그리스도의 편지로서의 역할을 제대로 하는지 의문이 들 때가 많습니다. 그리스도인들과 지역 교회들이 하나님의 사랑의 메시지가 담긴 편지를 세상 사람들에게 쉬지 말고 적극적으로 전해야 하는데, 요즘 전도를 하는 그리스도인들이나 교회들이 많이 줄고 있거든요. 하나님의 사랑의 편지를 받아야 할 사람들이 그 편지를 받지 못하게 방해하는 것이 마귀만이 아니라, 그리스도인들과 교회들이 되고 있음이 참으로 안타깝습니다.

예를 들어, 사랑하는 사람에게 연애편지를 써서 우체국에서 보냈는데, 그 편지를 사랑하는 사람에게 전달해야 할 우편배달부가 그 편지를 전달하지 않고 자신이 가지고 있거나 버려버린다면 큰 문제를 낳을 수도 있습니다. 우편배달부는 자신이 전달해야 하는 편지를 제 시간에 배달해야 할 의무가 있습니다. 그렇듯 그리스도인들과 교회들도 하나님께서 맡기신 사랑의 편지, 즉 예수 복음을 세상 사람들에게 전하지 않고 자신들이 가지고만 있으면 안 되고, 다음에 전달하겠다고 하면서 미뤄서도 안 되는 것입니다. 그 사실을 분명히 알고 하나님께서 세상 사람들에게 전달하라고 주신 사랑의 편지인 예수 복음을 적극적으로 전하며 사는 그리스도인들과 교회들이 되었으면 합니다.

스물여섯 번째, 그리스도인들은 하나님의 상속자입니다(롬 8:14-17; 갈 3:23-29, 4:1-7; 골 1:12-14; 벧전 1:3-5 등). 그리스도인들은 예수 그리스도와 함께 하나님께서 주시는 상속을 받게 됩니다. 그리스도인들에게 하나님께서 주실 상속의 핵심은 천국인데, 그곳에서 영원히 살게 되는 복을 누리게 되는 것입니다. 그리스도인들이 이 세상에서 나그네처럼 살면서 천국을 소망하며 사는 이유도, 바로 하나님께서 상속을 약속해 주셨기 때문입니다. 자녀들이 부모에게 집이나 재산을 상속 받는 것도 기쁜 일이지만, 하나님 아버지께 받는 상속은 그것과는 비교할 수 없습니다.

요즘은 그리스도인들조차도 세상 사람들과 다를 바 없이 천국에 대한 소망보다 세상에 소망을 두고 삽니다. 그래서 부모에게 영적인 유산이 아닌 물질적이고 세상적인 유산을 더 받기 위해 엄청 힘씁니다. 세상 사람들은 부모에게 조금이라도 더 물질적인 유산을 받기 위해 부모가 기뻐하는 일을 하거나 부모를 겉으로라도 공경하며 삽니다. 하물며 하나님 아버지께 영원한 상속을 받게 되는 그리스도인들은 하나님께 어떻게 행하며 살아야 하겠습니까.

그리스도인들은 영적인 상속을 더 받기 위해 최선의 노력을 다하며 살아야 하는 사람이 아니라, 하나님께 이미 받은 사랑과 은혜에 감사해서 하나님의 영광을 위해 사는 사람이어야 합니다. 그렇게 하나님의 사랑과 은혜에 감사하는 사람은 천국을 소망하며 살고, 하나님이 주시는 엄청난 영적인 상급을 받을 수 밖에 없는 삶을 살게 되어 있습니다. 그리스도인들은 자신을 돌아보아 이미 받은 하나님의 은혜와 사랑에 감사해서 천국에 소망을 두고 하나님을 기쁘시게 하는 일을 하며 사는지 점검해 봅시다. 그런 삶을 사는 그리스도인들을 하나님께서는 귀하게 보십니다.

스물일곱 번째, 그리스도인들은 하나님께 세움 받은 선한 청지기입니다(창 1:28, 2:15, 9:1-2; 고전 4:1-2; 벧전 4:10 등). 그리스도인들은 하나님께서 맡기신 것들(은사와 은혜-각자가 소유한 모든 것)을 제대로 사용하고 관리하는 선한 청지기입니다. 주인은 가장 믿을만한 종에게 곳간 열쇠를 맡기듯이, 하나님께서는 그리스도인들을 청지기로 삼으셨습니다. 다시 말해, 하나님께서 세상에서 가장 신뢰하는 사람들이 그리스도인이라는 사실입니다.

선한 청지기로 살아가는 그리스도인들은 하나님의 영광을 위해, 교회를 잘 세우고 유익하게 하기 위해, 그리고 자신이 영적으로 바로 설 수 있도록 하나님께서 맡겨주신 것을 잘 사용하고 활용해야 합니다. 또한 그리스도인들은 청지기로서 하나님을 위해 때론 손해보고 희생하면서까지 봉사와 섬김의 삶을 살아야 합니다. 그리고 주인의 곳간 열쇠를 맡은 종이 곳간의 물건을 훔치면 안 되고, 곳간에 있는 것들을 자신이 마음대로 사용해서도 안 되고, 곳간에 있는 것들을 주인이 나눠주라 할 때 그것을 자신의 것인냥 아까워 나눠주지 않아도 안 됩니다.

예를 들어, 사람들이 은행에 돈을 예금했다가 어느 날 그 돈의 일부를 찾으러 갔습니다. 그런데 은행 직원이 그 돈이 자신의 것인냥 주려고 하지 않는다면 얼마나 황당하겠습니까. 또한 성도들이 하나님께 드린 헌금을 교회가 선교, 구제, 교회 운영, 성도 교육이나 교제 등 하나님의 영광을 위해 사용하지 않고, 헛된 일에 사용한다면 하나님과 성도들의 입장에서 얼마나 황당하겠습니까. 그 뿐만 아니라, 청지기로서의 그리스도인들은 하나님께서 맡겨주신 것을 자신을 위해서만이 아니라 하나님께 드리고, 이웃들에게 나누는 데에도 균형있게 사용할 의무가 있습니다. 말라기서에 보면 이스라엘 백성들이 그렇게 살지 않았을 때, 하나님께서는 그들을 향해 하나님의 것을 도둑질했다고 말씀하셨습니다(말 3:8-12).

그러기에 그리스도인들은 하나님의 것을 맡은 청지기로서, 자신이 가진 모든 것을 하나님이 원하시는 대로 제대로 사용해야 합니다. 그리스도인들은 자신을 신뢰함으로 청지기로 세워주신 하나님의 신뢰를 저버리는 일을 절대로 하지 않을 뿐만 아니라, 하나님께서 맡겨주신 것들을 제대로 사용함으로 하나님께 칭찬받는 청지기로 살아야 합니다.

스물여덟 번째, 그리스도인들은 예수 그리스도의 소유입니다(고전 3:21-23, 15:23; 갈 3:29, 5:24; 벧전 2:9 등). 다시 말해, 그리스도인들은 예수 그리스도를 믿어 구원을 받아, 예수 그리스도의 소유이자 하나님의 소유가 되었습니다. 그래서 그리스도인들은 자신이 가진 모든 것, 심지어 생명까지라도 하나님의 것임을 믿고 인정할 뿐만 아니라, 하나님께서 베풀어 주신 은혜에 감사하고, 그 모든 것으로 하나님의 영광을 위해 살아야 합니다. 그리스도인들은 자신의 생명을 비롯해 지금 자신이 소유하고 있는 모든 것들(지식, 지혜, 능력, 물질, 건강, 경험 등)을 자기 마음대로 사용하면 안 되고, 하나님께서 원하시는 일에 사용해야 합니다. 자신의 생명과 자신이 소유한 것을 어디에, 어떻게 사용할 것인지를 알기 위해 하나님께 끊임없이 기도해야 합니다.

그리스도인들 중에도 자신의 생명과 자신이 가진 것들이 자신의 것이라고 착각하는 사람들이 있습니다. 특히 그리스도인들 중에도 자기가 가진 것은 자신의 능력으로 그것들을 얻은 줄로 아는데, 사실은 하나님께서 주셨기 때문에 가진 것임을 알아야 합니다. 그리고 그리스도인들은 돈을 사랑함이 모든 악의 뿌리이며(딤전 6:10), 헛된 욕심을 가지면 마귀의 유혹에 빠지고 죄를 낳는다(약 1:14-15)는 사실을 늘 기억해야 합니다. 그리스도인들은 하나님께서 자신의 주인이시라는 사실이 감사요 기쁨이 됨을 영적으로 깨달아, 항상 주인되신 하나님의 뜻대로 살아야 합니다.

예를 들어, 그리스도인들은 자신이 가진 물질을 사용할 때 하나님이 바라시는 방법은, 다음 세 가지의 방법대로 균형있게 사용하는 것인데, 첫째는, 하나님께 감사함으로 드리고(십일조, 감사헌금, 선교헌금 등), 둘째는, 자신과 가족들의 유익을 위해 기쁨으로 사용하며, 셋째는, 가난한 사람들에게 하나님의 사랑의 마음을 담아 넘치도록 나누며 사는 것입니다. 그리스도인들 모두가 자신이 가진 것에만 마음을 두지 말고, 자신이 하나님께 소유되어 있음을 늘 묵상함으로 마음에 기쁨과 평안이 가득한 삶을 살아야 합니다.

스물아홉 번째, 그리스도인들은 세상에 보냄을 받은 예수 복음의 증인입니다(마 28:19-20; 눅 24:44-48; 행 1:8, 20:24; 고전 9:14-27 등). 그리스도인들이 예수 복음의 증인으로 사는 것은 예수 그리스도의 명령이며, 죄로 죽어가는 사람들을 구원하기 위한 하나님의 방법입니다(참조. 고전 1:21 등). 예수 그리스도를 믿지 않는 사람들에게 예수 복음과 하나님 나라를 전하여, 하나님께서 원하시는 구원으로 초대하기 위한 방법이 전도이며, 문화의 경계를 넘어 예수 그리스도를 믿지 않는 사람들에게 전도하는 것이 선교입니다. 전도와 선교는 그리스도인들이 기쁨으로 행할 의무이자 사명이며, 예수 그리스도를 믿지 않는 사람들을 하나님 앞으로 돌아오게 하는 중요한 사역입니다.

그리스도인들은 자신이 직접 전도(선교)를 하지 못할 경우 이미 보냄 받은 사람들(전도자, 선교사, 교회, 선교단체 등)을 위해서 기도하고 후원하는 방법으로 전도(선교)에 동참해야 합니다(참조. 살후 3:1-2; 요삼 1:5-8 등). 또한 그리스도인들은 세상에 사는 동안 죄로 죽어가는 사람들을 향한 긍휼의 마음으로, 그들이 구원을 받도록 늘 눈물로 기도하고, 그들에게 적극적으로 복음을 전해야 합니다. 물론 그 누구보다 먼저 가족들과 가까운 사람들에게 예수 복음을 전하여, 그들을 구원의 길로 인도하는 노력을 해야 합니다. 그리고 그리스도인들이 세상 사람들에게 예수 복음을 증거하는 것이 자신의 의가 되면 안 되고, 하나님께 받은 은혜와 사랑에 대한 감사로 기쁨으로 생명 다해 예수 복음을 전해야 합니다(참조. 행 20:24; 고전 9:16-18 등). 하나님께서는 인간의 지혜나 방법이 아닌 오직 하나님의 방법으로 사람들을 구원하시는 분이신데, 고린도전서 1장 21절에 보면, "하나님께서는 전도의 미련한 것으로 믿는 사람들을 구원하시기를 기뻐하신다"고 하십니다.

여기서 하나님께서 이미 구원 받은 사람들에게 사명으로 전도의 미련한 방법을 주신 이유는 크게 세 가지의 의미가 있습니다. 첫째는, 전도하는 동안 하나님께서 베풀어 주신 구원의 은혜와 사랑에 감사할 수 있는 기회를 주시는 것이고, 둘째는, 예수 그리스도를 전하면서 하나님의 사랑과 은혜가 얼마나 놀랍고 큰지를 더 깊이 깨닫게 해 주시는 것이며, 셋째는 누군가의 생명을 구원에 이르도록 돕게 하는 것입니다. 다시 말해, 하나님의 사역에 동참시켜 주는 것이고, 자신들의 생명도 귀하게 여기게 하시는 것입니다. 그리스도인들이 세상에 예수 복음을 전하며 사는 것은 이렇게 귀한 하나님의 은혜가 포함되어 있음을 알고, 그리스도인들은 때를 얻든지 못 얻든지 더 열심히 예수 복음을 전하는 데 힘써야 합니다.

서른 번째, 그리스도인들은 세상의 소금과 빛입니다(마 5:13-16; 벧전 2:11-12 등). 그리스도인들은 세상의 소금과 빛된 선한 삶을 살므로 하나님께 영광을 돌릴 뿐만 아니라, 세상 사람들까지도 그 모습을 보고 하나님께 영광을 돌릴 수 있게 해야 합니다. 그리스도인들이 세상에서 소금과 빛된 선한 삶을 살지 않으면, 세상 사람들은 그리스도인들과 지역 교회들, 그리고 하나님에게까지 욕을 하게 됩니다. 그리스도인들은 선한 삶으로 세상 사람들에게 좋은 평판(인정)과 존중을 받아야 하고(살전 4:9-12; 딤전 3:7 등), 하나님의 자녀로서 그들보다 훨씬 더 선하게 살아야 하며, 그들에게 하나님의 선한 영향력을 크게 끼치며 살아야 합니다. 요즘 그리스도인들과 교회들 중에는 세상 사람들에게 선한 영향력을 미치기는커녕, 손가락질 당하거나 욕을 먹는 사람들로 인해 하나님의 교회와 그리스도인들을 비롯해 하나님까지 욕 되게 하는 경우도 많아 안타깝습니다.

또한 그리스도인들은 하나님의 말씀에 맞게 선한 삶을 살므로 영적인 좋은 열매, 즉 성령의 열매, 의의 열매, 빛의 열매, 선한 열매, 회개에 합당한 열매, 복음의 열매, 생명의 열매 등을 맺으며 살아야 합니다(마 3:8-12, 7:15-20; 요 15:1-8; 갈 5:22-23; 빌 1:9-11; 약 3:17-18 등). 그리스도인들이 죄의 본성인 육체의 욕구와 헛된 욕심을 추구하는 삶으로 영적인 나쁜 열매를 맺으며 살면, 세상 사람들과 다를 바 없는 인생이 되어 세상 사람들에게 예수 복음을 제대로 전하지 못하게 됩니다(롬 8:1-13; 갈 5:16-26 등). 알다시피 거짓 선생이나 거짓 그리스도인들은 그들의 열매를 보고 알 수 있습니다(마 7:15-20 등). 자신이 진짜 그리스도인이라고 확신하며 산다면 세상 사람들과 구별된 거룩한 삶을 살아야 합니다.

만약 자신의 삶에 성령을 모독, 우상 숭배, 이단사상 추구, 음란한 생활(간음, 동성애 등), 살인이나 도둑질을 비롯한 범죄를 저지름, 거짓말을 비롯해 더러운 말을 함, 헛된 욕심을 추구, 세상과 돈을 사랑, 게으름과 술취함을 비롯해 방탕하게 삶, 분노를 비롯해 감정적인 죄를 자주 지음, 선을 적극적으로 행하지 않음, 영적인 일보다 세상적인 일을 우선함, 하나님을 높이기보다 자기를 높임, 자기 의(자신이 대단한 사람인 것처럼, 자신이 믿음이 좋은 사람인 것처럼, 자신이 선한 사람인 것처럼, 자신이 하나님과 친밀한 사람인 것처럼 등 자기를 드러내거나 과시)를 드러내며 삶, 자기 자랑에 빠진 모습, 그리고 위선적인 모습 등이 자신에게 조금이라도 있다면 무조건 회개하고 돌이켜야 합니다(마 12:31-37, 15:10-20, 23:1-36; 롬 1:18-32; 고전 6:9-10; 엡 5:1-33; 딤전 6:3-21; 딤후 3:1-9 등).

🔵 그리스도인들이 받게 되는 하나님의 은혜

이 세상에 사는 모든 인간과 피조물들은 하나님의 은혜를 받으며 삽니다. 하나님의 은혜 없이 단 한 순간이라도 살 수 있는 존재는 이 세상에 없습니다. 하나님의 은혜는 받을 자격이 없는 사람들에게 값없이 베풀어 주시는 하나님의 선물이자 사랑입니다(롬 3:22-25, 5:8-21, 8:14-39; 엡 2:4-9 등). 그리고 하나님께서 사람들에게 베풀어 주신 최고의 은혜는 예수 그리스도를 통한 구원입니다(참조. 요 1:12, 3:16; 롬 5:6-21, 8:31-39; 엡 2:4-9 등).

다시 말해, 하나님이신 예수 그리스도께서는 죄로 죽어가는 사람들에게 구원의 은혜를 베풀어 주시기 위해 친히 이 세상에 인간의 몸으로 오셨고, 저주의 십자가에서 피 흘려 죽으심으로 죄인들의 죄 값을 대신 갚아주셨습니다(참조. 사 53:6; 마 27:1-66; 롬 5:8-9; 갈 3:13; 빌 2:6-8 등). 그래서 세상에 사는 동안 예수 그리스도를 믿는 모든 사람들은 하나님께 죄를 용서 받고, 구원을 받아 영원한 생명을 얻게 되는 것입니다. 하나님께서 사람들에게 베풀어 주신, 그리고 지금도 계속해서 베풀어 주시는 은혜는 부족함이 없는 완전한 은혜입니다(고후 12:5-10 등).

그리스도인들이 하나님께 은혜를 받는 방법은 세 가지가 있습니다.

첫째, 하나님의 말씀을 통해 하나님의 은혜를 받습니다(눅 24:32; 요 20:31; 딤후 3:15-17; 히 4:12 등). 그리스도인들이 하나님의 말씀을 통해 하나님의 은혜를 받는 실제적인 방법은 성령의 인도하심과 하나님의 말씀을 중심으로 예배를 드리고, 하나님의 말씀을 읽고 듣고 배우고 행하는 것입니다. 수많은 그리스도인들이 하나님의 말씀을 읽거나 듣는 동안, 하나님께 예배를 드리는 동안, 하나님의 말씀을 삶에서 지켜 행하는 동안 하나님의 은혜를 경험했다고 고백합니다. 그들은 말씀을 통한 하나님의 은혜로 마음에 평안이 회복되고 위로를 받았으며, 영적으로 성숙해졌고 마음과 삶에 선한 변화를 경험했으며, 죄를 버리는 결단과 죄 대신 선을 행하게 되었고, 믿음이 자라고 성숙하게 되었으며, 그 외에도 영적인 싸움에서 승리하는 등 하나님의 은혜를 받았습니다.

둘째, 하나님께 기도함으로 하나님의 은혜를 받습니다(렘 33:3; 마 7:7-11; 눅 11:9-13; 골 4:2; 살전 5:17 등). 그리스도인들은 하나님께 구하고 찾고 두드림으로 좋은 것(성령), 즉 하나님의 은혜를 받을 수 있습니다. 왜냐하면 하나님께서는 그리스도인들의 기도에 가장 좋은 것으로 응답해 주시기 때문입니다. 수많은 그리스도인들은 기도를 통해 하나님의 뜻을 정확히 알게 되고, 하나님의 말씀의 본질을 깨닫게 되며, 기도의 응답을 받거나 기도로 인해 큰 복을 받기도 하고, 회개의 문이 열리기도 하며, 하나님과 영적으로 더 가까워지고, 그분을 더 의지하는 등 하나님의 은혜를 받았습니다. 또한 그들은 기도를 통해 자신이 원하는 것을 구하는 대신 하나님의 뜻을 구하게 되는 은혜를 받기도 하고, 하나님의 뜻을 비롯해 영적인 것을 잘 분별하는 능력을 받기도 했습니다. 특히 그리스도인들은 하나님께 회개의 기도를 함으로 죄 사함의 은혜를 받습니다(요일 1:9 등).

그리고 **마지막으로**, 세례와 성찬에 참여해 예수 그리스도와 연합함으로 하나님의 은혜를 받습니다(마 28:19-20; 막 14:25; 행 10:47-48; 고전 11:23-29). 그리스도인은 세례와 성찬을 통해 예수 그리스도와 만나고 연합할 뿐만 아니라, 예수 그리스도와의 친밀한 교제를 통해 힘과 위로를 비롯한 은혜를 받게 됩니다. 그리스도인들에게 예수 그리스도를 만나는 것만큼 큰 은혜는 없습니다. 사랑하는 사람을 만나면 기쁘고 행복한 것처럼, 예수 그리스도를 만나면 기쁨과 행복이 가득해집니다. 그러기에 그리스도인들은 하나님의 말씀을 통해 예수 그리스도를 만나기 위해 힘써야 합니다.

또한 하나님께서 이 세상에 사는 사람들에게 베풀어 주시는 은혜는 크게 두 종류가 있습니다.

첫째는 특별 은혜로, 예수 그리스도를 믿어 구원을 얻고, 그로 말미암아 영원한 생명을 얻는 구원의 은혜입니다(요 1:9-14, 3:16; 롬 5:17-21, 6:23; 엡 2:8-10 등). 하나님께 받은 구원의 은혜는 잃어버리지 않고 영원히 지속됩니다(요 10:27-30; 롬 8:29-39; 요일 5:10-13 등). 하나님께서는 사람들에게 구원의 은혜를 주시기 위해 그 사실이 기록된 성경을 주셨으며, 먼저 믿고 구원 받은 사람들에게 예수 복음을 전하는 사명을 주셔서, 사람들이 그들이 전하는 예수 복음을 듣게 하십니다.

둘째는 일반 은혜로, 구원의 은혜를 제외한 모든 은혜-자연적인 은혜(태양, 달과 별, 곡식들과 먹을 것들, 동물들, 식물들, 이른 비와 늦은 비

등), 건강, 물질, 지식, 문화, 교육, 정치 등-로, 모든 사람들이 차별 없이 하나님께 받게 되는 은혜입니다(마 5:45; 행 14:15-17, 17:22-30 등). 그리스도 인들은 하나님께서 베풀어 주시는 특별 은혜와 일반 은혜를 모두 받아 왔고 지금도 받고 있지만, 예수 그리스도를 믿지 않는 사람들은 하나님 께서 주시는 일반 은혜만 받아왔고 지금도 일반 은혜만 받고 삽니다. 그 러기에 그리스도인들은 하나님께서 베풀어 주시는 넘치는 은혜에 날마 다 감사하며 살아야 합니다. 그리고 하나님의 은혜를 세상 사람들에게 도 전하며 살아야 합니다.

하나님께서 그리스도인들에게 베풀어 주시는 은혜를 구체적으로 정 리하자면 셀 수 없이 많습니다. 하나님께서는 세상을 창조하실 때도 모든 만물을 다 만드신 후에 사람들을 만드셔서, 먼저 창조된 피조물 들을 사람들이 다스리고 정복할 수 있도록 배려해 주셨습니다(창 1:1-31 등). 또한 하나님께서는 사람들이 다 이해할 수 없을만큼 다양하고 수많 은 은혜를 베풀어 주시는데, 어머니의 뱃속에 잉태되는 순간부터 이 세 상에 태어나 살다가 죽음에 이르는 순간까지 끊임없이 은혜를 베풀어 주시며, 그 중에서도 그리스도인들에게는 날마다, 그리고 영원히 함께 하시면서 무한대의 은혜를 베풀어 주십니다(시 139:13-18; 사 43:1-7; 마 1:23, 5:1-12; 고후 6:1-2 등).

하나님께서 그리스도인들에게 날마다 베풀어 주시는 핵심적인 은혜 들은, 그리스도인들을 귀하게 여겨주시고 사랑해 주시며, 죄를 용서해 주시고 날마다 함께 해 주시며, 세상에 사는데 필요한 복을 주시고 불쌍 히 여겨 주시며, 그들의 믿음을 기쁘시게 받으시고 그들에게 담대한 용 기를 주시며, 마음과 삶을 평안케 하시고 안전하게 지켜 보호해 주시며, 이 세상을 사는 데 필요한 도움을 주십니다. 또한 하나님께서 그리스도 인들에게 베풀어 주시는 은혜는 그들에게 영적인 힘과 능력을 주셔서 마귀와의 영적인 싸움에서 승리할 수 있게 해 주시며, 믿음이 자랄 뿐만 아니라 성숙한 믿음을 갖게 해 주시며, 마음이 지치고 힘들 땐 위로해 주시고, 아플 때 치유를 해 주시며, 영육 간에 회복과 다시 일어설 힘을 주시며, 항상 기도에 좋은 것으로 응답해 주시며, 바른 길을 갈 수 있도록 인도해 주시고, 교회를 잘 세울 은사들과 죽어가는 사람들의 생명을 살리고 세상에서 빛과 소금의 선한 영향력을 미칠 다양한 사명들을 주시며, 천국을 소망하며 살게 해 주십니다.

그리고 하나님께서 그리스도인들에게 베풀어 주시는 은혜는 그들에게 죄를 회개하고 돌이킬 마음을 주시며, 죄를 지으면 책망과 벌을 내려 죄의 무서움을 깨닫게 해 주시고, 하나님의 뜻과 하나님의 말씀을 본질에 맞게 깨달아 알게 해 주시고, 지혜와 지식을 주시며, 영적인 자유를 주시고, 하나님의 영광에 참여하게 해 주시며, 하나님께 예배와 찬양을 드릴 수 있도록 도와주시고, 그들이 드리는 모든 영광을 받아주십니다

(롬 8:1-39; 고전 12:1-31; 살후 1:10-12; 벧전 4:10-11; 요일 4:7-19 등).

그리스도인들이 하나님께 받는 은혜들 중에는 성숙한 그리스도인들조차 바로 이해하거나 쉽게 받아들이기 힘든 은혜도 있는데, 바로 고통과 고난입니다. 그래서 그리스도인들은 하나님께 다른 은혜는 달라고 엄청나게 기도하면서도, 고통과 고난의 은혜를 달라고 부르짖으며 기도하는 경우는 거의 없습니다. 하나님께서 그리스도인들에게 고통이나 고난의 은혜를 주시거나 허락하시는 이유는 여러 가지가 있는데, 그 핵심은 그 고통이나 고난을 통해 하나님께 더 가까이 다가가게 하시기 위함과 더 하나님을 의지하며 살게 하기 위해서입니다.

예를 들어, 그리스도인들은 고통과 고난을 겪는 동안 하나님을 더 찾고 의지하며, 그 분 앞에 더 가까이 나아가게 되고, 하나님의 뜻을 더 알 수 있게 되며, 하나님 한 분께만 영광 돌릴 수도 있고, 예수 그리스도의

고난에 참여하게 되고, 영적인 교만에서 벗어날 수 있게 되며, 죄를 깨닫고 회개하게 되고, 믿음이 더 성숙할 수 있는 계기가 되기도 합니다. 하나님께서 주시거나 허락하시는 고통이나 고난은 하나님이 주시는 큰 은혜 중에 하나라고 할 수 있습니다. 그 사실을 분명히 이해하고 받아들이는 그리스도인들이 되어야 합니다. 예수 그리스도께서도 이 세상에 사시는 동안 십자가에서 죽으시기까지 고난을 당하셨는데, 그 고난으로 인해 예수 그리스도를 믿는 모든 사람들이 구원을 얻게 되는 하나님의 엄청난 은혜였던 것입니다.

모든 그리스도인들이 마음에 꼭 새기며 살아야 하는 것이 있는데, 그것은 그들 자신에게 엄청난 고통과 고난이 찾아온다고 해도, 그 모든 고통과 고난은 하나님의 은혜 아래서 일어난다는 것입니다. 다시 말해, 하나님의 은혜 아래서 사는 그리스도인들에게 고통과 고난은 지나가는 과정일 뿐, 결코 그것들이 그들의 마음과 삶을 끝까지 지배할 수는 없다는 것입니다. 수많은 그리스도인들은 하나님께서 주시는 은혜에는 고통이나 고난이 없을거라고 생각하지만, 실제로는 하나님께서 직접 베풀어 주시거나 간접적으로 허락하시는 은혜들 중에 고통과 고난의 은혜는 많은 비중을 차지한다는 사실입니다. 그리고 많은 그리스도인들이 하나님께서 주시거나 허락하시는 고통과 고난의 은혜를 통해 하나님과 더 가까워졌거나 하나님을 더 의지하게 되는 경험을 합니다.

또한 그리스도인들은 하나님께서 주신 은혜로 천국을 소망할 뿐만 아니라, 천국에 가기 위해 이 세상을 살고 있는 사람입니다. 그리스도인들은 하루하루 살 때마다 더 늙어가기도 하지만, 천국에 더 가까이 다가가고 있기도 합니다. 그리고 그리스도인들 모두는 하나님의 때에 이 세상에서는 죽음을 맞이하지만, 그와 동시에 하늘의 천국에 입성하게 되는 놀라운 은혜를 경험하게 됩니다. 그런데 대부분의 그리스도인들이 하늘의 천국에 입성하기 바로 전에 경험하는 것은 고통이나 고난입니다.

예를 들어, 그리스도인들은 하나님께서 인간들에게 정해준 대로 나이가 먹으면 늙습니다. 물론 나이와 상관없이 아프거나 장애를 입기도 하고, 사고나 사건으로 인해 고통이나 고난을 당하기도 합니다. 그렇지만 천국을 사모하는 그리스도인들은 언제든지 그런 상황이 찾아오면, "왜 나에게 이런 고난과 고통을 주느냐"고 하나님을 원망하고 불평하면 안 되고, 영원한 기쁨으로 충만한 천국에 가는 날이 더 가까워지고 있다는 기대감으로 기뻐하고 하나님께 감사해야 합니다. 그리고 고통과 고난으로 인해 천국에 더 가까이 다가가고 있는 그리스도인들은 하나님께서 맡겨주신 귀한 생명을 위해 열심히 치료를 받거나 그 고통에서 벗어나려는 노력을 하되, 육체적인 생명에 너무 집착하거나 어차피 죽을 인생이라며 너무 비관해서도 안 됩니다. 그 대신 우리의 죄를 대신해서 예수 그리스도를 십자가에서 죽게 하신 하나님을 뜻을 잘 헤아려, 1초, 1분, 하루를 살아도 하나님이 기뻐하시는 모습과 하나님께 영광을 돌리는 모습, 그리고 생명을 살리는 일을 하며 살아야 합니다.

그리스도인들은 세상에 사는 동안 오직 하나님 한 분만을 믿고 의지하며, 하나님께 이미 받은 은혜와 지금도 받고 있는 은혜에 무한 감사를 드리며 살아야 합니다. 세상에 있는 인간을 포함한 모든 만물들은 매 순간 하나님의 은혜로 존재할 수 있기에, 하나님의 은혜에 감사해야 하는데, 인간을 제외한 다른 피조물들은 어떤 방법으로 하나님의 은혜에 감사하는지 모르지만, 죄를 지어 하나님이 누구신지조차 제대로 모르는 사람들은 하나님의 은혜에 감사하지 않고 사는 것이 현실입니다. 그러나 그리스도인들은 하나님의 특별한 은혜로 구원을 받은 후 하나님이 누구신지, 하나님께서 얼마나 큰 은혜를 자신들에게 베풀어 주셨고, 지금도 베풀어 주시는지 알기에 어떤 상황에서도 하나님께 감사하는 삶을 멈추면 안 됩니다.

그리스도인들의 삶의 기준

그리스도인들의 삶의 기준은 하나님의 말씀(진리)인 성경으로, 항상 하나님의 말씀을 듣고 믿을 뿐만 아니라 그 말씀을 삶에서 지켜 행하며 살아야 합니다(시 19:7-11; 마 4:4; 딤후 3:15-17; 약 1:22-23; 계 1:3 등). 성경은 성령 하나님의 감동을 받은 사람들이 예수 그리스도를 중심 주제로 기록한 하나님의 계시입니다(참조. 눅 24:27, 44; 요 20:30-31; 딤후 3:15-17; 벧후 1:20-21 등). 성경은 전체의 내용과 글자 한 자에 이르기까지 성령의 영감으로 쓰여졌습니다(완전축자영감. 출 3:4, 4:6; 렘 1:9; 겔 3:4; 마 22:43-45; 요 10:35; 고전 2:13; 딤후 3:16-17; 벧후 1:20-21). 그리고 하나님께서 영원하시기에 하나님의 말씀도 영원합니다(참조. 시 119:89; 벧전 1:23-25 등).

성경은 모든 만물의 창조부터 인간의 구원과 영원한 하나님 나라에 대한 내용들, 삼위일체 하나님과 그 하나님의 사랑과 은혜, 그리고 구원과 구원 받은 사람들이 어떻게 살아야 하는지에 대한 내용들이 기록되어 있습니다. 특히 구약성경은 옛 언약으로 예수 그리스도께서 오실 것에 대한 기록이며, 신약성경은 새 언약으로 예수 그리스도의 나심, 생애와 공적인 사역, 죽으심과 부활, 승천과 다시 오심, 그리고 최후의 심판에 대한 기록입니다(히 1:1-2 등).

또한 구약성경과 신약성경은 교훈과 책망과 바르게 함과 의로 교육하기에 유익한 책이며, 하나님의 사람들이 온전하고 선한 일을 하며 살게 하기 위해 하나님께서 주셨습니다(딤후 3:16-17). 성경은 모든 그리스도인들의 삶의 기준이며, 성경을 깨닫기 위해서는 성령 하나님께 기도로 도움을 요청해야 합니다. 다시 말해, 그리스도인들은 성령 하나님의 도우심으로 성경을 읽고, 묵상하고, 배우고, 연구하여 성경의 본질을 제대로 알아가야 합니다. 그리고 성경이 요구하는 삶의 기준과 방향에 맞게 선을 행하며 살아야 합니다(참조. 시 119:1-176; 사 59:21; 롬 12:9-21, 13:11-14 등).

그리스도인들이 하나님의 말씀을 듣기만 하고 행하지 않으면 자신을 속이는 사람이 되고, 하나님의 말씀을 믿는다고 하면서 그 말씀에 맞게 행하지 않으면 죽은 믿음으로 사는 것입니다(약 1:22-25, 2:1-26 등). 그리스도인들은 생각할 때도 성경에 맞는지 확인해야 하고, 말할 때도 성경이 요구하는 대로 말해야 하며, 행동할 때나 무슨 일을 결정할 때도 성경의 범위에서 벗어나지 않아야 합니다. 다시 말해, 그리스도인들은 이 세상에 사는 동안 성경이라는 울타리 안에서 살아야 합니다.

성경 안에서 사는 그리스도인들의 특징은 하나님 안에서 안전하게 지냄으로 악한 마귀의 공격으로부터 보호받을 수 있고, 천국을 맛보며 살기에 세상적인 것을 추구하거나 세속적인 것에 물들지 않을 수 있으며, 죄와 악에서부터 멀리 있어 거룩한 삶을 유지할 수 있고, 하나님의 사랑 안에서 자신과 다른 사람들을 사랑하고 귀하게 여길 수 있으며, 날마다 예수 그리스도와의 영적인 친밀한 교제를 통해 예수 그리스도를 닮아가면서 세상에는 선한 영향력을 미치게 됩니다.

그리스도인이라고 말하면서 하나님의 말씀대로 살지 않는 사람들이 있다면, 그들에게 믿음의 형제로서 말씀을 가르치거나 권면은 하되 그들과 가까이 하지는 말아야 합니다(참조. 고전 5:9-13; 살후 3:14-15; 딤후 3:1-5 등). 또한 그리스도인이라도 하나님의 말씀을 제대로 모르거나 믿음이 연약한 사람들은 세상 사람들과 비슷한 모습으로 살 수 밖에 없기에, 하나님의 말씀을 읽고 듣고 배우며, 그 말씀을 삶에서 지켜 행함으로 믿음이 성장해야 합니다(참조. 롬 10:17; 고전 3:1-9 등).

그 뿐만 아니라 그리스도인들은 항상 자신이 하나님의 말씀인 성경을 기준으로 살고 있는지 점검해야 하며, 혹시라도 성경에 맞지 않는 삶을 살고 있다면 즉시 하나님께 회개하고 돌이켜야 합니다. 그리스도인들은 자신의 삶의 기준인 성경을 더 잘 알기 위해 읽고 배우는 노력을 게을리하면 안 됩니다. 또한 한 가정의 가장은 가족들에게 하나님의 말씀을 제대로 가르치기 위해 하나님의 말씀을 읽고 연구하는 일에 게으르면 안 되고, 필요한 경우에는 교회의 목회자들의 도움을 받아야 합니다. 그리고 가족들에게 하나님의 말씀을 가르치고, 가족들과 함께 하나님의 말씀을 일상생활에서 적극적으로 적용하며 살아야 합니다. 부모는 자녀들에게 하나님의 말씀을 잘 가르쳐, 자녀들이 하나님의 말씀을 잘 알고 믿게 할 뿐만 아니라, 영적으로 바로 선 삶을 살 수 있도록 도와주어야 합니다.

그리스도인으로서의 정체성에 맞게 살아야 하는 이유

그리스도인들이 그리스도인으로서의 정체성에 맞게 살아야 하는 이유는 크게 세 가지입니다.

첫째, 하나님의 자녀가 되었기 때문입니다(요 1:12; 롬 8:14-17; 갈 4:4-6; 엡 2:8-9 등). 그리스도인들은 누구나 하나님의 자녀로서 하나님의 은혜와 사랑에 감사하는 마음으로, 하나님의 자녀다운 삶인 하나님의 말씀에 맞게 살아야 합니다. 다시 말해, 그리스도인들이 하나님의 말씀을 기준으로 자신의 정체성에 맞게 살 때, 가장 하나님의 자녀다운 삶을 살게 됩니다.

둘째, 그리스도인들은 예수 그리스도와 함께 죽고 다시 산 사람으로서, 예수 그리스도와 연합되어 있기 때문입니다(요 15:1-6; 롬 6:4-8, 8:9-11; 갈 2:20; 골 2:12; 등). 그리스도인은 예수 그리스도와 연합된 사람으로, 자신을 위해 살지 않고 예수 그리스도를 위해 살아야 합니다. 다시 말해, 그리스도인들은 자신의 말과 행동으로 예수 그리스도를 나타내며 살아야 합니다.

셋째, 그리스도인들이 자신의 정체성에 맞게 살면 하나님을 기쁘시게 하는 삶을 살게 될 뿐만 아니라, 예수 그리스도를 닮게 될 것이기 때문입니다(엡 4:13-15; 딤후 3:15-17; 히 11:6, 12:1-3; 요일 2:6 등). 다시 말해, 그리스도인들은 어떤 상황에서도 항상 그리스도인으로서의 정체성에 맞게 살므로 하나님을 기쁘시게 해야 합니다.

그리스도인으로서의 정체성에 맞게 사는 방법

그리스도인으로서의 정체성을 가진 사람들은 하나님의 완전하심과 같이 완전해지려고 끊임없이 노력해야 합니다(신 18:13; 마 5:48 등). 그리스도인들이 완전해진다는 것은 하나님의 성품을 닮아갈 뿐만 아니라, 예수 그리스도를 닮아가는 것을 의미합니다. 다시 말해, 그리스도인들이 완전해지는 삶을 산다는 것은 하나님의 말씀(성령의 요구하심)에 맞게 거룩(선)한 삶을 살되, 죄(악)는 철저히 버리고 멀리하는 삶을 사는 것입니다(레 11:44-45; 살전 5:21-22; 히 12:1-12; 약 4:17; 벧전 1:15-17 등).

그리스도인들이 하나님의 완전하심을 닮아가려면 하나님 안에서 자신의 정체성에 맞게 살아야 하며, 그리스도인들이 하나님 안에서의 자신의 정체성에 맞게 살면 살수록 하나님의 완전하신 모습(성품), 즉 그들의 모습이 더 성화되어 예수 그리스도를 더 닮아가게 됩니다. 반면 그리스도인으로서의 정체성에 맞게 살지 않으면 세상 사람들처럼 죄악에 물든 삶을 살거나 세상적인 것을 추구하며 살게 됩니다. 그런 사람들은 하나님의 법을 깨뜨리고 어기며, 하나님을 온전히 믿지 않고, 하나님의 말씀에 제대로 순종하지 않으며, 하나님의 말씀(성령의 요구하심)에 맞게 살기보다 자신이 원하는 대로 살고, 하나님보다 세상적인 것을 더 사랑하는 우상숭배를 하게 되며, 적극적으로 선을 행하지 않을 뿐만 아니라 죄를 짓는 삶을 아무렇지 않게 행하며 삽니다(출 20:3-6; 신 9:7; 롬 3:23).

약 4:17; 요일 3:4, 5:17 등).

또한 그리스도인들이 육신의 연약함과 마음의 욕심, 그리고 믿음의 연약함 때문에 마귀의 유혹에 넘어져 죄를 짓게 되며, 그 죄악 된 행동이 반복되면 결국 악한 습관과 악한 성품으로 자리 잡게 되어 하나님의 완전하신 모습(성품)을 닮아갈 수 없게 됩니다(마 12:33-37, 26:41; 요 8:42-47; 약 1:14-15 등). 그 뿐만 아니라 그리스도인으로서의 영적인 삶이 특권인 것을 잊어버리고, 세속적인 것들과 육체적인 헛된 것들을 추구하며 사는 모습이 됩니다.

물론 그리스도인들이 아무런 노력 없이 그리스도인으로서의 정체성에 맞게 살 수 있는 것은 아닙니다. 예수 그리스도를 믿는 순간부터 하나님의 말씀인 성경을 읽어야 하고, 교회 중심의 신앙생활과 믿음의 선배들을 통해 말씀의 의미와 삶에서 어떻게 적용해야 하는지 배워야 하며, 그 말씀을 삶에서 실천해 나가야 합니다. 그리스도인들이 그리스도인으로서의 정체성에 맞게 사는데 교회생활과 믿음의 형제들과의 협력은 필수적입니다. 믿음의 형제들과 교회 중심의 신앙생활을 할 때 그리스도인으로서의 정체성을 온전히 바로 세울 수 있고, 그 정체성에 맞게 지속적으로 살 수 있습니다. 다시 말해, 그리스도인들이 성경을 통해 그리스도인의 정체성이 무엇이며, 어떻게 살아야 하는지 배운다고 해도 그것을 삶에 제대로 적용하며 살기란 쉽지 않습니다.

그래서 믿음의 형제들과 영적인 교제를 통해서 서로 가르쳐 주고 도와줌으로써, 삶에서 그리스도인으로서의 정체성에 맞게 살 수 있게 됩니다. 믿음이 연약한 그리스도인들은 동성애와 같은 세속적인 정체성으로 인해 그리스도인으로서의 정체성이 흔들릴 수 있는데, 이러한 때에도 믿음의 형제들과 교회 중심의 신앙생활을 통해 이겨낼 수 있습니다. 그런 면에서 그리스도인들이 교회 중심의 신앙생활을 하는 것은 아주 중요하기에, 그리스도인들은 교회 중심의 신앙생활을 하고자 항상 힘써야 합니다.

여기서 제시하는 방법들은 그리스도인들이 하나님 안에서 자신의 정체성에 맞게 사는데 필요한 핵심적인 방법들일 뿐 전체는 아님을 알고, 그리스도인들은 성경을 자세히 읽으면서 하나님의 말씀을 본질에 맞게 더 잘 알고 이해한 후, 하나님께서 하라고 하시는 말씀에는 온전히 지켜 행하려는 노력을 하고, 하나님께서 하지 말라고 하시는 말씀에는 절대 행하지 않으려는 노력을 해야 합니다. 그렇다면 그리스도인들이 하나님 안에서 자신의 정체성에 맞게 살려면 어떻게 해야 하는지, 성경을 통해 핵심적인 방법들 몇 가지만 살펴보겠습니다.

첫 번째, 그리스도인들은 하나님께 순종할 뿐만 아니라, 하나님의 말씀에 맞게 살아야 합니다(삼상 15:22; 요 8:39-47; 행 17:10-11; 요일 2:1-6; 계 1:1-3 등). 순종은 하나님의 하나님 되심을 인정하고, 자신의 삶을 그분이 원하는 대로 사는 것입니다. 다시 말해, 자신이 원하는 것만 순종하고, 자신이 원하는 말씀만 지켜 행하면 가짜입니다. 하나님을 향한 진짜 순종은 자신이 원하는 것과 관계가 없을 수 있고, 그 순종으로 인해 고통과 고난이 찾아올 수 있어도 기쁨으로 그 분의 말씀에 따르는 것입니다. 하나님을 향한 순종이 없이는 하나님과 영적으로 깊은 교제를 나눌 수 없고, 하나님의 말씀에 맞게 살지 않으면 하나님의 자녀다운 모습으로 변화된 삶을 살 수 없습니다. 하나님께서는 하나님의 말씀에 순종하고 그 말씀을 지켜 행하는 사람들을 특별한 보물과 같은 하나님의 소유로 삼을 것이라고 말씀하십니다(출 19:5). 다시 말해 하나님의 뜻을 지켜 행하는 사람들에게 하나님께서는 복을 주시고, 그들을 하나님의 자녀요 하나님 나라에 들어갈 수 있게 해 주십니다(참조. 마 7:21; 계 1:3 등).

예수 그리스도께서도 이 세상에 사실 때 하나님의 뜻에 순종하며 사셨습니다(마 26:36-42; 막 14:32-39; 눅 22:39-45 등. 참조. 요 19:30). 그리스도인들은 하나님의 말씀에 순종하지 못하도록 끊임없이 유혹하고 시험하는 마귀와의 영적인 싸움에서 하나님의 말씀으로 대적하여 이겨야 합니다(참조. 롬 7:14-25; 엡 6:10-18; 약 4:7-8; 딤전 1:18-20; 요일 5:4-5 등). 그리스도인들에게 하나님의 말씀을 믿고, 그 말씀에 순종하는 삶은 의무요, 생명 다해 지켜야 할 가장 중요한 삶이기 때문입니다. 그리스도인들은 하나님의 말씀에 순종하기 위해 성령 하나님의 도우심을 힘입어 끊임없이 성경을 읽고 배우며, 그 말씀을 일상생활에서 항상 실천해야 합니다. 그리스도인들 중에는 하나님의 말씀에 순종하는 것이 너무 힘들다면서 볼멘소리를 하기도 하는데, 하나님의 말씀에 순종하기 위해서는 하나님께 받은 은혜와 사랑을 항상 기억하고 살면 됩니다.

  하나님께서 이스라엘 백성들에게 십계명을 주실 때 이집트의 종으로 살던 이스라엘 백성들을 구원해 내신 분이심을 먼저 전제하여 말씀하신 것처럼, 그리스도인들도 하나님의 말씀에 순종할 때마다 자신이 하나님께 받은 하나님의 은혜와 사랑이 얼마나 큰 지 생각하면 될 것입니다(참조. 출 20:1-17; 신 5:1-22). 물론 하나님의 은혜와 사랑에 진정 감사하는 그리스도인들은 자신이 하나님의 말씀에 온전히 순종하지 못함을 하나님께 죄송하게 생각할 뿐만 아니라, 하나님의 말씀에 온전히 순종할 수 있게 해 달라고 하나님께 기도할 것입니다.

  두 번째, 그리스도인들은 먹든지 마시든지 무엇을 하든지 하나님의 영광을 위해 살아야 합니다(사 43:7; 마 5:13-16; 롬 15:4-6; 고전 6:19-20, 10:31 등). 사람들이 하나님의 은혜로 예수 그리스도를 믿어 구원을 받으면, 모든 만물의 창조자이자 주인이신 하나님께 영광을 돌리며 살게 됩니다. 그리스도인들이 하나님께 영광을 돌린다는 것은 하나님을 믿고 인정할 뿐만 아니라, 그 분의 이름을 높이고 경배하며, 그 분의 말씀에 순종하는 것을 의미합니다(참조. 빌 2:9-11 등). 다시 말해 그리스도인들은 먹든지 마시든지 무엇을 하든지, 즉 모든 생각과 모든 말, 그리고 모든 행위를 통해 오직 하나님의 영광을 위해 살아야 합니다. 그리고 그리스도인들은 이 세상에 사는 동안 하나님의 말씀에 맞게 선한 삶을 살므로, 세상 사람들이 그 모습을 보고 하나님께 영광 돌릴 수 있도록 해야 합니다(마 5:13-16; 벧전 2:12 등).

그리스도인들이 하나님 안에서 성경 말씀에 맞게 살려는 노력을 하면 하나님께서는 그들의 마음과 삶을 영광으로 받으실 것이며, 세상 사람들은 그런 그리스도인들을 보는 것으로 자신들과 다름을 느끼게 될 것입니다. 대부분의 그리스도인들은 하나님께서 자신에게 맡겨주신 가정, 교회, 직장이나 학교, 사회에서의 역할들과 사명들을 하나님께 기도하며 묵묵히 성실하게 해 나가는 것으로 하나님께 영광을 돌리는 삶을 삽니다. 물론 그들은 성경에서 말씀하시는 대로 세상 사람들보다 더 윤리적이고, 더 적극적으로 선을 행하므로, 하나님께 영광을 돌릴 뿐만 아니라 세상 사람들에게까지 좋은 영향력을 미치며 삽니다.

세 번째, 그리스도인들은 하나님 아버지와 친밀하게 살기 위해 하나님께 가까이 나아가야 할 뿐만 아니라(요 14:6; 롬 8:15-16; 갈 4:1-7; 약 4:8 등), 하나님을 경외하며 살아야 합니다(시 2:11; 전 12:13-14; 사 33:6; 마 10:28; 고후 7:1 등). 전능하신 하나님과 친밀한 사람은 이 세상에 사는 동안 그 무엇도 두렵지 않을 것입니다. 예수 그리스도께서도 제자들에게 몸은 죽여도 영혼은 죽이지 못하는 사람들을 두려워하지 말고 영혼과 몸을 지옥에서 다 멸망시킬 수 있는 분을 두려워하며 살라고 말씀하셨습니다(마 10:28). 물론 그리스도인들이 하나님을 가까이 하기 위해서는 거룩한 삶, 즉 죄는 멀리하고 하나님의 말씀은 속히 실천하는 삶을 살아야 합니다.

그리스도인들이 하나님께 가까이 나아가는 이유는 하나님을 사랑하기 위해서일 뿐만 아니라, 하나님께서 주시는 사랑과 은혜를 받기 위해서이기도 합니다. 또한 하나님을 경외하는 삶은 하나님을 공경하고 두려운 마음으로 섬기는 삶이고, 하나님의 말씀을 듣고 그 말씀을 마음에 두고 사는 삶이며, 하나님의 이름을 영화롭게 하는 삶이고, 하나님의 지배를 받으며 사는 삶이며, 성령 충만한 삶이고, 두 마음을 품지 않는 삶이며, 악을 미워하고 선을 행하며 사는 삶입니다. 하나님께서는 그리스도인들이 하나님을 경외함으로 하나님의 말씀을 지켜 행하고, 마음을 다해 하나님을 사랑하고 섬기며 살기를 원하십니다. 그리스도인들에게 하나님을 경외하는 삶은 의무이자 귀한 보배와 같습니다. 그러기에 그리스도인들은 하나님을 경외할 뿐만 아니라, 하나님과 친밀한 관계를 맺으며 살아야 합니다.

네 번째, 그리스도인들은 성령 하나님의 요구와 그분의 인도하심에 맞게 살아야 합니다(요 14:26, 16:13-15; 롬 8:1-17; 고전 2:6-16; 갈 5:16-26 등). 그리스도인들은 마음 안에 성령이 계시는 성령의 전으로, 성령 하나님께서 요구하시는 삶과 그분께서 인도하시는 삶을 살아야 합니다. 성령 하나님의 요구에 순종하며 살기 위해서는 먼저 죄의 본성인 육체의 욕구를 버려야 합니다.

마귀는 그리스도인들이 성령의 요구에 순종하며 사는 것을 방해합니다. 다시 말해, 마귀는 사람들이 육체의 욕구대로 성령을 모독하는 삶, 우상 숭배나 이단에 빠져 사는 삶, 교만한 삶, 헛된 것을 추구하거나 헛된 욕심으로 가득 채워진 삶, 세상과 돈을 사랑하는 삶, 게으르고 나태한 삶, 먹고 마시고 술 취하고 노는 삶에 빠진 방탕한 삶(인생을 낭비하는 삶), 음란(동성애, 간음 등)이나 살인이나 도둑질을 비롯한 범죄, 거짓말을 비롯해 더러운 말을 하며 사는 삶, 분노를 비롯해 감정적인 죄를 짓는 삶, 다툼과 시기로 사람들과의 관계에 문제를 일으키는 삶, 당파심과 분열을 일으키는 삶, 그리고 위선자의 삶을 살게 합니다.

그리스도인들도 세상에 살면서 세상 사람들과 무분별하게 어울려 살다보니, 더 쉽게 마귀의 유혹에 넘어져 성령의 인도하심이 아닌 육체의 욕구대로 사는 길을 택합니다. 그러나 그리스도인들은 이런 육체의 욕구대로 사는 삶을 버려야 합니다. 물론 육체적인 욕구가 버리고 싶다고 쉽게 버려지는 것이 아니기에, 성령 하나님께 육체의 욕구를 버리고 성령 하나님께서 요구하시는 대로 살게 해 달라고 지속적으로 기도해야 합니다. 성령의 요구대로 살아가는 성숙한 그리스도인이라도 인생을 살다가 한순간 방심하면, 마귀의 유혹에 넘어져 육체가 원하는 것을 선택해 버릴 수 있음을 알고 항상 조심하고 영적으로 깨어 있어야 합니다.

또한 그리스도인들은 성령 하나님의 요구에 순종하고 그 분께서 인도하시는 대로 살면서, 사랑과 기쁨과 평안과 인내와 친절과 선과 신실함과 온유와 절제 같은 영적인 좋은 열매를 맺어야 합니다. 그리스도인들은 성령의 열매를 비롯해 영적인 좋은 열매들(성령의 열매, 의의 열매, 빛의 열매, 선한 열매, 회개에 합당한 열매, 복음의 열매, 생명의 열매 등)을 맺기 위해서는 오랜 시간이 걸림을 기억하고, 성령 하나님께 도움을 구하는 기도를 하는 것과 하나님의 말씀을 삶에서 실천하는데 힘써야 합니다. 그렇지 않으면 그리스도인들도 세상 사람들처럼 영적인 나쁜 열매, 즉 뱀의 열매, 거짓의 열매, 악한 열매, 죽음의 열매를 맺을 수도 있습니다.

다섯 번째, 그리스도인들은 무엇을 하든지 믿음으로 하나님을 기쁘시게 하는 삶을 살아야 합니다(마 8:5-13; 갈 2:20; 골 1:10; 히 11:1-40; 약 2:14-26 등). 그리스도인들은 하나님을 향한 절대적인 믿음과 그 믿음의 행위로 하나님을 기쁘시게 할 수 있지만, 죄의 본성인 육체의 욕구대로 사는 사람들은 하나님을 기쁘시게 할 수 없습니다(롬 8:3-8; 히 11:6 등). 그리스도인들이 이 세상에서나 언젠가 죽어 가게 될 영원한 천국에서도 하나님을 기쁘시게 하는 삶을 사는 것은 선택이 아니라 의무입니다. 하나님의 은혜와 사랑을 받고, 그 사랑이 얼마나 귀하고 놀라운 은혜와 사랑인지 아는 그리스도인들은 단 한 사람도 예외 없이 하나님을 기쁘시게 하는 일에 힘쓰며 살 것입니다.

그리스도인들이 하나님을 기쁘시게 하기 위해서는 믿음이 있어야 하기에, 하나님의 말씀을 읽고 듣고 배워 믿음이 자라야 합니다. 그리고 하나님의 말씀을 통해 믿음이 자라면 그 믿음으로 하나님을 기쁘시게 하는 일을 적극적으로 행하며 살아야 합니다. 기쁨은 하나님께서 예수 그리스도를 믿음으로 구원 받은 사람들에게 주시는 것이기에, 마음과 삶에 기쁨이 없이 사는 그리스도인은 있을 수 없습니다. 그리스도인들이 주 안에서 기쁨으로 사는 것이 하나님의 뜻이며, 성령의 열매 중에 하나입니다(갈 5:22-23; 빌 4:4; 살전 5:16-18 등). 물론 고난과 환난, 핍박과 박해, 육체적인 고통과 삶에서 일어나는 힘든 일들은, 그리스도인들을 기쁨으로 살지 못하게 방해하기도 합니다(참조. 왕상 19:1-18; 욥 3:1-26; 시 55:1-23; 사 38:1-8; 마 26:36-44 등).

여섯 번째, 그리스도인들은 하나님께 속한 사람(그리스도께 속한 사람들, 하늘(위)에 속한 사람들, 영에 속한 사람들, 진리에 속한 사람들)이기에, 먼저 하나님의 나라와 그의 의를 구하며 살아야 합니다(마 6:25-34; 막 9:38-41; 고전 2:9-16; 갈 3:29; 요일 4:1-6 등). 그리스도인들은 하나님께 속한 사람으로 세상 사람들처럼 무엇을 먹을까 무엇을 마실까 무엇을 입을까 염려하지 말고, 그런 것들은 하나님께 맡겨야 합니다. 그 대신 하나님의 나라와 의를 구하는 삶, 즉 하나님께서 원하시고 기뻐하시는 것을 추구하며 살아야 합니다.

다시 말해, 그리스도인들은 세상에 사는 동안 세속적인 삶(물질의 풍요, 육체의 쾌락 등)에 빠져 살면 안 되고, 하나님께 영광과 예배를 드리는 삶, 그리고 하나님께서 맡겨 주신 복음의 증인으로서의 사명을 비롯해 사명들을 이루어 나가는 영적인 삶을 살아야 합니다. 하나님께 속한 사람들은 하나님의 말씀인 성경(진리)에 합당하게 생활하고, 하나님 안에 거하며, 천국의 시민으로 살고, 이 세상에 속하지 않은 나그네로 살아야 합니다.

또한 하나님께 속한 사람들은 세상이나 죄의 본성인 육체의 본성에 속하지 않은 사람이기에, 세속적이고 육체적인 삶에 집중하지 않고 하나님께서 원하시는 삶에 집중하며 살아야 합니다. 하나님께 속한 사람들은 하나님의 말씀이 삶의 기준으로, 항상 하나님의 말씀을 듣고 그 말씀을 삶에서 최선을 다해 실천하며 살아야 합니다. 하나님께 속한 사람들이라도 하나님의 말씀을 제대로 몰라 믿음이 연약한 사람들은 세상 사람들과 비슷한 모습으로 살 수 밖에 없음을 명심해야 합니다.

일곱 번째, 그리스도인들은 믿음으로 마귀를 대적하면서 하나님의 자녀다운 모습으로 살아야 합니다(롬 12:1-2; 엡 6:10-18; 약 4:7-8; 벧전 5:8-9 등). 그리스도인들은 이 세상에 사는 동안 이 땅의 사람들에 대항하여 싸우는 것이 아니라 이 세상의 어두운 세력들과 공중의 권세 잡은 악한 영들에 대항하여 싸우며 삽니다(엡 6:12 등). 다시 말해, 그리스도인들은 이 세상에 사는 동안 마귀와 그를 따르는 세력들과 끊임없이 영적인 싸움을 하며 삽니다. 물론 그리스도인들은 마귀와 그를 따르는 세력들과의 싸움 중에도 하나님을 가까이 하고, 하나님께 복종하며, 하나님께서 원하시는 삶을 살아야 합니다(참조. 약 4:7-8).

그리스도인들이 마귀를 대적하기 위해서는 예수 그리스도를 의지하며 살 뿐만 아니라 하나님의 말씀으로 충만한 믿음이 있어야 하고, 항상 영적으로 깨어 기도해야 합니다(참조. 엡 6:10-18; 히 4:12-13; 계 12:10-12 등).

하나님의 말씀에 대한 지식이 없으면 마귀를 대적할 수 없고, 결국 영적으로 망하게 됩니다(참조. 호 4:6). 그리스도인들은 우는 사자와 같이 유혹과 시험으로 다가오는 마귀에 넘어지지 않기 위해, 항상 말씀으로 믿음을 굳건하게 해야 합니다. 그리스도인들의 영적인 싸움은 하나님을 제대로 믿지 못하게 하거나 하나님의 말씀에 맞게 살지 못하도록 방해하는 존재들인 마귀와 그를 따르는 세력으로부터 벗어나, 하나님을 잘 믿고 하나님의 말씀에 맞게 사는 것입니다. 다시 말해, 그리스도인들이 이 세상에 사는 동안 어떤 존재나 어떤 삶이든 하나님을 믿는 데 방해를 하거나 하나님의 말씀을 지켜 행하는 데 방해가 된다면, 그것과 싸워서라도 벗어나야 합니다.

그런데 요즘 그리스도인들 중에는 마귀와 마귀를 따르는 무리들과의 영적인 싸움은커녕, 스스로 선택해서 하나님과의 관계가 멀어지는 사람들이 많습니다. 예를 들어, 예수 그리스도를 믿지 않는 사람들이나 기독교를 반대하는 사람들과 친밀하게 어울리거나 그들의 말에 동조하는 그리스도인들, 어려운 사람들을 돌보지 않고 가난한 사람들에게 나누지 않으면서 자신의 부유함을 과시하거나 명품 등을 자랑하는 그리스도인들, 육체적인 유흥을 즐기기 위해 주일성수를 하지 않는 그리스도인들, 하나님께 아무것도 기도로 구하지 않으면서 무당에게 찾아가 신년운수나 궁합 등을 보는 사람들, 자신에게 문제가 생기거나 고난이 찾아오면 하나님께 찾아가 부르짖지는 않고 무조건 세상적인 전문가들에게 찾아가 도움을 받으려고 하는 그리스도인들, 하나님의 말씀은 읽지 않으면서 더 많은 세상적인 지식을 갖기 위해 밤새워 공부하는 그리스도인들, 그 뿐만 아니라 마귀의 공격을 받지 않아도 스스로 세상적인 헛된 것들과 육체적인 쾌락들에 빠져 신앙생활을 게을리 하거나 하나님을 멀리하는 그리스도인들이 넘쳐나는 시대가 되었습니다. 그리스도인들은 자신이 믿음으로 바로 선 줄로 생각하지 말고, 항상 마귀에게 넘어질까 조심해야 합니다(고전 10:12 등).

　여덟 번째, 그리스도인들은 자기를 부인하고 자기 십자가를 지고 예수 그리스도를 따르는 삶과 예수 그리스도의 십자가를 자랑하는 삶을 살아야 합니다(마 16:24; 눅 9:23; 롬 8:17-18; 갈 2:20, 6:14 등). 그리스도인들은 자신을 십자가에 못 박은 사람들입니다(갈 5:24 등). 십자가에 관한 말씀이 멸망할 사람들에게는 어리석은 것에 불과하지만, 구원 받은 그리스도인들에게는 하나님의 능력입니다(고전 1:18 등). 다시 말해, 그리스도인들은 자신의 죄의 본성인 육체적인 욕구와 세상적인 헛된 욕심들, 그리고 자신이 가진 모든 것들(지식, 능력, 물질, 인맥 등)을 예수 그리스도를 위해 쓰레기처럼 여기고 다 버리고, 오직 하나님이 기뻐하시는 삶(성령이 요구하시는 것에 맞게 살고, 예수 그리스도의 십자가를 자랑하며 삶)을 사는 모습으로 변화된 사람입니다(참조. 눅 18:28-30; 고전 2:2; 빌 3:7-11 등).

　그리고 그리스도인들은 세속적이고 육체적인 것을 추구하거나 소망하지 않고, 오직 예수 그리스도만을 소망하고 의지하며 살아야 합니다. 또한 그리스도인들은 죄악의 본성으로 가득 찬 육체가 죄를 짓지 않도록, 화를 내는 등의 감정적인 죄를 짓지 않도록, 세상적인 헛된 욕심을 부리지 않도록 노력해야 합니다. 그 뿐만 아니라 그리스도인들은 하나님께서 기뻐하시는 선을 행하며 살고자 노력해야 하고, 다른 사람들을 사랑하고 용서하며, 격려하고 위로하는 삶을 살아야 합니다.

　물론 열등감, 자격지심, 미움, 걱정, 근심, 두려움을 비롯해 부정적인 감정들은 하나님께 내려놓아야 합니다. 또한 물질을 포함한 세속적이고 육체적인 헛된 욕심들을 버려야 합니다. 그 대신 영적으로 성숙해지고자 하는 마음, 하나님께 더 큰 영광을 돌리며 살고 싶은 마음, 그리고 하나님께서 맡겨주신 예수 복음의 증인으로서의 사명을 비롯해 사명을 더 잘 행하고 싶은 마음을 더 추구하며 살아야 합니다.

요즘 사람들은 자기를 자랑하는데 엄청 열심입니다. 예를 들어, 사람들은 물질 자랑, 지식 자랑, 외모 자랑, 능력 자랑, 자식 자랑, 학벌, 인맥, 회사, 집, 차, 명품 등 자랑하는 것들도 참 다양합니다. 그런데 그리스도인들은 하나님과 예수 그리스도, 그리고 십자가를 자랑하며 살아야 합니다(참조. 렘 9:23-24; 갈 6:14 등). 자신이 그리스도인이라고 말하면서 하나님, 예수 그리스도, 그리고 십자가를 자랑하지 않는 사람이 있다면, 과연 그 사람이 진정한 그리스도인이라고 말할 수 있을까요.

아홉 번째, 그리스도인들은 언젠가 예수 그리스도처럼 부활할 것을 소망하면서, 그분의 부활을 기뻐하고, 그분의 부활을 세상에 전하며 살아야 합니다(요 11:25-27; 행 24:15; 고전 9:16, 15:1-58; 골 3:1 등). 그리스도인들은 죽음을 두려워하지 않고 살아야 합니다. 그 이유는 예수 그리스도께서 이 세상에 다시 오실 때 부활할 것을 믿기 때문입니다. 다시 말해, 그리스도인들은 부활이요 생명이신 예수 그리스도를 믿음으로 죽어도 다시 살 뿐만 아니라, 영원히 죽지 않을 것이기 때문입니다. 예수 그리스도께서 부활하지 않으셨다면 그리스도인들이 믿는 믿음이 헛것이고, 그들이 전하는 복음도 헛것이며, 그들이 하나님의 거짓 증인이 될 것이고, 그들은 아직도 죄 가운데 있을 것이며, 그리스도 안에서 잠자는 자들도 망했을 것이고, 이 세상에 그리스도인들 같이 불쌍한 사람들은 없을 것입니다(고전 15:12-19. 참조. 마 22:23-33; 막 12:18-27; 눅 20:27-40).

그리스도인들은 예수 그리스도와 함께 죽은 사람들일 뿐만 아니라, 예수 그리스도께서 이 세상에 다시 오실 때 부활할 사람들입니다(참조. 딤후 2:11-13 등). 그래서 그리스도인들은 주일에 함께 모여 예수 그리스도의 부활을 기념하여 함께 기뻐하고, 하나님께 영과 진리로 예배를 드리며, 부활하신 예수 그리스도를 전하는 일에 힘쓰며 사는 것입니다. 그리스도인들은 마음에 부활에 대한 소망을 항상 간직하고 살 뿐만 아니라, 때를 얻든지 못 얻든지 세상 사람들에게 기쁨으로 예수 부활을 전하며 살아야 합니다. 또한 그리스도인들은 어떤 상황에서도 흔들리지 않는 확실한 부활 신앙을 가지고 살아야 합니다.

열 번째, 그리스도인들은 세상 사람들과 구별된 거룩한 삶을 살아야 합니다(롬 12:1-2; 엡 4:17-32; 살전 4:3-7; 히 12:14; 벧전 1:14-17 등). 하나님께서 거룩하시므로 하나님의 자녀들인 그리스도인들도 거룩하게 살아야 합니다. 그리스도인들이 거룩하게 산다는 것은 구별된 삶을 사는 것인데, 죄를 짓지 않는 삶과 선을 행하는 삶을 동시에 사는 것입니다. 그리스도인들은 하나님의 말씀인 성경이 삶의 기준인 반면, 세상 사람들은 세상적인 지식과 자신의 경험이 삶의 기준입니다. 그 뿐만 아니라 세상 사람들은 자기 자신을 위해 살지만, 그리스도인들은 하나님의 영광을 위해 삽니다. 그리고 세상 사람들은 세상적인 것과 육체적인 유익을 위해 살지만, 그리스도인들은 영적인 유익을 위해 삽니다.

또한 세상 사람들은 세상에서의 삶에 집중하며 살지만, 그리스도인들은 세상에서의 삶도 열심히 살면서 영원한 천국을 소망하며 삽니다. 그리스도인들은 세상 사람들과 구별된 사람으로서 세상 사람들보다 더 거룩한 모습, 더 선한 모습으로 살아야 합니다. 그리스도인들은 세상 사람들보다 더 윤리적인 삶을 살아야 하고, 세상 사람들처럼 범죄를 저지르며 살면 안 되며, 세상 사람들처럼 이기적이거나 배타적이면 안 되고, 세상 사람들처럼 인색한 삶을 살면 안 됩니다. 다시 말해, 그리스도인들은 반드시 세상 사람들보다 거룩할 뿐만 아니라, 더 선하게 살아야 합니다.

예수 그리스도께서도 제자들의 모습과 삶이 율법학자들과 바리새파 사람들보다 의롭지 못하면, 절대로 하늘 나라에 들어가지 못할 것이라고 말씀하셨습니다. 이 말씀은 그리스도인들에게도 적용할 수 있는데,

그리스도인들이 믿지 않는 사람들보다 의롭지 못하면 하나님 나라에 갈 수 없다는 말로 해석할 수 있는데, 이는 그리스도인들은 세상 사람들보다 더 의롭고, 더 선하게 구별된 모습으로 살아야 한다는 의미일 것입니다. 그리스도인들은 자신을 돌아보아 믿지 않는 사람들보다 더 의롭고 선하게 살므로, 그들과 거룩하게 구별된 모습인지 점검해 보아야 합니다.

열한 번째, 그리스도인들은 영과 진리로 하나님께 예배를 드리고, 그분을 높이고 찬양하며 살아야 합니다(왕하 17:35-39; 사 43:21; 요 4:20-24; 롬 12:1-2; 히 13:15-16 등). 예배는 그리스도인들이 하나님께 영광을 돌리기 위한 최고의 방법입니다. 예배는 성령의 인도하심(성령 하나님께서 예배를 인도하시고 바른 예배를 드릴 수 있도록 도우실 뿐만 아니라, 예배를 통해 영광을 받으신다는 의미)과 하나님의 말씀인 진리(예배를 하나님의 말씀대로 드려야 한다는 의미와 거짓이나 형식적인 모습이 아니라 마음을 다해 진실하게 드려야 한다는 의미)대로 드려야 합니다.

그리스도인들은 하나님께 교회에 모여서 드리는 공적인 예배(왕하 17:35-37; 시 96:8-9, 99:5; 요 4:20-24 등)와 가정과 사회에서 하나님의 말씀에 맞게 사는 삶으로 드리는 섬기는 예배(마 26:6-13; 눅 10:25-37; 롬 12:1; 빌 2:17; 히 13:15-16 등)를 드리며 살아야 합니다. 물론 공적인 예배가 섬기는 예배보다 우선이지만, 섬기는 예배를 제대로 드리지 않는 사람은 공적인 예배를 잘 드릴 수 없고, 공적인 예배를 바로 드리지 않는 사람은 섬기는 예배를 제대로 드릴 수 없기에, 공적인 예배와 섬기는 예배는 모두 중요합니다(참조. 마 15:8-9; 눅 10:38-42 등).

그리스도인들은 하나님을 향한 마음은 없고 형식만 있는 예배와 전통을 지키려고 하나님의 말씀을 무시하는 예배를 드리면 안 됩니다. 또한 하나님께서는 마지막 때에 바르게 예배를 드리는 사람들을 찾으신다고 말씀하셨기에, 모든 그리스도인들은 그 무엇보다 하나님께 예배를 드리는 삶에 최우선을 두어야 합니다. 그리고 하나님께 예배를 드리는 사람답게 살아야 합니다. 그리스도인들은 하나님께 영광과 찬양을 드리도록 부름을 받은 사람들임을 알고, 하나님을 높이고 찬양하며 살아야 합니다. 찬양은 하나님 외에는 그 어떤 존재도 받을 자격이 없으며, 그리스도인들은 자신이 할 수 있는 다양한 방법(시, 노래, 악기 등)으로 하나님을 찬양해야 합니다. 또한 그리스도인들은 세상적인 노래를 듣고 부르는 것보다, 하나님을 높이고 찬양하는 것을 우선하며 살아야 합니다.

열두 번째, 그리스도인들은 하나님을 의지함으로 항상 깨어 기도하며 살아야 합니다(사 55:6-13; 마 6:5-13; 눅 11:9-13; 빌 4:6; 살전 5:17; 벧전 4:7 등). 기도는 하나님의 은혜에 감사하고, 죄를 회개하며, 하나님의 뜻에 합당한 것을 구하는 행위로, 그리스도인들이 기도를 통해 하나님과 인격적으로 만나는 것은 엄청난 은혜입니다. 그리스도인들은 하나님께 기도함으로 하나님의 뜻을 이룰 수 있고, 하나님께서 주시는 좋은 것(성령)과 은혜들을 받을 수 있습니다. 하나님께서는 기도하는 사람들에게 가장 좋은 것을 주시는 분이십니다.

또한 그리스도인들은 마음은 원이로되 육신이 약하여 마귀의 시험에 넘어질 수 있기에, 쉬지 말고 감사함으로 깨어 기도해야 합니다. 그리스도인들은 기도를 통해 하나님께 가까이 다가가고, 자신의 죄를 회개하며, 하나님의 뜻을 자신의 삶 가운데서 이루어 가야 합니다. 그리고 그리스도인들은 하나님의 뜻이 사람들과 세상에 이루어지기를 항상 기도해야 할 뿐만 아니라, 자신과 가정, 교회와 사회, 나라와 민족, 이웃들, 그리고 믿지 않는 사람들을 위해서 기도해야 합니다. 그 뿐만 아니라 자기 자신과 믿음의 형제들이 하나님 안에서 믿음이 흔들리지 않고, 하나님의 영광을 위해 살며, 마귀와의 영적인 싸움에서 승리하고, 세상에 사는 동안 필요한 것들을 구하는 기도를 해야 합니다.

그리고 그리스도인들은 하나님의 교회와 그 교회를 섬기는 사람들이 하나님 안에서 바로 서며, 세상에 빛과 소금의 역할을 감당하게 해 달라고 기도해야 하고, 가족들과 믿음의 형제들, 이웃들과 원수들, 그리고 나라와 민족의 구원과 안녕을 위해서도 늘 기도해야 합니다. 더 나아가 믿지 않는 사람들의 구원을 위해 힘쓰는 선교사들과 믿지 않는 사람들의 구원을 위해서도 기도해야 합니다.

그리스도인들이 세상에 사는 동안 하나님께 기도하지 않아도 되는 때와 기도할 수 없는 상황은 단 한 순간도 없으며, 감사, 회개, 간구, 그리고 하나님의 뜻을 구할 때가 수없이 반복적으로 일어나는 것을 경험할 것입니다. 사실 기도는 일방적으로 하는 독백이나 의미 없이 반복하는 주문이 아닙니다. 하나님의 뜻에 맞는 바른 기도를 하기 위해서는 성령 안에서 기도해야 합니다(롬 8:26; 엡 6:18; 유 1:20). 또한 기도는 말로만 하면 되는 것이 아니라, 말로 기도한 내용을 실제 삶에서 온전히 실천해야 제대로 된 기도입니다(참조. 마 6:5-13 등).

예를 들어, 믿음을 달라고 기도하는 사람들은 성령을 의지하여 꾸준히 성경을 읽고 실천해야 하며, 좋은 배우자를 달라고 기도하는 사람들은 자신이 먼저 좋은 배우자가 되기 위해 노력해야 하고, 좋은 대학에 들어가게 해 달라고 기도하는 사람들은 열심히 공부해야 합니다. 또한 그리스도인들은 다른 종교인들처럼 무조건 열심히 기도하면 하나님께 좋은 것을 받을 것이라는 헛된 마음을 버려야 합니다. 그 대신 하나님께서는 우리의 모든 것을 알고 계심을 믿음으로 우리의 마음의 간절함을 전하는데 집중해야 하고, 하나님의 뜻이 자신에게서 이루어지기를 간절히 기도해야 합니다.

열세 번째, 그리스도인들은 예수 복음의 증인의 삶을 비롯해 하나님께서 맡겨주신 사명들을 행하며 살아야 합니다(마 28:18-20; 행 1:8, 20:24; 고전 1:21-31, 9:14-18 등). 하나님께서 그리스도인들에게 맡겨주신 사명은 그리스도인들이 세상에 사는 동안 하나님께서 하나님을 위해 행하라고 맡기신 섬김과 봉사의 임무라고 할 수 있습니다. 그리스도인들이 이 세상에서 행해야 할 사명의 핵심은 하나님을 섬기고 하나님의 영광을 위해 하나님의 말씀에 순종하며 사는 것과 영과 진리로 예배드리는 것, 그리고 예수 복음을 증거하는 것입니다. 그리스도인들은 사명을 이루어가는 동안 자신의 연약함과 부족함을 인정하고, 자신을 세워주신 하나님께 감사하며, 겸손하고 부끄럽지 않은 일꾼으로 살기 위해 성령 하나님께 도움을 구해야 합니다. 그리스도인들이 예수 그리스도의 복음을 전할 때는 말로만 전하는 것이 아니라, 복음에 합당한 삶을 사는 모습으로 전해야 합니다(참조. 고전 9:16-27; 딤후 4:7-8 등).

또한 그리스도인들은 예수 복음 전하는 것을 부끄러워하면 안 되고, 예수 복음 전하는 일은 자신의 생명을 걸고 해도 될만큼 복된 것임을 늘 마음에서 되새기며 살아야 합니다(참조. 행 20:23-24). 그리스도인들은 모든 사람들에게 구원의 기회를 주시고 싶으신 하나님의 마음과 그분의 사랑을 기억하면서, 예수 그리스도께서 다시 오시는 그날까지 열심히 복음을 전해야 합니다. 예수 그리스도의 복음이 그리스도인들을 통해 온 세상, 즉 모든 나라와 모든 민족에게 전파될 때 세상의 끝이 옵니다. 그리고 맡은 자에게 가장 필요한 것은 충성인 것처럼, 하나님께 사명을 맡은 그리스도인들도 그 사명을 이루기 위해 충성을 다해야 합니다(고전 4:1-2).

다시 말해, 그리스도인들은 예수 그리스도를 믿어 구원을 받는 순간부터 죽음에 이르기까지 평생 동안, 하나님께서 맡겨주신 모든 사명을 이루어 가는데 충성을 다해야 합니다. 사실 그리스도인들에게 사명은 하나님 나라의 일꾼으로 하나님의 말씀을 전달하기 위해 이 세상에 보내진 대사와 같습니다. 다시 말해, 대사는 자신이 속한 나라를 대변하고, 자신이 속한 나라에서 원하는 것만을 해야 하듯이, 하나님 나라의 대사와 같은 그리스도인들도 하나님께서 원하시는 것만 이 세상 사람들에게 행하며 살아야 합니다.

열네 번째, 그리스도인들은 죄와 악을 행하지 않고 반드시 의로운 삶을 살아야 합니다(신 16:20; 마 1:19; 롬 10:9-10; 계 22:11 등). 죄는 거룩하신 하나님께서 가장 싫어하시는 것으로, 하나님의 말씀과 법을 어기고 불순종하는 모든 생각과 행동을 말합니다(롬 14:23; 요일 3:4, 5:17 등). 또한 선한 일이 무엇인지 알고도 행하지 않는 것도 죄이기에, 그리스도인들은 죄를 미워할 뿐만 아니라 적극적으로 선을 행하며 살아야 합니다(약 4:17; 유 1:22-23). 그리스도인들은 죄로 인해 죽을 수 밖에 없었던 자신들을 하나님께서 친히 인간의 몸으로 이 세상에 오셔서 십자가에서 죽기까지 하시면서, 자신들의 죄를 해결해 주셨음을 기억해야 합니다. 그리고 그리스도인들은 거룩하고 의로우신 하나님의 자녀로서 하나님과 영적인 교제를 하며 살기 위해서는 죄와 악을 버리고, 하나님의 말씀에 맞게 의로운 삶을 살아야 합니다.

그리스도인이라면 매 순간 죄와 악을 멀리하려는 노력을 할 뿐만 아니라, 의로운 삶을 살기 위해 최선을 다해야 합니다. 그리스도인들이 세상에 살면서 죄나 악을 저지르지 않고 의롭게 산다는 것은 참으로 어려운 일입니다. 그리스도인들은 스스로의 노력으로는 죄를 완전히 끊어내고 완전히 의롭게 살 수 없음을 알고, 하나님께 늘 도움을 구하며 살아야 합니다. 그리고 마음 가운데 예수 그리스도께서 우리를 위해 십자가에서 죽으셨음을 늘 묵상하며 살아야 합니다.

사람들이 스스로 짓는 죄는 마음에 교만이나 탐욕, 미움이나 질투, 악한 생각과 같은 죄와 음란, 도둑질, 살인, 우상 숭배, 물질만능주의, 게으름이나 나태한 삶, 다른 사람들에게 해를 가하는 모든 범죄, 하나님보다 더 물질이나 세상적인 것들을 더 사랑하는 삶, 선을 알고도 행하지 않는 삶, 거짓말이나 속임수, 험담이나 모함, 판단이나 정죄, 헛된 욕심, 차별이나 무시, 인색함이나 배타적인 모습, 교만이나 이기적인 마음, 그리고 영적인 것보다 세속적인 것을 더 추구하는 삶 등 사람들이 삶에서 짓는 죄들은 이외에도 엄청나게 다양합니다(참조. 약 1:14-15 등). 이런 죄들은 그리스도인들도 세상에 살고 있기에, 영적으로 조금만 방심하면 넘어질 수 있는 죄들입니다. 그리스도인들은 이런 모든 죄들을 버리고, 하나님께서 가르쳐 주신 의로운 삶을 살기 위해 항상 깨어 기도하고, 항상 하나님의 말씀을 듣고 실천함으로 믿음이 성장해야 합니다.

열다섯 번째, 그리스도인들은 하나님, 자기 자신, 가족들, 이웃들, 믿음의 형제들, 그리고 원수들까지 사랑하며 살아야 합니다(신 6:1-9; 마 5:43-44, 22:34-40; 요 13:34-35, 15:1-17; 벧전 4:8 등). 그리스도인들은 자기 자신과 다른 사람들의 생명을 귀히 여길 뿐만 아니라, 선한 이웃으로 살아야 합니다(눅 10:25-37 등). 그리스도인들에게 사랑하며 사는 삶은 그 무엇보다 중요한 삶입니다. 그리스도인들은 하나님께 먼저 받은 사랑으로 하나님, 자기 자신, 가족들, 믿음의 형제들과 이웃들을 비롯한 다른 사람들을 온전히 사랑하며 살 수 있습니다. 그리스도인들이 하나님을 사랑하는 방법은 하나님의 말씀을 지켜 행하는 것입니다(마 5:43-48, 22:34-40; 요 3:16, 13:34-35; 요일 5:1-3 등).

그리스도인들 중에는 예배를 드릴 때, 기도할 때, 찬양할 때를 비롯해 감정이 동할 때면 하나님을 사랑한다고 고백합니다. 그렇지만 그들이 삶에서는 하나님의 말씀을 지켜 행하지 않는다면, 그들이 하나님을 향해 눈물로 고백하는 사랑은 진짜가 아닙니다. 마찬가지로 그리스도인들이 가족들을 비롯해 믿음의 형제들이나 친구들, 이웃들을 비롯해 다른 사람들에게 말로 사랑한다고 고백한다고 해서 진짜 사랑이 아니고, 그들에게 사랑하는 사람다운 모습을 보여주어야 진짜 사랑입니다.

예를 들어, 어떤 사람이 매일 배우자에게 사랑한다고 고백을 하거나 꽃이나 선물을 주지만, 배우자가 조금만 실수해도 참지 않고 심하게 화를 내고, 배우자의 부족한 허물을 덮어주기는커녕 용납하지 못하며, 때로는 욕하거나 때리고, 심지어는 다른 사람과 바람을 핀다면 그 사람은 배우자를 사랑하는 사람일까요?

성경이 그리스도인들에게 가르쳐 주는 사랑은 온전하게 매는 띠로, 오래 참고 온유하며, 시기하지 아니하고, 자랑하지 아니하며, 교만하지 아니하고, 무례히 행하지 아니하며, 자기의 유익을 구하지 아니하고, 성내지 아니하며, 악한 것을 생각하지 아니하고, 불의를 기뻐하지 아니하며, 진리와 함께 기뻐하고, 이웃에게 해를 끼치지 아니하며, 사람들을 세워주고, 모든 것을 참고 모든 것을 믿으며, 모든 것을 바라고 모든 것을 견디며, 서로를 긍휼히 여기고, 서로에게 친절하며, 겸손하고, 용납하며, 용서하며 사는 것입니다(롬 13:10; 고전 8:1, 13:4-7; 골 3:12-14; 요일 3:18 등). 사람들이 아무리 훌륭한 말을 해도 사랑이 없으면 시끄러운 소리에 불과하고, 큰 믿음을 가지고 있어도 사랑이 없으면 아무것도 아니며, 모든 재산을 바쳐 가난한 사람들을 구제하여도 사랑이 없으면 아무런 유익을 주지 못하고, 하나님께 드리는 모든 제물보다 사랑이 더 낫습니다(막 12:28-34; 고전 13:1-3).

그리스도인들은 하나님께 사랑을 받는 사람이기에, 그 사랑으로 다른 사람들을 사랑, 즉 긍휼, 자비, 겸손, 온유, 오래 참음, 용서, 그리고 배려해야 합니다. 요즘 세상은 죄악이 많아짐으로 사랑이 점점 식어지고 있지만, 그리스도인들은 하나님의 말씀대로 뜨겁게 사랑하며 살아야 합니다. 그리고 그리스도인들은 사랑으로 사람들의 허물을 덮어주어야 합니다.

열여섯 번째, 그리스도인들은 하나님의 은혜와 사랑, 그리고 하나님께서 허락하신 모든 일에 항상 감사하며 살아야 합니다(대상 16:34; 시 136:1-26; 엡 5:20; 골 3:15-17; 살전 5:18 등). 성경적인 감사란 하나님께 받은 은혜와 사랑을 기억하는 사람들이 기쁨으로 하나님의 이름을 높이고 찬양하는 것입니다. 그리스도인들은 하나님께 엄청난 은혜와 사랑을 받은 사람들입니다. 다시 말해, 그리스도인들은 이 세상에서 하나님께 받을 수 있는 가장 큰 은혜와 사랑을 받고 사는 사람들이기에, 어떤 상황이나 형편에서도 불평과 원망을 하지 않고 하나님께 감사로 영광을 돌리며 살아야 합니다(롬 6:17-18; 고후 2:14-17 등). 그리고 그리스도인들은 하나님께서 자신에게 허락하신 모든 일, 즉 자신이 어떤 형편에 처해 있든지 항상 하나님 안에 있음에 만족해야 합니다(참조. 고후 11:19-33; 빌 4:11-12; 딤전 6:6-8 등).

하나님께 감사하지 않는 사람은 그리스도인이라고 할 수 없으며, 그리스도인이라면 하나님께 감사하지 않고는 살 수 없습니다. 그래서 성숙한 믿음을 가진 그리스도인들일수록 하나님께 더 많이 감사하며 삽니다. 그리스도인들은 자신이 성숙한 믿음을 가진 사람인지를 간접적으로 알 수 있는 방법이, 하나님을 향해 얼마나 감사하며 사는지를 보면 됩니다. 하나님께서는 하나님께 감사하는 사람들을 통해 영광을 받으시고, 그들에게 하나님의 구원을 보여 주십니다. 또한 하나님께서는 하나님께 감사하는 사람들로 인해 크게 기뻐하시며, 그들을 통해 하나님의 뜻을 이루어 가십니다. 그리고 하나님께서는 하나님께 감사하는 사람들을 번성케 하시고, 그들의 하나님이 되어 주실 것을 약속해 주십니다.

하나님께서는 하나님께 감사하는 사람들을 어떤 상황에서도 평안하게 해 주시고, 예수 그리스도를 통해 마음과 생각을 지켜 주십니다. 어떤 사람들은 감사할 일이 없다고 말하면서 늘 불평과 불만을 쏟아내, 항상 부정적인 생각과 말을 하며 사는데, 이런 사람들은 자신이 진짜 구원 받은 그리스도인인지부터 점검해야 합니다.

열일곱 번째, 그리스도인들이 함께 하나님께 예배를 드리고, 말씀을 배우며, 서로 교제하고, 함께 섬김과 봉사를 하며, 영적인 훈련을 하기 위해 교회에 모이기에 힘쓰고 교회 중심으로 살아야 합니다(요 4:20-24; 행 2:42-47; 골 1:24-29; 딤후 3:15-17; 히 10:25 등). 교회는 하나님께 부르심을 받은 사람들의 모임입니다. 교회는 하나님께서 말씀으로 다스리시는 영적인 공동체이고, 세상과 구별된 믿음의 공동체이며, 하나님께 예배와 찬양을 드리는 공동체이고, 하나님의 자녀들이 함께 모여 사랑을 나누는 교제 공동체이며, 하나님의 말씀을 가르치는 교육 공동체이고, 예수 복음을 모든 민족과 땅 끝까지 증거하는 전도와 선교 공동체입니다.

그러기에 그리스도인들은 교회에 모이기에 힘써야 하고, 교회를 중심으로 서로 협력하여 마귀의 세력과의 영적인 싸움에서 승리해야 하며, 하나님께서 기뻐하시는 거룩하고 선한 삶을 이루어 가야 하고, 예수 복음을 증거하여 세상을 복음화시켜야 합니다. 그리스도인들은 예수 그리스도의 제자로서 교회에 모여 다양한 훈련을 받아야 합니다. 그리고 훈련 받은 후 세상에 나가 영적인 싸움에서 승리할 뿐만 아니라, 세상 사람들에게 예수 복음을 잘 전해야 합니다.

그리스도인들이 교회에 모여 받아야 하는 다양한 훈련들은,

말씀 훈련: 삼위일체 하나님에 대해, 말씀 읽기와 듣기의 방법에 대해, 말씀을 통해 영적인 옳고 그름을 분별하는 것에 대해, 성경을 바르게 해석하고, 하나님의 말씀을 삶에 제대로 적용하며, 하나님의 뜻이 무엇인지 분별하고, 영적인 싸움에서 승리하는 방법에 대해, 그리고 성경의 교리에 대해 훈련을 받아야 합니다(참조. 롬 10:17; 엡 5:15-17; 딤후 3:15-17; 약 1:22-25; 벧후 1:20-21 등).

예배 훈련: 영과 진리로 예배를 드리기 위한 기도와 준비, 공적인 예배와 삶으로 드리는 섬기는 예배, 예배를 드리는 자세, 그리고 실생활에서

하나님을 높이고 찬양하는 방법에 이르기까지 오직 하나님께 참된 예배를 드리기 위한 훈련을 받아야 합니다(참조. 신 10:12; 왕하 17:35-39; 요 4:20-24; 롬 12:1; 히 13:15-16 등).

기도 훈련: 하나님과의 영적인 교제를 통해 친밀감을 유지하는 방법을 비롯해 기도하는 방법과 내용, 기도하는 때와 장소를 비롯해 하나님과의 영적인 교제와 하나님의 도우심을 구하는 기도에 대한 훈련을 받아야 합니다(참조. 마 7:7-11, 26:41; 엡 6:18; 빌 4:6; 골 4:2; 살전 5:17 등).

전도 훈련: 믿지 않는 사람들에게 예수 복음을 증거하기 위해 복음의 내용, 복음을 전하는 방법, 복음 전도자의 마음 자세, 그리고 실생활에서 전도할 수 있는 방법 등에 이르기까지 다양한 전도 방법을 훈련받아야 합니다(참조. 마 28:18-20; 행 1:8, 20:24; 고전 9:16-18; 딤후 4:2 등).

공동체 훈련: 가정, 교회, 사회, 그리고 나라가 무엇이며, 각 공동체에서 어떻게 생활해야 하고, 각 공동체에서 자신에게 주어진 역할을 어떻게 감당해야 하며, 각 공동체에 속한 사람들과 관계를 맺을 때 어떻게 해야 하는지, 나눔과 구제, 봉사와 섬김 등에 대해, 그리고 다른 사람들에게 믿음의 본이 되는 삶에 대한 훈련을 받아야 합니다(참조. 마 6:1-4; 롬 13:1-10; 엡 5:21-33; 골 3:18-25; 딛 3:1 등).

은사와 경건 훈련: 각자가 받은 은사가 무엇인지 확인하고, 그 은사를 실제 삶에서 잘 사용할 수 있도록 훈련을 받아야 합니다(참조. 행 2:1-13; 롬 12:4-8; 고전 12:1-31; 엡 4:7-16; 벧전 4:10-11 등).

마음 훈련: 죄와 악을 행하지 않고 선하고 거룩한 삶을 살며, 세상적인 것을 추구하지 않고 영적인 것을 추구하며, 게으르지 않고 열정적으로 말씀 안에서 살기 위해 마음을 지키고 다스리는 훈련을 받아야 합니다(참조. 마 12:3-37; 막 7:17-23; 눅 6:43-45; 살전 3:13; 약 4:17 등).

언어 훈련: 다른 사람들과의 관계 속에서 과격한 말이나 욕설, 험담이나 비방, 그리고 음란을 비롯한 헛된 말들을 하지 않고, 오히려 하나님

께서 기뻐하시는 언어 사용을 하기 위해, 다른 사람들과 대화를 통해 잘 소통하기 위해, 그리고 다른 사람들을 하나님의 말씀으로 잘 권면하고 위로하기 위해 훈련을 받아야 합니다(참조. 시 141:3; 엡 4:25-29; 딤전 4:13; 딛 2:7-8; 약 3:1-12 등).

양육 훈련: 제자들은 하나님의 말씀을 삶에서 실천하며 살 뿐만 아니라, 하나님의 말씀을 잘 가르치는 법을 훈련 받아서, 언제든지 믿음이 연약한 사람들과 믿지 않는 사람들에게 하나님의 말씀을 제대로 가르칠 수 있어야 합니다(참조. 마 28:18-20; 눅 6:39-40; 롬 2:17-29; 딤후 4:2; 히 5:12-14 등).

생활 훈련: 세상에 살지만 세상 사람들과 구별된 천국 백성으로 거룩한 일상생활을 할 수 있게 하는 훈련으로, 법과 질서, 윤리와 도덕, 문화와 생활, 시간관리, 직업 선택, 물질 관리, 고난이나 환난의 대처법, 그리고 어떤 상황이나 처지에서도 변함없이 하나님께 순종하는 법, 욕심을 버리는 훈련 등을 받아야 합니다(참조. 출 20:1-17; 막 10:17-31; 롬 5:1-5; 엡 4:17-32; 약 1:14-15 등).

열여덟 번째, 그리스도인들은 하나님 안에서 항상 기쁨으로 살아야 합니다(마 5:11-12; 갈 5:22; 빌4:4; 살전 5:16; 벧전 1:6-9 등). 기쁨은 그리스도인들이 하나님 안에서 살 때 나타나는 가장 자연스러운 감정으로, 하나님이 주시는 마음입니다. 사실 사람들이 예수 그리스도를 믿은 후 가장 큰 변화 중에 하나가 항상 기뻐하는 삶으로의 변화입니다. 마음과 삶에 하나님으로 인한 기쁨이 없이 사는 그리스도인은 있을 수 없습니다. 그리스도인들은 주 안에서 사는 동안 항상-무슨 일을 하든지, 누구를 만나든지, 어떤 상황에 있든지 등-기뻐해야 합니다. 그리스도인들이 하나님 안에서 기쁨으로 사는 것이 하나님의 뜻이며, 성령의 열매 중에 하나입니다.

고난과 환난, 핍박과 박해, 그리고 육체적인 고통과 삶에서 일어나는 힘든 일들은 하나님의 자녀들을 기쁨으로 살지 못하게 방해하기도 합니다. 그래서 엘리야, 욥, 다윗, 히스기야, 그리고 예수님조차 기쁨을 잃어버리는 순간이 있었습니다. 그러나 그분들은 잠깐 괴로워한 후에는 하나님 안에서 기쁨으로 사셨습니다. 마찬가지로 그리스도인들도 인생을 살면서 당하는 고통과 고난으로 인해 잠깐씩 기쁨을 잃어버릴 수는 있지만, 하나님을 의지함으로 다시 기쁨을 회복해야 합니다. 그리스도인들이 어떤 상황과 처지에서도 항상 기쁨으로 살려면, 하나님과 영적으로 친밀한 교제를 하며 살아야 합니다. 물론 하나님과 영적으로 친밀한 삶을 살기 위해서는 항상 깨어 기도하고, 하나님의 말씀을 가까이 해야 합니다.

특히 그리스도인들이 하나님 안에서 기쁨을 유지할 수 있는 실제적인 방법은 하나님께 받은 은혜와 사랑을 자주 묵상하고, 하나님께서 약속하신 소망들을 굳게 붙잡고 사는 것입니다. 또한 천국에서는 한 영혼이 돌아올 때 기쁨이 충만한 것처럼, 천국 백성인 그리스도인들은 예수 복음을 전하여 한 영혼이라도 구원 얻게 하면 그 일로 인해 기쁨을 계속 유지할 수 있습니다.

열아홉 번째, 그리스도인들은 하나님께 용서받은 것처럼 다른 사람들을 용서하며 살아야 합니다(마 6:14-15, 18:21-35; 막 11:25; 엡 4:31-32; 골 3:13 등). 그리스도인들은 자신이 하나님께 용서 받았을 뿐만 아니라, 지금도 죄를 지을 때 회개함으로 용서를 받으며 살고 있다는 사실을 기억해야 합니다. 그 사실을 기억함으로 다른 사람들이 잘못을 했을 때 믿음 안에서 적극적으로 용서해 주어야 합니다. 또한 그리스도인들에게 사랑과 용서는 분리할 수 없는 관계입니다. 하나님께 죄를 용서 받고 하나님의 자녀가 된 사람들은 믿음 안에서 적극적으로 용서의 삶을 실천하며 살아야 합니다. 물론 하나님께서는 사람들의 죄와 허물을 용서해 주실 수 있는 유일한 분이심을 알고, 혹시라도 죄를 지으면 즉각적으로 하나님께 회개하고 용서를 구해야 합니다(출 34:6-7; 사 55:7; 마 6:12-15; 눅 11:4; 요일 1:5-10 등).

그리스도인들은 믿음의 수준에 따라 용서의 수준이 달라질 수 있기에, 다른 사람들이 잘못했을 때 그 사람들에 대해 분노, 보복, 복수 등의 마음을 완전히 버리고 그들을 사랑으로 대할 수 있는 수준에 이르는 성숙한 믿음을 가져야 합니다. 예를 들어, 교회사에 보면 성숙한 믿음으로 용서의 삶을 살았던 분들이 많이 나오는데, 자기 자식을 죽인 살인자를 용서할 뿐만 아니라 그를 양자로 삼은 그리스도인, 자기 마을에 찾아와 부녀자를 강간하고 죽인 범죄자를 하나님의 이름으로 용서하고 그를 위해 기도해 준 그리스도인들 공동체, 그리고 뺑소니 교통사고를 당해 결국 신체장애인이 된 그리스도인이 후에 그 사람을 용서하고 그에게 장기를 이식해 주었던 뉴스 기사도 보았습니다. 이처럼 그리스도인들은 하나님께 용서를 받은 것처럼, 믿음으로 다른 사람들을 용서하며 살아야 합니다.

예수 그리스도께서는 제자들을 가르치실 때 잘못한 사람이 용서를 구하면, 일흔 번씩 일곱 번이라도 마음으로 용서해 주어야 한다, 즉 믿음 안에서 끝까지 용서해야 한다고 말씀하셨습니다. 물론 그리스도인들은 잘못한 사람이 용서를 구하지 않거나 마음에 없이 용서를 구할 때는 각자의 믿음의 수준에 따라 대응할 수 있지만, 어떤 상황이라도 자신의 영적인 생활을 위해 그들을 마음으로 용서하고 사는 것이 더 유익합니다(참조. 마 6:14-15; 막 11:25 등). 요즘 사람들은 다른 사람들의 실수를 잘 용납하지 못하고, 작은 일에도 쉽게 화를 내며 사는데, 그리스도인으로 사는 자신은 어떤 모습인지 한번쯤 점검해 보아야 합니다.

스무 번째, 그리스도인들은 자신을 낮추고 다른 사람들을 섬겨주며 살아야 합니다(마 20:20-28, 23:12; 막 10:35-45; 눅 10:40; 요 13:4-15 등). 예수 그리스도께서는 인간의 몸을 입고 세상에 오시기까지 철저히 낮아지셨으며, 제자들의 발을 씻겨주시기까지 섬기는 모습으로 사셨습니다. 그러기에 예수 그리스도를 닮은 삶을 살아야 그리스도인들도 자신을 낮추고 섬김의 삶을 살아야 합니다.

지역 교회들 중에 성도들을 위한 수련회나 캠프에서 서로의 발을 씻겨주는 프로그램을 행하는 경우가 있습니다. 그 프로그램을 진행하기 위해 감정을 움직일 수 있는 다양한 메시지를 전하고, 찬양과 기도를 한 후에 서로의 발을 씻겨줍니다. 물론 이런 프로그램이 잘못된 것은 아니지만, 그런 모습은 예수 그리스도께서 가르쳐 주신 진정한 낮춤이나 섬김은 아닌 것 같습니다. 그대신 교회나 지역 사회에서 힘들고 가난하고 어려운 처지에 있는 사람들을 실제적으로 돌보고, 그들에게 필요한 도움을 주는 것이 더 좋은 섬김과 낮아짐의 모습일 것 같습니다. 교회 안에, 그리고 지역 사회에는 도움의 손길이 필요한 사람들이 많습니다.

예를 들어, 거동이 불편한 분들에게는 이동을 위한 도움이나 목욕을 할 수 있도록 도움이 필요하고, 지적인 수준이 낮은 사람들에게는 가정에 필요한 서류 정리나 공공기관과 은행 업무와 같은 도움이 필요합니다. 그 외에도 밥이나 반찬이 필요한 사람들, 집 청소가 필요한 사람들, 마켓을 함께 갈 사람이 필요한 사람들, 지역 사회의 소식이나 뉴스를 쉽게 설명해 주는 것이 필요한 사람들, 야외 나들이가 필요한 사람들, 교회 라이드가 필요한 사람들, 자녀들의 공부 도우미가 필요한 사람들, 외출할 동안 자녀들을 돌봐 줄 사람들, 그리고 심지어는 대화가 필요한 사람들에 이르기까지 도움이 필요한 사람들이 많이 있습니다.

그리스도인들은 하나님께서 주신 은사와 마음으로 그들을 기쁨으로 섬기고 돕는 것이 낮은 자의 모습입니다. 그리고 그 어떤 사람도 차별하거나 무시하지 않는 것도, 자신을 낮추고 섬기는 사람들의 모습인 것을 알아야 합니다. 사실 그리스도인들에게 교만하지 말고 자신을 낮추고 겸손하게 살라는 말은 아무리 강조해도 지나치지 않습니다. 왜냐하면 예수 그리스도를 닮아가는 삶을 사는 그리스도인들에게 교만은 절대 있을 수 없으며, 자신을 낮추고 다른 사람들을 기쁨으로 섬겨주며 사는 것은 당연한 것이기 때문입니다. 그리스도인들이 자신을 낮추고 살면, 하나님께서는 그들을 높여주실 것입니다. 그리스도인들은 자신을 낮추고 하나님만을 높일 뿐만 아니라, 하나님과 다른 사람들을 항상 섬기며 살아야 합니다.

스물한 번째, 그리스도인들은 하나님 앞에 선 자처럼 거짓 없이 정직하게 살아야 합니다(출 20:16; 마 5:37; 막 12:13-17; 눅 8:15; 행 24:16 등). 그리스도인들은 거짓의 아비인 마귀의 자녀로 살았던 옛 모습으로 살지 말아야 합니다. 그리스도인들은 거짓말을 하거나 속이는 삶이 아니라, 하나님께서 주신 진리에 맞게 살아야 합니다. 물론 거짓의 아비인 마귀는 그리스도인들이 거짓말을 하거나 속이는 삶을 살게 하려고 노력할 것이기에 주의해야 합니다.

그리스도인들은 어디서 무엇을 하든, 그리고 누구를 만나든 하나님 앞에 선 사람들처럼 거짓 없고 정직하게 말하고 행동해야 합니다. 또한 그리스도인들은 거짓이 없는 정직하고 선한 삶으로 하나님을 기쁘시게 하고, 다른 사람들에게도 그런 선한 모습을 보이며 살아야 합니다. 그리스도인들이 거짓 없이 정직하게 살려면 하나님의 말씀의 본질을 제대로 알아야 합니다. 그러기 위해서는 영적으로 바른 선생들(목회자 등)을 만나서, 그들에게서 성경을 제대로 배워야 합니다(참조. 요 10:1-21).

마귀의 앞잡이들인 거짓 선생들은 그리스도인들을 넘어뜨리기 위해 끊임없이 미혹할 것이기에, 그리스도인들은 성령 하나님께 기도함으로 그분의 도우심을 받아, 하나님의 말씀을 읽고 듣고 잘 깨달아서 하나님의 말씀으로 옳고 그름을 분별할 수 있는 분별력을 가져야 합니다.

그리스도인들은 귀에 듣기 좋은 꾸며낸 이야기나 거짓된 이야기, 또는 헛된 말이나 거짓 철학에 속아 잘못된 길로 가지 않도록 주의하고, 항상 진리의 말씀을 사모하면서 거짓을 멀리하고 정직하게 살도록 노력해야 합니다. 그리스도인들은 일상생활에서 사소한 거짓말도 하지 않으려는 노력을 해야 하고, 자신이 손해를 보더라도 정직하게 살아야 합니다. 물론 그리스도인들은 바울서신을 통해 믿음에서 떠나 속이는 영들과 마귀의 가르침을 따르는 사람들이 분명히 있을 것임을 알기에(딤전 4:1-2), 더 열심히 진리의 말씀인 성경을 읽고 그 말씀에 맞게 정직하고 거짓 없이 살도록 노력해야 합니다.

스물두 번째, 그리스도인들은 하나님께 받은 모든 것(예수 복음과 하나님의 말씀, 믿음과 사랑, 지혜와 능력, 물질과 생명까지)을 아무런 대가를 바라지 않고 값없이 거저 나눠주며 살아야 합니다(마 6:1-4; 행 2:42-47; 롬 12:13; 딤전 6:17-18; 히 13:16 등). 그리스도인들은 하나님의 은혜와 사랑을 아무런 대가 없이 받은 사람들입니다. 뿐만 아니라 자신이 가진 모든 것은 하나님의 것입니다. 그리스도인들은 자신이 가진 모든 것을 하나님이 원하시는 방법에 맞게 사용해야 합니다.

그리스도인들은 자신이 가진 것(예수 복음과 하나님의 말씀, 믿음과 사랑, 지혜와 능력, 물질과 생명까지)을 하나님을 위해 사용하고, 자신과 가족들의 유익을 위해 사용하며, 다른 사람들에게 예수 복음과 하나님의 사랑을 전하기 위해 사용해야 합니다. 그리스도인들이 자신이 가진 것을 하나님과 교회를 위해, 자기와 가족들을 위해, 그리고 다른 사람들에게 아무런 대가없이 나누고 살면, 하나님께서 더 좋은 것으로 풍성하게 채워주실 것입니다.

요즘 수많은 교회들이 사도행전에 기록된 초대교회의 나눔에 대해 말로 가르치지만, 실제로 초대교회처럼 성도들과 함께 나눔을 실천하는 교회는 거의 없습니다(참조. 행 2:42-47, 4:32-37 등). 그 대신 부자 교회와 부자 그리스도인들은 더 부자가 되고, 가난한 교회와 가난한 그리스도인들은 더 가난하게 되어 빈부격차가 심해지고 있습니다. 심지어는 부자 교회들과 부자 그리스도인들은 자신들이 하나님께 큰 복을 받았다고 주장할 뿐, 가난한 교회들과 어려운 그리스도인들, 그리고 가난하고 힘들게 살아가는 사람들에게 잘 나누지 않습니다.

어떤 부자 교회들과 부자 그리스도인들은 가난한 교회들과 가난한 그리스도인들을 차별하거나 무시하기까지 하는 지경에 이르렀습니다. 그런데 성경은 교회들과 그리스도인들은 가난하고 어려운 사람들, 그리고 가난한 교회들을 하나님의 마음으로 반드시 구제하고 도와주어야 한다고 말씀합니다(참조. 신 15:7-11; 마 6:1-4; 행 2:44-47, 4:32-37; 갈 2:8-10; 히 13:16 등). 만약 교회들과 그리스도인들이 가난한 사람들과 교회들을 구제하거나 도와주지 않고, 자기가 가진 것을 나누지 않는다면, 그들은 영적으로 타락했거나 가짜일 것입니다(참조. 눅 12:16-21; 롬 16:17-18 등).

구제는 부유한 사람이 가난한 사람을 도우므로 서로 공평하게 살 수 있도록 하기 위한 하나님의 마음이 담겨 있는 행위임을 기억하고, 그리스도인들은 자신이 가진 모든 것을 하나님의 마음으로 기쁘게 나누며 살아야 합니다. 예수 그리스도께서도 사람들에게 헛된 욕심을 주의할 것을 가르쳐 주시면서, 물질이 많아도 생명이 거기에 있지 않으며, 자신이 가진 것이 많아 편안히 쉬고 먹고 마시고 즐거워하는 사람의 영혼을 하나님께서 데려가시면 그 모든 것이 누구의 것이 되겠냐고 반문하셨습니다(눅 12:13-21). 예수 그리스도께서는 이런 사람들은 물질적으로는 부자일 수 있으나 하나님 앞에서는 부자가 아니라고 질책하신 것입니다.

그리스도인들은 자신이 가진 세상적인 것으로는 가난을 선택하더라도, 하나님 앞에서는 영적인 부자로 살아야 합니다. 그래서 그리스도인들과 지역 교회들은 초대교회와 그 교회의 성도들처럼 자신이 가진 세상적인 것들을 인색함 없이 거저 나눌 뿐만 아니라, 예수 복음을 비롯해 하나님의 사랑과 은혜, 하나님의 말씀에 이르기까지 영적인 것들도 아낌없이 나누며 살아야 합니다.

스물세 번째, 그리스도인들은 어떤 상황에서도 하나님 안에서 걱정하거나 근심하지 않고, 두려워하지 않으며 평안하게 살아야 합니다(마 6:25-34, 10:26-31; 눅 12:4-7; 요 14:1, 27; 벧전 5:7 등). 그리스도인들은 어떤 상황과 처지에서도 걱정하고 근심하는 대신 하나님을 믿고 의지하며, 하나님께 도움을 구하며 살아야 합니다. 그리스도인들이 세상에서 일어나는 크고 작은 일들, 사람들과의 관계, 내일 일어날 일들, 그리고 먹고 마시는 일에 이르기까지 걱정과 근심을 내려놓고 기도할 때, 하나님의 도우심으로 그 모든 것들을 해결 받고 마음과 삶에 진정한 평안이 가득해집니다.

그리스도인들이 하나님께 집중하며 살면 자신에게 주어지는 모든 삶, 즉 건강할 때나 아플 때나, 부유할 때나 가난할 때나, 능력이 있을 때나 없을 때나, 세상적인 성공을 거둘 때나 실패할 때나 어떤 상황과 처지에서도 걱정하거나 근심하지 않습니다. 그 대신 하나님으로 인해 주어진 상황과 처지에 감사하고 기뻐하며, 하나님을 더 믿고 의지하며 살 것입니다. 또한 하나님께서는 그리스도인들에게 두려운 마음이 아니라 능력과 사랑과 절제의 마음을 주셨음을 알고, 그에 맞게 살아야 합니다(딤후 1:7). 그리스도인들은 걱정과 근심 대신 전지전능하신 하나님 아버지께 맡기거나 기도로 도움을 요청하며 살아야 합니다(참조. 시 94:19; 요 14:1-14; 빌 4:6-7; 벧전 5:7 등).

그리스도인들 중에는 자신의 삶을 하나님께 맡기지 않고, 믿지 않는 사람들과 마찬가지로 세상에서 일어나는 작은 일들과 사람들과의 관계, 그리고 먹고 마시는 일에 이르기까지 걱정과 근심으로 가득 찬 어리석은 삶을 살기도 합니다(참조. 마 19:16-24 등). 그리스도인들은 항상 좋은 것을 주시고, 선한 길로 인도하시는 하나님께 모든 것을 맡기고 평안한 삶을 살아야 합니다(참조. 시 23:1-6; 눅 11:9-13 등). 마음의 근심은 영적인 건강을 상하게 하기도 하고, 뼈를 마르게 하는, 즉 육체적인 건강에 문제가 생기게도 할 것이라는 잠언 기자의 말씀을 마음에 깊게 새겨서, 마음의 즐거움으로 건강한 삶을 살지언정 영적인 근심으로 건강하지 못한 삶을 살지 않아야 합니다(잠 15:13, 17:22 등).

예수 그리스도께서는 물질과 세상적인 걱정을 하는 사람들은 복음을 듣거나 믿음이 있다고 말해도, 결국 물질과 세상적인 것을 잃게 될 것에 대한 걱정 때문에 하나님을 떠나게 될 것이라고 가르쳐 주셨습니다(마 19:16-24; 막 4:18-19; 눅 8:14, 21:34 등). 그러기에 그리스도인들은 모든 걱정과 근심, 그리고 두려움을 하나님께 모두 맡기고, 주 안에서 평안한 가운데 하나님께서 기뻐하시는 삶을 사는 데 집중해야 합니다.

스물네 번째, 그리스도인들은 가족들을 귀하게 여기고 사랑하며, 가정을 잘 돌보며 살아야 합니다(출 20:12; 고전 7:1-16; 엡 6:1-4; 딤전 5:1-8; 히 13:4 등). 그리스도인들에게 가정은 교회만큼이나 소중하고 중요한 공동체입니다. 가정은 아주 특별한 공동체이며, 가족은 아주 특별한 관계입니다. 가족들은 세상에서 가장 사랑하는 관계이자 가장 친밀한 관계입니다. 가족들은 가장 서로를 잘 아는 관계이자 가장 비밀이 없는 관계입니다. 가족들은 가장 편안한 관계이자 가장 많은 것(마음, 시간, 돈, 집, 물건, 정보 등)을 공유하는 관계입니다. 또한 가족들은 가장 개인적이고 깊은 대화를 하는 관계이자 가장 잘 돌보고 서로를 의지하는 관계입니다. 가족은 함께 사는 관계이자 가장 많은 시간을 함께 하는 관계입니다.

그리고 가족은 태어나서 죽을 때까지 혈연으로 연결된 관계입니다. 가족들은 함께 신앙생활을 할 뿐만 아니라, 서로의 신앙생활을 점검해 주고, 격려해 주어야 하며, 가족들이 서로 영적으로 성장하고 성숙할 수 있도록 도와야 합니다. 그 뿐만 아니라 가족들끼리 서로 사랑하고, 서로를 잘 돌보며, 서로를 위해 기도하고, 가족들이 문제가 생기거나 도움이 필요할 때는 서로 적극적으로 돕고 섬겨야 합니다. 가족들은 서로를 신뢰하고 배려하며, 진실한 대화를 자유롭고 친밀하게 하고, 서로에게 감사하고, 이해와 용서를 잘 해야 합니다.

또한 가족들은 영혼 구원을 위해 함께 세상 사람들에게 예수 복음을 전하고, 하나님의 이름으로 다른 사람들을 돕고 섬겨주기 위해 구제와 나눔, 봉사활동에 함께 참여하거나 시간, 재능, 물질 등을 후원하며 살아야 합니다. 그래서 성경은 가정을 잘 돌보지 않는 그리스도인들은 믿음을 저버린 사람이자, 하나님을 믿지 않는 사람들보다 더 나쁜 사람이라고 말씀합니다(딤전 5:8). 성경적인 가정은 결혼을 통해 하나님께서 세우시는데, 그 가정은 하나님이 주인이 되어야 하고, 부부가 바른 관계를 유지하고, 자녀를 낳아 번성하며, 자녀들을 하나님의 말씀으로 잘 양육해야 하고, 부모를 공경해야 하고, 가족들이 하나님의 사랑으로 서로를 돌보아야 합니다.

부부는 성경에서 가르치는 남편과 아내의 역할과 질서에 맞게 살아야 하고, 배우자에게 부끄럽지 않은 삶을 살아야 하며, 결혼 후 신앙생활을 소홀히 하면 안 됩니다. 배우자가 간음하면 이혼할 수 있지만, 믿음으로 용서하여 이혼하지 않는 것이 더 좋습니다(참조. 창 2:18-25; 마 19:3-12; 고전 7:1-40 등). 그리스도인들은 모든 사람들에게 선을 행하되, 믿음의 가정에 속한 사람들, 즉 믿음의 형제들에게 더 선을 행해야 합니다(갈 6:9-10). 하나님께서 세우신 가정은 사랑과 믿음, 그리고 예배 공동체였습니다.

그런데 요즘은 이성 교제를 할 때부터 결혼하여 가정을 이루고 사는 동안에도 사랑이나 믿음보다 조건이나 서로의 이익이 더 중요하다고 생각하는 부부도 많아졌습니다. 그러다보니 그런 부부들이 가정에서 바른 예배를 드리고, 영적으로 충만한 삶을 살겠습니까. 그리스도인들의 가정은 마지막 때의 가정들처럼 사랑이 없고, 서로에게 죄악을 행하며, 질서가 없고, 관계가 깨어지면 안 되는데도, 현실은 안타까울 정도로 많은 가정이 심각한 위기 앞에 놓여 있거나 이미 깨어졌다는 사실입니다(참조. 롬 1:26-28; 막 7:10; 딤전 5:8; 요일 4:20-21 등).

이러한 때에 그리스도인들은 자신의 가정을 하나님의 말씀 위에 세우고, 성령 하나님께 가정을 바로 세워달라고 기도하며, 가족들이 함께 하나님을 예배하고 찬양드리며, 하나님께 기도로 나아갈 뿐만 아니라 함께 선을 행함으로 하나님을 기쁘시게 하는 가정이 되도록 힘써야 합니다.

스물다섯 번째, 그리스도인들은 예수 그리스도의 재림을 사모하고, 기다리며 살아야 합니다(살전 5:1-11; 약 5:7-8; 벧전 4:7-9; 벧후 3:3-18; 계 22:20 등). 예수 그리스도의 재림을 사모하며 기다리는 그리스도인들은 영적으로 깨어 있어야 하고, 하나님의 말씀대로 살아야 하며, 예수 그리스도 안에서 살아야 합니다. 그리스도인들 중에는 예수 그리스도께서 이 세상에 다시 오시는 것이 더디다고 생각할 수도 있지만, 그것은 한 사람이라도 더 회개하고 돌아오기를 바라시는 하나님의 인내와 사랑 때문임을 늘 기억해야 합니다(벧후 3:9-10). 예수 그리스도께서는 이 세상의 모든 사람들이 볼 수 있도록 반드시 다시 오시며, 하나님께서 정하신 때에 정확히 오실 것입니다(참조. 마 24:3-51; 막 13:1-37; 눅 21:34-36; 살전 5:1-11; 히 10:37; 벧후 3:9 등).

다시 말해, 예수 그리스도께서 다시 오시는 때는 오직 하나님 아버지께서만 아시기에, 혹시 재림의 때를 안다고 말하는 교회나 사람들이 있다면 마귀를 따르는 거짓된 교회와 사람들임을 알고 멀리해야 합니다(참조. 마 24:36; 막 13:32-36; 딤전 6:15-16; 벧후 3:10; 계 16:15 등). 그리고 그리스도인들은 예수 그리스도께서 다시 오실 것을 사모하고, 항상 깨어 기도하고, 술 취함과 방탕한 생활을 비롯해 죄를 짓지 않는 생활을 하며 기다려야 합니다. 물론 그리스도인들이 예수 그리스도의 재림을 사모하며 기다릴 때는 한 영혼이라도 더 구원의 길로 인도하기 위해 열심히 예수 복음을 전해야 합니다.

마지막 때를 살아가는 그리스도인들은 우는 사자와 같이 삼킬 자를 찾아다니는 마귀의 유혹에 넘어지지 않아야 하고, 죄악에 물든 삶을 살지 않아야 하며, 영적인 분별력을 가지고 성령이 요구하는 삶을 사는데 열심이어야 하고, 거룩한 행실과 경건한 삶을 살아야 하며, 늘 영적으로 깨어 성령 하나님께 기도해야 합니다(참조. 살전 3:13, 5:1-11; 딤전 6:11-16; 벧전 5:8-9; 벧후 3:9-14 등).

스물여섯 번째, 그리스도인들은 하나님의 나라(천국)의 시민들로 천국에 소망을 두고 살아야 합니다(빌 1:20-26, 3:20-21; 히 6:11-20, 11:13-16; 벧전 1:17-25 등). 하나님께서는 천국과 지옥을 만드셨으며(계 19:20, 20:10-15, 21:1-4, 22:1-5 등), 그 중에서 천국은 성경에 기록된 모습만으로도 꼭 가보고 싶을 만큼 좋고 아름다운 곳입니다(참조. 계 21:1-4, 22:1-5 등). 그리스도인들은 그런 천국을 만드시고 누리게 하실 하나님께 감사와 찬양을 드리며 살아야 합니다.

천국은 하나님께서 통치하시는 나라로 구원받은 자들과 천사들이 하나님과 함께 사는 곳으로, 하나님의 영광으로 가득하고, 거룩하며, 영원한 생명이 있고, 죄와 죽음은 없으며, 고통과 슬픔도 없고, 굶주림과 배고픔이 없으며, 마귀와 그의 무리들, 그리고 죄인들이 없는 곳입니다. 그리고 이 세상에서 예수 그리스도를 믿음으로 구원받은 사람들은 하나님이 계신 천국에 가서 영원히 살게 되고, 예수 그리스도를 믿지 않음으로 구원받지 못한 사람들은 지옥으로 가서 마귀와 그를 따르는 존재들과 함께 영원히 고통을 받게 됩니다. 성경은 사람들이 온 세상을 얻고도 자기의 생명을 잃는다면 아무런 유익이 없다고 말씀합니다(참조. 막 8:34-38 등).

또한 천국에 소망을 두고 사는 그리스도인들은 육체적인 즐거움과 물질적인 풍요, 그리고 세상적인 성공보다 영적인 삶을 더 우선하며 삽니다. 하나님께 소망을 두지 않고 사는 사람들과 이 세상에만 소망을 두고 사는 사람들은 불쌍한 사람들인데, 그 이유는 그들은 하나님께 소망을 둔 사람들이 받는 영원한 생명과 하나님 나라(천국)를 은혜로 받지 못하고 영원한 형벌의 장소인 지옥에서 고통을 당하게 되기 때문입니다.

그리스도인들은 천국에 대해 확실한 믿음과 소망을 가지고 살아야지, 막연한 기대감만을 가지고 살면 안 됩니다. 성경에 나오는 천국에 대해 자주 묵상을 하고, 영적인 눈으로 실제하는 천국을 바라보며, 천국의 시민들은 어떻게 살아야 하는지 성경을 찾아보고, 천국의 시민권자로서 지켜야 할 것들을 일상생활에서 하나씩 지켜 행하며 살아야 합니다. 그리고 그리스도인들은 자신을 천국 백성으로 삼아주시고, 언젠가 하나님의 때에 자신을 천국으로 인도하셔서 영원히 살게 하실 하나님께 찬양드리고 감사하는 시간을 자주 가져야 합니다. 그 뿐만 아니라 그 좋은 천국을 누군가에게 자주 자랑하고 전해야 합니다.

스물일곱 번째, 그리스도인들은 자기 자신이 아닌 예수 그리스도를 위해 살아야 합니다(행 5:40-42; 롬 1:5-6, 14:7-9; 고후 4:1-18, 5:14-15 등). 그리스도인들은 예수 그리스도께서 십자가에서 죽기까지 은혜와 사랑을 베풀어 주셨음을 기억함으로, 살아도 주를 위해 살고 죽어도 주를 위해 죽겠다는 마음으로 살아야 합니다. 그리스도인들이 예수 그리스도를 위해 살려면 예수 그리스도가 누구시며, 이 세상에서 어떤 삶을 사셨는지, 그리고 예수 그리스도께서 사람들에게 어떤 삶을 살라고 가르쳐 주셨는지를 정확히 알아야 합니다(참조. 히 3:1 등).

그리스도인들이 예수 그리스도를 위해 사는 방법은 예수 그리스도의 피값으로 세우신 하나님의 교회를 위해 사는 것과 예수 그리스도께서 가르쳐 주시고 명령하신 것을 행하며 사는 것입니다. 그리스도인들은 예수 그리스도를 위해 살기 위해 예수 그리스도께서 머리되신 교회 중심의 신앙생활을 하며 살아야 합니다. 그리스도인들이 예수 그리스도의 이름으로 교회에 모이기에 힘쓰고, 교회에서 말씀을 읽고 가르치며, 하나님께 영과 진리로 예배를 드리고, 함께 찬양하고 기도하며, 성도들 간의 깊은 영적인 교제를 나누고, 세상 사람들에게 예수 복음을 전할 뿐만 아니라, 함께 세상에 선한 일을 하는 것에 이르기까지 항상 교회 중심의 신앙생활을 하는 것이 곧 예수 그리스도를 위한 삶입니다.

또한 그리스도인들이 예수 그리스도를 위해 할 수 있는 개인적인 삶들은 예수 그리스도께 받은 은혜와 사랑에 감사, 예수 그리스도께서 이 세상에 오셨을 때 하셨던 영혼 구원의 사역을 계승하고 예수 그리스도의 지상명령인 예수 복음을 세상 사람들에게 열심히 전파, 사람들에게 하나님의 말씀을 가르쳐 지키게 함, 예수 그리스도께서 맡겨주신 사명들을 성실하게 이루어 감, 하나님의 말씀을 지켜 행하는 것으로 예수 그리스도를 사랑, 자신의 선한 삶으로 예수 그리스도를 나타내고 하나님께 영광 돌릴 수 있게 함, 자기를 부인하고 자기 십자가를 지고 예수 그리스도를 따름, 서로 사랑함으로 예수 그리스도의 제자다운 모습으로 삶, 예수 그리스도를 생각하고 깊이 묵상함, 예수 그리스도의 말씀을 열심히 듣고 읽고 그 말씀을 일상생활에서 실천하는 것 등일 것입니다.

예수 그리스도를 위해 사는 사람들은 세상에 사는 동안 좋은 일과 선한 일은 예수 그리스도께 영광을 돌리고, 잘못한 일과 죄악 된 삶은 자신의 믿음이 부족하기 때문에 일어난 것임을 알고 회개하며 삽니다. 더 나아가 그리스도인들은 자신을 통해 예수 그리스도께서 영광 받으실 수 있는 삶을 살기 위해 기도하면서 노력합니다. 또한 예수 그리스도를 위해 사는 그리스도인들은 예수 그리스도를 위해 손해를 보거나 고난을 당하는 것을 기쁘게 여기며 삽니다(마 5:11-12; 행 5:40-42; 롬 5:1-11; 고후 4:1-18; 빌 3:10; 벧전 4:12-19 등).

그리스도인들은 예수 그리스도를 위해 살기 위해 세례 요한처럼 자신은 점점 쇠하고, 예수 그리스도께서는 점점 흥할 수 있는 삶을 살아야 하고(요 3:30), 사도 바울처럼 자신이 가진 유익한 것들을 예수 그리스도를 위해 배설물로 여길 수 있는 삶을 살아야 하며(빌 3:7-8), 자신의 인생이지만 예수 그리스도를 나타내는 인생이요 자기를 통해 오직 예수 그리스도의 십자가만을 자랑하는 인생을 살아야 합니다(갈 2:20, 6:14 등).

스물여덟 번째, 그리스도인들은 예수 그리스도를 위해 받는 고난을 기쁨으로 여기며 살아야 합니다(마 5:11-12; 행 5:40-42; 롬 5:1-11; 고후 4:8-12; 벧전 4:12-19 등). 그리스도인들도 하나님의 뜻 안에서 크고 작은 고난(고통, 가난, 슬픔, 실패 포함)을 당할 수 있습니다. 물론 그리스도인들은 고난을 당할 때도 변함없이 하나님의 사랑과 은혜를 받습니다. 그리스도인들은 고난을 당할 때 예수 그리스도의 고난에 참여하게 됨을 기뻐해야 합니다.

또한 그리스도인들은 세상에 사는 동안 어떤 고난이 찾아와도, 하나님을 의지함으로 그 고난을 기쁘게 이겨내야 합니다. 물론 그리스도인들 중에는 태어날 때부터 죽음에 이르기까지 평생 동안 고난을 받을 수도 있지만, 고난을 당하는 동안에도 하나님을 믿고 의지할 뿐만 아니라, 하나님의 말씀을 읽고 그 말씀을 삶에서 실천하는 것을 게을리 하면 안 됩니다. 그리고 고통과 고난을 당할 때 기뻐한다는 게 쉬운 일이 아니기에, 어떤 상황과 처지에서도, 그리고 한 순간도 예외없이 하나님 안에서 기뻐하며 살게 해 달라고 하나님께 간절히 기도해야 합니다.

그리스도인들은 이 세상에 사는 동안 하나님의 자녀로서 많은 고난을 당할 수 있지만, 그 고난과는 비교할 수 없는 영광을 하나님께서 주실 줄 믿음으로 그 시간을 하나님을 의지하면서 인내하며 살아야 합니다(참조. 롬 8:14-18). 이 세상에 사는 사람들 중에 고통과 고난을 피할 수 있는 사람은 아무도 없습니다. 그리고 선한 사람이든 악한 사람이든 고통을 당하면 힘들고, 아프고, 괴롭습니다. 하나님의 자녀로서 의로운 일을 하는 사람들 중에도 평생동안 고통과 고난의 삶을 살다가 죽음을 맞이한 사람들도 많습니다(참조. 마 5:1-12; 고후 11:16-33, 12:7-10; 히 11:1-40 등). 죄악으로 물든 세상에서는 의로운 사람의 고통과 고난, 그리고 죽음이 자연스럽게 일어납니다. 사람들은 선한 일을 하는 사람들이 당하는 고통과 고난을 잘 이해할 수 없습니다.

예를 들어, 바울과 믿음의 선배들을 비롯해 예수 복음을 전하다가 잡혀 감옥에 갇힌 사람들, 선교를 하다가 풍토병에 걸려 죽었거나 선교지에서 엄청난 핍박과 박해를 받은 사람들, 물에 빠진 사람을 구하다가 죽은 사람, 환자들을 돌보다가 과로사한 의사나 간호사, 불을 끄고 사람을 구하다가 연기에 질식사한 소방관, 범죄자를 잡다가 총에 맞아 죽은 경찰관, 가족들을 위해 쉬지도 못하고 열심히 일하던 부모님을 갑작스런 사고로 잃게 된 자녀들, 태어난 지 얼마되지 않아 감염이나 사고로 죽은 아이들, 다른 사람들을 위해 헌혈하다가 AIDS를 비롯한 감염병에 걸려 고통당하는 사람들, 하나님의 일을 하다가 가난해지고 가족들이 흩어지는 아픔을 겪고 있는 사람들 등을 어떻게 다 이해할 수 있겠습니까.

또한 세상에 사는 사람들이 당하는 고통이나 고난의 종류는 환자들(신체적 질병, 정신적인 질병, 치매 등), 장애인들, 굶주리는 사람들, 가정 폭력 피해자들, 신앙적으로 핍박과 박해를 당하는 사람들, 낙태 당하는 아이들, 고아들, 노숙자들, 미숙아들, 노예들, 난민들, 인신매매 당한 사람들, 중독자들(알콜, 마약, 도박 등), 입양아들, 성폭행 당한 사람들,

강도를 당한 사람들, 왕따 당하는 사람들, 학대와 감금을 당하는 사람들, 실종자들, 실직자들, 사고를 당한 사람들, 범죄 피해자들, 이단이나 사이비 종교에 빠진 사람들, 인권을 유린당하는 사람들, 전쟁이나 분쟁 국가 내에 살고 있는 사람들, 자연재해(가뭄, 홍수, 산불, 지진, 화산폭발 등) 피해자들을 비롯해 셀 수 없이 다양하고 많습니다.

그 뿐만 아니라 그런 고통과 고난을 당하는 사람들을 옆에서 지켜보거나 그 고통과 고난의 시간을 함께 겪어야 하는 가족들, 그리고 사랑하는 가족들과 죽음(자연사, 사고사, 자살, 살해당함 등)으로 이별하고 남아 있는 가족들도 엄청난 고통과 고난을 받고 삽니다. 예수 그리스도를 믿는다는 이유로 가족들이나 사람들에게 핍박이나 박해를 받을 수 있고, 하나님의 말씀의 지식을 더 배우기 위해 세상적인 지식을 잘 배우지 못해 고난당할 수도 있습니다. 신앙생활을 제대로 하기 위해 시간이나 물질을 손해 보거나 포기해야 할 수도 있습니다. 그리고 믿음의 친구들과의 깊은 영적인 교제를 위해 세상 친구들과의 관계가 멀어지거나 끊어질 수도 있습니다. 그 외에도 그리스도인들이 선택한 삶인 예수 그리스도께서 가셨던 십자가의 길을 따라 가는 삶은 그 자체가 고통이고 고난입니다. 지금도 세상에는 사람의 머리로는 도저히 이해가 되지 않는 고통, 고난, 그리고 죽음이 수없이 많이 일어나고 있습니다.

알다시피 하나님 외에는 그 누구도 고통과 고난에 대한 정확한 의미를 아는 사람이 없고, 하나님 외에는 그 문제들을 완전히 해결할 수 없으며, 하나님 외에는 그 누구도 고통과 고난을 막아줄 수도 없습니다. 하지만 그리스도인들은 말로 표현할 수 없을 만큼 엄청난 고통과 고난이 찾아와도 하나님의 은혜가 자신에게 족한 줄 알고 하나님께 영광을 돌리고, 하나님을 찬양할 수 있는 믿음으로 살아야 합니다. 예수 그리스도를 믿음으로 구원 받은 사람들은 그 어떤 고통과 고난이 찾아온다고 할지라도, 하나님께서 베풀어 주신 사랑(예수 그리스도의 십자가의 그 사랑)과 은혜(죄로 죽을 수 밖에 없는 자신을 구원해 주시는 그 은혜)를 믿고 기억함으로, 오직 하나님을 더 의지하고, 하나님께 더 가까이 나아가는 삶을 살아야 합니다. 마음이 찢어질 듯 고통스럽고 눈물이 폭포수처럼 흘러내리고, 아무리 울부짖어도 시원해지지 않을 만큼 힘든 시간이 찾아올 때도 오직 하나님만 의지하고 하나님께 부르짖어야 합니다.

그러기 위해 그리스도인들은 예수 그리스도의 말씀을 들음으로 믿음이 자라야 하고, 그 믿음으로 세상에서 당하는 고통과 고난을 담대하게 받아들여야 하고, 그 믿음으로 하나님께 도움을 구하고 또 구함으로 날마다 하나님의 위로를 받고, 하나님의 도우심으로 살아야 합니다. 그리스도인들은 세상에 사는 동안 고통과 고난 받는 것이 당연하며, 그것이 하나님의 뜻임을 믿음으로 인정함으로 고통이나 고난을 받을 때도 변함없이 하나님 안에서 기쁨으로 살아야 합니다(참조. 막 8:34-38; 눅 21:12-19; 고후 11:23-33; 12:7-10; 빌 1:29-30; 히 11:32-40 등).

왜냐하면 그리스도인들이 이 세상에서 당하는 모든 고통이나 고난보다, 하나님께 받은 구원의 은혜는 비교할 수 없이 크고 놀라운 것이며, 그리스도인들이 지금 당하고 있는 그 어떤 고통이나 고난도 앞으로 하나님께서 주실 영광과는 족히 비교할 수 없기 때문입니다(롬 8:18; 엡 2:8-9 등). 또한 그리스도인들은 경험할 일 없지만, 지옥의 고통은 이 세상에서 당하는 고통과는 비교할 수 없기에, 하나님께서 천국 백성 삼아 주신 것만으로 감사하며 그 고통과 고난을 이기며 살아야 하는 게 그리스도인들인 것을 기억해야 합니다.

스물아홉 번째, 그리스도인들은 세상의 소금과 빛된 선한 삶을 살아야 합니다(마 5:13-16, 12:33-37; 딤전 6:18; 벧전 2:12; 요삼 1:11 등). 그리스도인들은 세상에 사는 동안 세상 사람들과는 구별된 삶, 즉 죄를 멀리하고 선을 행하는 거룩한 삶을 살아야 합니다. 그리스도인들은 세상 사람들에게 선한 삶의 모범을 보여야 하고, 그들에게 선한 이웃이 되어야 하며, 그들이 가난하고 어려움에 처하면 적극적으로 도움을 주어야 하고, 그들이 예수 그리스도를 믿어 구원을 얻을 수 있도록 그들에게 예수 복음을 전해야 하며, 그들을 위해 늘 기도해 주어야 합니다.

또한 그리스도인들은 부패한 세상에서 그 부패를 막는 소금과 같은 역할을 해야 하며, 어두운 세상에서 밝은 빛과 같은 역할도 해야 합니다. 그리스도인들은 가정, 교회, 학교나 직장, 사회, 나라를 비롯해 자신이 속한 모든 공동체에서 어떻게 사는 것이 하나님의 자녀로서의 소금과 빛 된 삶인지 항상 생각하고 기도해야 합니다. 그리고 믿음의 형제들과 함께 서로의 생각을 공유하고, 함께 기도하고 협력하여 세상에서 소금과 빛 된 삶을 실천해 나가야 합니다. 오늘날 지역 교회들과 그리스도인들 각자가 과연 세상에 빛과 소금의 역할을 제대로 하고 있는지 점검해 보아야 합니다. 그런데 실상은 부끄러울 만큼 선한 역할을 제대로 못하고 있습니다.

예를 들어, 교회들이 가난한 사람들은 돌보지 않고 자기 성을 쌓듯이 교회의 건물만 크고 화려하게 짓는다는 비아냥거림과 비난은 하루 이틀 들어온 내용이 아닙니다. 또한 목회자들의 성적인 타락과 헌금을 개인적으로 착복하는 일도 끊임없이 등장하고 있고, 교회의 다툼과 분쟁으로 인한 문제들도 어제오늘 일이 아니며, 성도들이 영적인 변화는 없고 세속적으로 변질되어 세상 사람들과 다를 바 없이 산다는 말도 지속적으로 지적당하고 있는 현실입니다. 교회들과 그리스도인들의 비윤리적인 모습, 가난한 사람들에게 나누지 않는 인색한 모습, 어렵고 힘든 사람들을 돕지 않는 모습, 다른 사람들을 향한 차별과 무시, 자신들은 구원 받았기에 특권층처럼 여기는 교만, 하나님의 자녀라는 이름의 탈을 쓴 위선자의 모습과 삶, 낮아지고 섬김의 삶을 살기는커녕 높임받기를 바라는 모습, 그 외에도 크고 작은 범죄를 저지르기도 하는 등 세상에서

욕을 먹는 경우의 그리스도인들과 교회들도 많이 있음이 안타깝습니다.

그 뿐만 아니라 교회들이 지역 주민들과의 크고 작은 시비로 인해 문제가 되는 경우도 많고, 그리스도인들이 이웃들과 사이가 좋지 않아 생기는 문제도 많습니다. 그러한 때에 그리스도인들은 세상에 빛과 소금의 선한 영향력을 미치기 위해 가정에서부터 교회와 직장, 그리고 자신이 속한 모든 공동체에서 하나님의 말씀에 맞게 사는 것으로 인정을 받으며 살도록 노력해야 합니다. 또한 그리스도인들과 교회들은 하나님의 말씀을 잘 배운 후에는 세상 사람들에게 예수 복음을 전하고 하나님의 사랑을 나누며 사는 삶, 즉 가까운 이웃들과 지역 사회에 가난한 사람들을 비롯해 어렵고 힘든 사람들을 소외되지 않게 돕고 섬겨야 합니다. 그래야 그들에게 예수 복음을 잘 전할 수 있습니다.

서른 번째, 그리스도인들은 하나님을 향한 절대적인 믿음으로 자신의 모든 삶(생사화복)을 하나님께 맡기고 살아야 합니다(신 30:11-20; 잠 16:9; 히 12:1-2; 약 4:14-16 등). 그리스도인들은 살고 죽는 것이 하나님 안에 있음을 믿고, 자신들은 하나님이 기뻐하시는 일을 하며 사는 사람들입니다. 그리스도인들은 이 세상에 사는 동안 자신들에게 일어나는 수많은 좋은 일, 나쁜 일, 기쁜 일, 슬픈 일, 감사한 일, 괴로운 일 등의 모든 삶도 하나님 안에서 일어나는 일인 것을 믿음으로, 어떤 상황과 처지에서도 하나님만을 바라보고 오직 하나님을 기쁘시게 하는 삶을 사는 사람들이어야 합니다.

믿지 않는 사람들은 생사화복을 자신들의 손으로 계획하고 해결하려는 어리석은 모습으로 사는 반면, 그리스도인들은 생사화복의 주관자이신 하나님께 자신의 모든 것을 맡기고, 그분만을 의지하며 삽니다. 그래서 그리스도인들은 생명을 얻고 복을 받을 때는 하나님의 은혜에 감사하고, 죽음이나 화를 당할 때는 하나님께 불쌍히 여겨달라고 기도하거나 자신을 돌아보아 죄를 지은 것이 있으면 하나님께 회개하고 돌이킵니다.

그리스도인들이 믿음으로 살려면 하나님의 말씀을 듣는 것을 통해 얻을 수 있음을 알고, 믿음의 성장과 성숙을 이루기 위해 성령의 도움으로 하나님의 말씀인 성경을 듣고 배워 제대로 이해해야 합니다(참조. 롬 10:17). 물론 그리스도인들이 하나님의 말씀을 듣기만 하고, 그 말씀을 삶에서 지켜 행하지 않으면 자신을 속이는 것임을 알고, 들은 하나님의 말씀을 지켜 행하는 노력을 항상 해야 합니다(약 1:22-25). 그리스도인들이 하나님의 말씀을 통해 믿음이 성숙해지면, 자신의 모든 삶(생사화복)을 하나님께 맡기고 살 뿐만 아니라, 하나님을 기쁘시게 하는 삶을 살게 될 것입니다(참조. 히 11:6).

● 그리스도인들이 하나님께 받은 사명

그리스도인들이 하나님께 받은 사명은 세상에 사는 동안 하나님을 위해 행하라고 맡기신 섬김과 봉사의 임무라고 할 수 있습니다(참조. 마 28:18-20; 행 1:8, 20:24; 고전 12:1-31; 딤후 1:10-12 등). 다시 말해, 그리스도인들은 하나님께서 맡겨주신 사명을 이루기 위해 세상에 보냄을 받은 청지기들이며(참조. 눅 16:1-13; 골 1:24-29 등), 그 사명은 예수 그리스도를 믿어 구원을 받는 순간부터 죽음에 이르기까지 평생 동안 모든 그리스도인들에게 주어집니다(참조. 욜 2:28-29; 행 2:16-18; 고전 4:1-2 등).

하나님께서 그리스도인들에게 주신 사명들은 하나님을 향한 사명, 교회를 향한 사명, 자기 자신을 향한 사명, 가족들(배우자, 부모, 자녀, 형제)을 향한 사명, 믿음의 형제들을 향한 사명, 이웃들을 향한 사명, 세상과 믿지 않는 사람들을 향한 사명, 그리고 나라와 민족을 향한 사명 등이 있습니다.

좀 더 구체적으로 그리스도인들이 하나님께 받은 사명을 살펴보면,

하나님께 영광을 돌리며 사는 사명, 하나님의 말씀에 순종하여 말씀을 지켜 행하는 사명, 영과 진리로 하나님께 예배드리는 사명, 하나님을 섬기며 사는 사명, 믿음으로 하나님을 기쁘시게 하는 사명, 예수 복음을 증거하며 사는 사명, 하나님의 말씀을 사람들에게 가르쳐 지키게 하는 사명, 하나님을 사랑하고 이웃을 자기 몸처럼 사랑할 사명, 가족들을 잘 돌보고 자녀들을 말씀으로 잘 가르치는 사명, 믿음의 형제들과 사랑으로 교제하고 서로 하나 되는 사명, 세상에 빛과 소금으로 살아가는 사명, 하나님의 교회에 모이기에 힘쓰고 교회를 잘 섬기는 사명, 청지기로서 하나님께서 맡기신 각자의 역할과 주어진 일들을 잘 감당하며 사는 사명, 생육하고 번성하며 땅을 정복하는 사명, 시대를 영적으로 분별하여 세상을 하나님이 원하시는 모습으로 변화시킬 사명 등입니다(참조. 창 1:26-28; 마 5:13-16, 28:18-20; 요 13:31-35; 롬 12:1-2; 고전 9:16-18; 딤후 4:2 등).

하나님의 사명을 받은 그리스도인들은 하나님께서 사명을 맡겨주심에 대해 영광스럽게 생각하고 감사할 뿐만 아니라, 그 사명을 이루기 위해 사나 죽으나 하나님께 전적으로 헌신하고 충성해야 합니다. 그리고 그리스도인들은 하나님께서 맡겨주신 사명을 제대로 이루기 위해, 하나님의 말씀을 읽고 듣고 연구하고 실천해야 합니다. 그리스도인들은 하나님께서 맡겨주신 사명을 행하는 동안 고난과 고통, 환난과 핍박을 당할 수 있는데, 이 때 자신이 선을 행하고 있음을 알고 낙심하지 말고 즐거워해야 합니다. 또한 그리스도인들은 하나님께서 맡겨주신 사명을 행하는 동안 자신의 연약함과 부족함을 인정하고, 그 사명을 잘 이룰 수 있도록 성령 하나님께 도움을 구해야 합니다.

그 뿐만 아니라 그리스도인들은 자신의 상황과 처지에 관계없이 때를 얻든지 못 얻든지 예수 복음을 전하는 사명을 비롯해 사명들을 이루어 가는 일에 힘써야 합니다. 그리스도인들이 하나님께 받은 사명을 행하고자 할 때 마귀와 마귀에 속한 사람들, 자신의 영적인 게으름, 믿음의 연약함, 영적인 교만, 그리고 세속적이고 육체적인 쾌락을 위한 활동들은 사명을 제대로 행하지 못하도록 늘 방해할 것임을 명심해야 합니다.

그리스도인들이 가지고 살아야 할 소망

그리스도인들에게 소망은 하나님 안에서 이루어지기를 바라고 믿는 약속들로, 성경에 기록된 하나님의 약속들 중에서 앞으로 이루어질 것들입니다(참조. 행 26:6-7; 롬 5:1-2, 8:22-25; 살전 2:19, 5:8 등). 그리스도인들은 보이지 않는 영원한 소망을 믿고 의지하며 사는 사람들입니다(참조. 롬 8:23-25; 고후 4:16-18; 히 11:1 등).

하나님께서 그리스도인들에게 주시는 소망은 복음의 진리의 말씀 안에 있는데, 그 소망들은 완전한 구원, 썩지 아니할 몸으로의 부활, 면류관과 상급, 하나님의 나라, 영원한 생명을 비롯해 이 세상에서 이루어질 소망들과 죽음 이후에 이루어질 소망들이 있습니다(행 24:15; 살전 2:19-20; 히 6:18-20; 벧전 1:3-5 등).

그리스도인들은 하나님과 하나님의 말씀에 소망을 두고 살아야 합니다(시 39:7, 130:5-8; 골 1:15-23). 하나님께서 그리스도인들에게 주신 소망들은 변하지 않는 약속이며, 확실하고 굳건한 것입니다. 물론 세상에 일어나는 모든 일이 정한 때가 있는 것처럼, 하나님께 받은 소망도 하나님의 때에 이루어질 것입니다. 그러기에 그리스도인들은 하나님께서 주신 소망을 붙잡고 살 뿐만 아니라 그 소망을 즐거워해야 합니다(참조. 롬 5:1-5; 12:12; 히 6:18-20 등).

그리스도인들은 구원과 하나님의 부르심의 소망이 무엇인지 알고, 예수 그리스도 안에서 구원과 부르심의 소망을 붙잡고 살아야 합니다(엡 1:17-19; 살전 5:5-10 등). 또한 그리스도인들은 하나님을 향한 소망을 가진 사람답게, 하나님의 말씀을 지켜 행하고, 죄를 짓지 않는 삶을 살아야 합니다(시 119:116; 딛 2:11-14; 요일 3:1-6 등). 그리고 그리스도인들은 살든지 죽든지 항상 자신을 통해 그리스도를 높이고 찬양하는 것에 소망을 두고 살아야 합니다(시 71:14; 빌 1:20-2). 그리스도인들은 예수 그리스도의 재림에 대한 소망을 가지고, 거룩한 행실과 함께 경건한 삶을 살아야 합니다(고전 16:22; 빌 3:20-21; 히 10:36-37; 벧후 3:8-13; 계 22:20 등). 그리스도인들은 의로운 사람들과 악한 사람들의 부활이 있을 것이라는 소망을 두고 살아야 합니다(행 24:15-16 등).

또한 그리스도인들은 영원한 천국에 들어갈 것이라는 소망을 가지고 살아야 합니다(빌 3:20-21; 히 6:11-20). 그리스도인들은 예수 그리스도를 믿고 구원 받은 순간부터 영원한 생명을 소망하며 살아야 합니다(딛 1:1-3 등. 참조. 마 25:31-46). 그리고 그리스도인들은 하나님께서 약속하신 모든 것들이 반드시 이루어질 것이라는 소망으로 살아야 합니다(참조. 히 3:1-6 등). 그리스도인들은 고난 중에도 하나님께서 주실 영광과 상급에 소망을 두고 기쁘게 살아야 합니다(롬 5:1-5, 8:17-18 등). 그 뿐만 아니라 그리스도인들은 물질을 비롯한 세상적이고 육체적인 것이 아닌 영적인 것에 소망을 두고 살아야 합니다(고전 14:12; 딤전 6:3-10; 약 4:4 등). 하나님께 소망을 두지 않고 사는 사람들과 이 세상에만 소망을 두고 사는 사람들은 불쌍한 사람들입니다.

그리스도인들은 마귀의 자녀로 살았던 옛 사람의 모습을 소망하며 살지 않아야 하고, 세상에서 먹고 마시고 입는 것에 소망을 두고 살지 않아야 합니다. 그리스도인들은 세상적인 쾌락, 술 취하는 삶, 음란한 삶을 비롯해 방탕한 삶에 소망을 두고 살지 않아야 하고, 물질이나 성공과 같은 이 세상의 것에 소망을 두고 살지 않아야 합니다. 그리스도인들이 이렇게 살기 위해서는 마귀의 시험과 유혹을 비롯해 영적인 싸움에서 끊임없이 승리해야 하기에, 항상 하나님께 깨어 기도할 뿐만 아니라 하나님의 말씀을 알아가는 노력과 그 말씀을 삶에서 지켜 행하는 노력을 하며 살아야 합니다.

그리스도인들이 버리거나 포기해야 하는 것들

그리스도인들은 세상에 사는 동안 하나님께서 원하시지 않는 삶, 즉 하나님의 말씀인 성경에서 "하지 말라"고 하는 것들을 버리거나 포기해야 합니다. 다시 말해, 그리스도인들은 세상에서 자신이 원하는 대로 사는 것을 내려놓고, 하나님께서 원하시는 삶을 살기 위해 노력해야 합니다. 요즘 수많은 그리스도인들이 하나님이 원하시는 삶보다 자신이 원하는 삶을 더 중요하게 생각하는 것 같습니다. 그리스도인들 중에서는 하나님의 말씀에서 "하지 말라"는 것들을 아무렇지 않게 행하는 세상 사람들과 비슷한 모습으로 사는 사람들도 있습니다.

그러나 그리스도인들은 하나님의 자녀로서 하나님께서 원하시는 삶을 살아야 합니다. 그러기 위해서는 그리스도인들이 세상에 살면서 버리거나 포기해야 하는 것들이 많이 있음을 명심해야 합니다. 그리스도인들이 세상에 살면서 버리거나 포기해야 하는 것들은 무엇인지 간략하게 살펴보겠습니다.

첫 번째, 그리스도인들은 자신이 주인이 되려고 하거나 자신을 자랑하고 높이거나 자신이 영광을 받으려는 교만한 태도를 버려야 합니다(참조. 잠 18:12, 21:4; 렘 9:23-24; 눅 16:15; 고전 1:18-31 등). 왜냐하면 교만은 자신을 멸망의 길로 인도하고, 교만은 하나님께서 미워하시기 때문에, 그리스도인들은 조금이라도 교만한 마음을 가지면 안 됩니다(잠 8:13, 16:18). 그리스도인들은 자신이 영적으로 바로 선 삶-"나 정도면 됐어", 또는 "나 정도면 하나님도 흠잡으실 데가 없을거야"-을 살고 있다고 여겨진다면, 이미 마귀의 시험에 넘어져 교만하게 된 것임을 알아야 합니다(참조. 고전 10:12).

두 번째, 그리스도인들은 하나님의 말씀의 본질을 왜곡하거나 성경의 내용을 추가하거나 빼는 짓을 버려야 합니다(신 4:1-2; 잠 30:5-6; 막 7:1-13; 고전 4:6; 계 22:18-19 등). 왜냐하면 하나님께서는 그런 사람들에게 재앙을 내리시거나 하나님 나라에 들어갈 특권을 빼앗아 버리실 것이기 때문입니다. 특히 그리스도인들에게 가장 중요한 소망인 천국에 들어갈 특권을 빼앗기지 않기 위해서라도, 하나님의 말씀을 더하거나 빼지 말고 그 말씀의 본질에 따라 살아야 합니다.

세 번째, 그리스도인들은 우상을 숭배하는 마음과 삶을 버려야 합니다(출 20:3-6; 신 5:7-10, 16:21-22, 32:16-19; 골 3:5-6 등). 왜냐하면 하나님께서는 하나님의 자녀들에게 우상 숭배를 하지 말라고 명령하시고, 우상 숭배하는 사람들을 벌하시겠다고 말씀하시니까요(참조. 출 20:3-6; 신 5:7-10; 사 42:8 등). 특히 하나님께서는 우상 숭배하는 사람들을 불쌍히 여기시지도 않고, 그들의 기도를 들어주시지도 않습니다(렘 7:1-20; 겔 8:1-18 등).

그리스도인들은 하나님 외에 경배할 만한 대상이 이 세상에 없음을 너무나 잘 압니다. 그래서인지 요즘 그리스도인들 중에는 물질을 사랑하고 섬기는 것을 넘어 물질을 숭배하는 경우가 있는데, 이것도 우상 숭배임을 기억하고 완전히 버려야 합니다.

네 번째, 그리스도인들은 마귀가 원하는 죄악과 거짓, 세상이나 세상 것(물질 등)을 사랑하거나 섬기는 마음과 삶, 그리고 생명을 귀하게 여기지 않는 마음을 버려야 합니다(마 6:24; 딤전 6:9-10; 약 4:4; 요일 2:15-17, 4:1-6 등). 특히 그리스도인들은 죄를 미워하고 멀리하며 살아야 합니다(참조. 레 11:44-45; 벧전 1:15-17; 유 1:22-23 등). 물론 혹시라도 죄를 지으면 즉각적으로 회개하고 돌이켜야 합니다. 그리고 그리스도인들은 죄를 짓지 않게 해 달라고 기도하면서, 하나님의 말씀에서 벗어나는 죄를 짓지 않기 위해 하나님의 말씀을 읽고 연구하여, 그 말씀의 본질을 찾아 깨닫는 노력을 쉬지 않고 해야 합니다.

다섯 번째, 그리스도인들은 죄의 본성인 육체의 욕구와 세속적이고 육체적인 헛된 욕심들(소유욕, 음식 욕심, 물질 욕심, 성적인 욕심, 명예 욕심, 권력 욕심, 수면 욕심, 지식 욕심, 외모 욕심, 인기에 대한 욕심, 사람들에게 인정받고 싶은 욕심 등)을 버려야 합니다(참조. 롬 8:1-9; 고전 5:9-11; 갈 5:19-26; 엡 2:1-3; 골 3:9-10 등).

그리스도인들이 헛된 욕심을 버려야 하는 이유는 모든 사람들은 자기 자신의 욕심에 이끌려 유혹을 받을 때에 마귀의 시험을 받게 되고, 욕심이 잉태하면 죄를 낳고 그 죄로 인해 죽음을 낳게 되기 때문입니다(약 1:14-15). 실제로 그리스도인들이 영적인 모습의 좋은 변화는 더디거나 없고, 세속적으로 변질되고 타락하는 이유도 거의 대부분 헛된 욕심 때문인 것을 많이 볼 수 있습니다.

여섯 번째, 그리스도인들은 하나님에 대한 불신, 하나님을 향한 원망이나 불평, 그리고 세상적인 걱정과 근심을 버려야 합니다(마 6:25-34; 눅 12:22-34; 요 14:1, 27; 고전 10:1-11 등). 왜냐하면, 하나님께서는 그리스도인들에게 먼저 하나님의 나라와 그분의 의를 구하는 사람들에게 먹고 마시고 입는 것들을 주시겠다고 약속하셨고, 하나님께서는 그리스도인들이 이 세상에서 걱정이나 근심 없는 삶을 살 수 있도록 도와주기 때문입니다. 사실 그리스도인들은 하나님께 이미 받은, 그리고 지금도 받고 있는 엄청난 은혜와 사랑에 감사하며 살기에도 시간이 빠듯할 것입니다.

하나님께서는 그리스도인들에게 다음과 같이 약속하십니다. "죽음이나 생명이나, 천사들이나 하늘의 권세자들이나, 현재 일이나 장래 일이나, 어떤 힘이나, 가장 높은 것이나 깊은 것이나, 그 밖의 어떤 피조물이라도 우리를 우리 주 그리스도 예수 안에 있는 하나님의 사랑에서 끊을 수 없습니다"(롬 8:38-39).

다시 말해, 그리스도인들이 이 세상을 사는 동안 겪을 수 있는 죽을만큼 심한 고통이나 고난, 그리고 말로 표현할 수 없을만큼 힘들고 어려운 환경이나 상황도 우리를 향한 하나님의 사랑을 끊을 수 없으며, 그 어떤 존재도 우리를 향한 하나님의 사랑을 끊을 수 없기에, 그리스도인들은 어떤 상황에서도 그 사실을 믿음으로 하나님에 대한 불신, 하나님을 향한 원망이나 불평, 그리고 세상적인 걱정과 근심을 자신의 마음과 입술이 사용하지 않도록 항상 조심해야 합니다.

일곱 번째, 그리스도인들은 하나님만을 두려워하고, 그 외에 어떤 존재에 대해서도 두려워하는 마음을 버려야 합니다(참조. 신 10:12-22; 수 1:7-9; 전 12:13-14; 사 33:6; 마 10:28 등). 다시 말해, 그리스도인들은 몸은 죽여도 영혼은 능히 죽이지 못하는 존재들을 두려워하지 말고, 오직 영혼과 몸을 능히 지옥에서 멸하실 수 있는 하나님을 두려워해야 합니다.

여덟 번째, 그리스도인들은 예수 그리스도를 위해 다른 사람들과의 관계를 끊을 수 있어야 합니다(참조. 마 19:16-30; 막 10:17-31; 눅 14:26-27 등). 다시 말해, 그리스도인들은 신앙생활을 반대하거나 방해하는 사람들과 친밀한 교제를 하며 살지 말아야 합니다. 물론 그 사람들을 전도의 대상으로 삼을 수는 있습니다. 다시 말해, 그들과의 친밀한 교제로 인해 영적으로 게을러지거나 죄를 짓게 된다면, 그들을 향해 예수 복음을 전하고 그들의 구원을 위해 기도해 줄지언정 그들과 친밀한 교제를 하면 안 됩니다. 하나님께서 이스라엘 백성들에게 이방인들과 결혼을 비롯한 친밀한 관계를 맺지 말라고 하신 것도, 그들과의 친밀한 교제로 인해 죄를 짓고 하나님을 멀리할 수 있기 때문입니다.

아홉 번째, 그리스도인들은 예수 그리스도를 위해 자신의 세상적인 역할들이나 일들을 버릴 수 있어야 합니다(참조. 마 4:17-25, 8:19-22, 9:9; 눅 9:57-62, 18:28-30 등). 그리스도인들이 신앙생활을 방해하는 사람들과 관계를 멀리해야 하는 것처럼, 자신의 역할이나 일들, 그리고 자신이 속한 사회의 공동체로 인해 신앙생활에 방해가 심해지면 그런 것들을 버릴 수 있어야 합니다. 그렇지 않으면 그리스도인들에게 가장 중요한 신앙생활, 즉 하나님과의 관계가 멀어질 수 있습니다.

열 번째, 그리스도인들은 예수 그리스도를 위해 자신에게 있는 유익한 것들(세상적인 경험과 지식, 지혜와 능력, 명예와 물질 등)을 포기할 수 있어야 합니다(참조. 막 10:17-31; 눅 5:1-11, 14:33; 요 21:1-14; 빌 3:7-14 등). 바울이 혈통적으로 좋은 집안에서 태어났고, 대단한 율법학자에게서 배웠으며, 그 당시 최고의 강대국인 로마의 시민권을 가지고 있었지만, 그 모든 것들을 배설물처럼 여기면서 생명 걸고 예수 복음을 전했습니다. 다시 말해, 그리스도인들도 신앙생활을 더 잘 하기 위해서와 예수 복음을 잘 전하기 위해서 자신이 가진 것들을 버릴 수 있어야 합니다.

열한 번째, 그리스도인들은 예수 그리스도를 위해 세상적으로 안정적인 삶과 여유로운 삶, 육체적으로 편안한 삶과 풍요로운 삶을 포기할 수 있어야 합니다(참조. 요 21:15-19; 행 20:24; 고후 11:23-33; 빌 4:10-13; 벧전 3:14-17 등). 그리스도인들도 세상에서 살기에 세상 사람들처럼 안정적인 삶과 여유로운 삶, 육체적으로 편안한 삶과 풍요로운 삶을 살고 싶을 것입니다. 그렇지만 그리스도인들은 그런 삶은 천국에서 누릴 것을 소망하면서, 세상에서는 그런 삶들을 과감히 포기할 수 있어야 합니다. 그리스도인들이 이 세상에 사는 이유는 세상적인 것들을 누리기 위함이 아니라, 하나님께서 맡겨주신 사명을 행하기 위함이기 때문입니다.

열두 번째, 그리스도인들은 예수 그리스도를 믿기 전의 옛 모습(죄와 악, 말이나 행위의 잘못된 습관, 세상적인 헛된 삶이나 비전, 헛된 생각이나 악한 생각, 거짓말이나 속이는 행위 등)을 버려야 합니다(롬 6:6-7, 8:1-13; 엡 4:17-32; 골 3:1-17; 살전 5:22 등). 그리스도인들은 세상 사람들과는 다르게 거룩하게 구별된 사람들임을 항상 명심해야 합니다.

잘 알듯이 마귀는 그리스도인들이 거룩하게 구별된 사람인 것을 언제든지 버리고, 마귀의 자녀로 살았던 옛 모습으로 돌아가기를 누구보다 바라고 있습니다. 그리스도인들은 그 사실을 알고 자신은 하나님께 구원을 받아 새 사람이 되었으니, 새 사람답게 하나님의 말씀에 순종하며 살고, 죄를 버리고 선을 행하며 살며, 천국에 소망을 두고 세상에서는 나그네처럼 살며, 죄의 본성인 육체의 욕구를 버리고 성령이 요구하시는 대로 살며, 세속적인 것과 육체적인 것들이 아닌 영적인 것을 생각하고 추구하며 살아야 합니다.

열세 번째, 그리스도인들은 선한 일을 하는 동안 낙심하는 마음과 악한 사람들의 형통한 것을 부러워하는 마음을 버려야 합니다(참조. 시 37:1-40, 73:1-28; 잠 24:1-22; 갈 6:9; 살후 3:13 등). 그리스도인들이 세상에 사는 동안 선한 일을 하며 살 때 고통이나 고난이 찾아올 수 있고, 그 일을 방해하는 사람들이 있을 수 있고, 때론 그 일을 하는 자신을 해하려고 하는 사람들도 있을 수 있지만, 그 때마다 하나님께 더 가까이 나아가 부르짖고 기도할지언정 낙심하거나 선한 삶을 사는 것을 포기하면 안 됩니다.

또한 그리스도인들은 자신이 하나님의 자녀인데도 세상에서 가난하고 힘들고 어려운 삶이 계속 이어진다 해도, 그런 삶을 하나님께서 허락하신 삶이기에 하나님을 의지하고 인내하며 묵묵히 승리의 길을 가야지, 악한 사람들을 부러워하고 동경하거나 그들의 삶을 따라하면 안 됩니다. 그리스도인들은 언제나 하나님 안에서 선한 끝을 보게 됨을 믿으며, 그 순간들을 잘 이겨내야 합니다.

열네 번째, 그리스도인들은 다른 사람들을 판단, 비판(비방이나 험담 포함), 정죄하는 말과 태도를 버려야 합니다(눅 6:37; 엡 4:29; 딛 3:2; 약 4:11-12; 벧전 2:1 등). 그리스도인들은 마음에 하나님께서 은혜를 베풀어 주시지 않으면, 자신은 아무것도 아닌 존재인 것을 늘 품고 살아야 합니다. 다시 말해, 자신도 하나님의 자녀로 살지 않으면 다른 사람들보다 더 부족하고 연약한 수준의 삶을 살 수 있고, 다른 사람들의 판단이나 비판의 대상이 될 수 있음을 명심해야 합니다. 어떤 사람을 판단하고 정죄하는 것은 하나님만이 하실 수 있는데, 그리스도인들이 다른 사람들을 판단하거나 정죄하게 되면 하나님의 영역을 침범하는 잘못을 범하게 됩니다(참조. 약 4:11-12).

열다섯 번째, 그리스도인들은 아무에게도 악을 악으로 갚지 말고, 다른 사람들에 대한 보복이나 복수할 마음을 버려야 합니다(마 5:38-48; 롬 12:17-21; 벧전 3:9 등). 그리스도인들은 하나님의 은혜로 죄를 용서 받고 구원을 받아, 영원한 생명을 얻은 사람들입니다. 만약 하나님께서 죄인들을 벌하시기만 하시고, 용서해 주시지 않았다면 우리 모두는 어떻게 되었겠습니까. 그리스도인들은 그 누구에게도 악을 행하면 안 되는데, 심지어는 자신이나 자신의 가족을 해한 사람들에게도 악을 행하면 안 됩니다.

악은 마귀의 자녀들이나 하는 짓이지, 하나님의 자녀가 하는 짓은 절대 아닙니다. 그리스도인들은 세상에 사는 동안 악한 것에 해를 당하지 않게 해 달라고 하나님께 기도할 뿐만 아니라, 자신이 다른 사람들에게 악한 짓을 하지 않게 해 달라고도 끊임없이 기도해야 합니다.

사람들이 구원 받기 전의 모습과 구원 받은 후의 모습

사람들이 하나님께 구원을 받기 전의 모습과 구원 받은 후의 모습에는 많은 차이가 있습니다. 구원 받은 사람들은 구원 받기 전의 사람들과 영적인 상태(마귀의 자녀에서 하나님의 자녀로)에서 구원을 받는 순간 180도 달라집니다. 그렇지만 생각과 말과 삶은 성경을 읽고 듣고 배우고 지켜 행하면서 점진적으로 변화됩니다. 다시 말해 구원 받은 사람이라도 성품과 삶의 변화는 오랜 시간에 걸쳐 성화를 이루어 갑니다. 구원 받은 사람들은 하나님의 완전한 성품을 닮아가기 위해 끊임없이 하나님의 말씀으로 성화되어야 합니다. 그렇다면 사람들이 구원 받기 전과 구원 받은 후의 모습에는 어떤 차이를 보이는지 살펴보겠습니다.

첫 번째, 구원 받기 전에는 거짓의 아비인 마귀에게 속한 마귀의 자녀이지만, 구원 받은 후에는 진리이신 하나님께 속한 하나님의 자녀입니다(요 1:12, 8:39-47; 롬 8:1-17; 요일 3:1-10 등).

두 번째, 구원 받기 전에는 하나님께 택함(또는 부름) 받지 못한 죄인이지만, 구원 받은 후에는 하나님께서 택하신(또는 부르신) 거룩하고 의로운 사람입니다(롬 6:1-23, 8:30-39; 골 3:12 등).

세 번째, 구원 받기 전에는 예수 그리스도를 믿지 않음으로 죄의 값에 따라 멸망(영원한 죽음)을 당하지만, 구원 받은 후에는 예수 그리스도를 믿음으로 죄를 용서 받아 구원(영원한 생명)을 받았습니다(마 25:31-46; 요 5:24; 롬 6:1-23; 엡 2:1-22; 빌 3:18-21 등).

네 번째, 구원 받기 전에는 예수 그리스도를 믿지 않는 사람으로 자기 자신을 위해 살지만, 구원 받은 후에는 예수 그리스도를 위해 삽니다(롬 14:7-9; 고후 4:1-18 등).

다섯 번째, 구원 받기 전에는 세상에 소망을 두고 살지만, 구원 받은 후에는 하나님 나라의 시민으로 천국에 소망을 두고 세상에서는 나그네처럼 삽니다(빌 3:20-21; 벧전 1:17-25; 벧후 1:10-15 등).

여섯 번째, 구원 받기 전에는 하나님과 하나님의 말씀에 불순종하며 살지만, 구원 받은 후에는 하나님과 하나님의 말씀에 순종하며 삽니다 (요 8:39-47; 엡 2:1-10; 벧후 2:1-19; 요일 2:1-6 등).

일곱 번째, 구원 받기 전에는 땅에 있는 것(물질을 비롯해 세속적인 것과 육체적인 것)을 생각하고 추구하며 살지만, 구원 받은 후에는 위에 있는 것(예수 그리스도와 영적인 것)을 생각하고 추구하며 삽니다 (골 3:1-11 등).

여덟 번째, 구원 받기 전에는 죄의 본성인 육체의 욕구대로 살지만, 구원 받은 후에는 성령 하나님의 요구대로 삽니다(롬 8:1-17; 고전 2:14-16; 갈 5:16-26 등).

아홉 번째, 그리스도인들은 구원 받기 전의 세상적인 헛된 모습과 삶은 버리고, 하나님의 형상을 따라 의와 진리의 거룩함으로 지으심을 받은 새 사람답게 변화된 삶을 삽니다(롬 13:11-14; 엡 4:1-32, 5:1-20; 골 3:1-17 등).

열 번째, 그리스도인들은 구원 받기 전의 옛 사람처럼 사는지, 혹은 구원 받은 후의 새 사람처럼 사는지를 알 수 있는 방법은 삶의 열매를 통해서임을 기억하고, 영적인 좋은 열매를 맺기 위해 힘씁니다(참조. 마 7:15-20; 눅 6:43-45; 요 15:1-8; 롬 6:15-23; 갈 5:22-23 등).

그리스도인들은 구원받아 새롭게 변화된 새 사람임을 항상 생각해야 합니다. 그리고 자신의 마음과 삶 속에 남아 있는 구원 받기 전의 옛 모습을 버리는 노력을 해야 합니다. 물론 그리스도인들이 단기간에 완전한 성화를 이룰 수는 없지만, 자신의 마음과 삶이 조금씩이라도 더 하나님의 말씀에 맞게 거룩해지는 모습으로 성화되어야 합니다. 그래서 구원을 받은 후 시간이 조금씩 지날수록 옛 모습은 점점 사라지고, 하나님의 자녀로서의 새로운 모습은 점점 많아져야 합니다.

그리스도인들이 정체성에 맞게 살 때의 변화

그리스도인들이 하나님 안에서의 자신의 정체성에 맞게 살면 예수 그리스도를 닮아가는 모습으로 변화됩니다(엡 4:13-15, 21-24; 히 3:1, 12:1-3; 요일 2:6 등). 그렇게 예수 그리스도를 닮아가는 그리스도인들의 모습은 하나님께서 기뻐하시는 모습입니다. 또한 그리스도인들이 하나님 안에서의 자신의 정체성에 맞게 살면 하나님의 말씀에 맞게 사는 모습으로 변화되는데, 하나님께 영광 돌리는 모습, 그 분께 예배를 드리는 모습, 그 분의 이름을 높이고 찬양하는 모습, 하나님의 뜻(성령의 요구)대로 사는 모습, 하나님의 말씀에 맞게 사는 모습, 세상이나 물질이 아닌 하나님 나라를 소망하는 모습, 사랑을 실천하는 모습, 그리고 마귀와 영적인 싸움을 하며 사는 모습으로 변화됩니다(요 13:34-35; 고전 3:1-13, 10:31; 갈 5:16-26; 딤후 3:15-17 등).

그리고 하나님께서 기뻐하시는 믿음의 삶, 즉 육체적이고 세상적인 것보다 영적인 것을 더 추구하는 모습, 죄와 거짓을 버리고 선을 행하며 사는 거룩한 모습, 생명을 귀하게 여기는 모습, 그리고 물질보다 하나님을 더 섬기고 사랑하는 모습으로 변화됩니다(마 6:24; 롬 8:1-18; 갈 5:16-26; 엡 4:17-32; 골 3:1-25 등). 그 뿐만 아니라 자기 자신보다 예수 그리스도를 위해 사는 모습, 하나님께서 맡겨주신 복음의 증인으로서의 사명을 비롯한 여러 사명들을 행하며 사는 모습, 예수 그리스도의 향기를 발하며 사는 모습, 그리고 빛과 소금의 삶을 사는 모습으로 변화됩니다(마 5:13-16; 행 20:24; 갈 2:20; 빌 1:20-21; 벧전 2:12 등). 그리스도인들이 하나님 안에서의 자신의 정체성에 맞게 살면 성령의 열매를 비롯해 영적인 좋은 열매를 풍성하게 맺는 모습으로 변화됩니다(행 2:44-47; 갈 5:22-23; 골 1:10; 히 13:15 등).

그리스도인들은 자신이 그리스도인으로서의 정체성에 맞게 살고 있는지, 그리고 그리스도인으로서의 정체성에 맞게 변화되는 모습, 즉 자신의 모습이 예수 그리스도를 닮아가는 모습과 하나님의 말씀에 맞게 사는 모습으로 변화되고 있는지 점검해야 합니다. 모든 그리스도인들은 하나님 안에서 그리스도인의 정체성에 맞게 살 뿐만 아니라, 그리스도인으로서의 정체성에 맞게 살면서 영적인 좋은 변화들을 맛보아야 합니다.

# 3 그리스도인으로서의 자존감

　자존감이란 자기 자신을 사랑하고 귀하게 여기는 마음입니다. 자존감이 높은 사람들은 자기 자신 뿐만 아니라, 다른 사람들도 귀하게 여깁니다. 자존감은 사람들이 자기 자신 뿐만 아니라 서로를 존중하고 귀하게 여김으로 함께 어울려 살 수 있게 하는데 아주 중요한 요소입니다.

　그리스도인으로서의 자존감은 그리스도인으로서의 정체성을 가진 사람들이 하나님 안에서 자기 자신에게 가치를 부여할 뿐만 아니라, 자신을 사랑하고 귀하게 여기는 마음입니다. 그리스도인들은 자신이 얼마나 귀한 존재, 즉 자신이 하나님께서 친히 인간의 몸을 입고 오셔서 십자가에서 죽기까지 사랑해 주신 존재임을 압니다. 그 뿐만 아니라 그리스도인들은 자신이 귀한 존재임을 아는 것으로 그치지 않고, 그 귀한 모습으로 하나님이 기뻐하시는 모습으로 살고자 노력합니다.

　자신이 귀한 사람인 것을 아는 그리스도인들은 자신을 죄와 악의 구렁텅이에 막 굴리며 살지 않습니다. 대신 하나님의 집에서 귀하게 쓰임 받는 깨끗한 그릇처럼, 자신을 하나님이 마음껏 사용하시기에 부족함이 없는 깨끗하고 충성된 모습으로 선을 행하며 삽니다. 또한 그리스도인으로서의 자존감은 예수 그리스도를 믿음으로 구원 받아 전능하신 하나님의 자녀라는 확실한 믿음에 기초를 둡니다. 다시 말해, 그리스도인으로서의 자존감을 가지고 사는 그리스도인들은 하나님과 친밀한 관계를 맺으면서, 하나님의 자녀다운 모습으로 삽니다.

　그리스도인들이 하나님의 말씀을 통해 믿음이 자라 영적으로나 인격적으로 성숙해질수록 그리스도인으로서의 자존감이 높아지는 반면, 믿음이 연약하거나 믿음생활을 멀리할수록 그리스도인으로서의 자존감이 낮아집니다. 자존감이 높은 그리스도인들은 하나님과 친밀한 관계를 유지하면서 자기 자신과 다른 사람들의 생명과 인생을 귀하게 여기고, 하나님 안에서 하나님의 말씀에 맞게 선을 행하며 살 뿐만 아니라, 세상에서 하나님이 기뻐하시는 빛과 소금의 선한 영향력을 미치며 살게 됩니다.

반면 낮은 자존감을 가진 그리스도인들은 개인적인 영역(영적, 육체적, 정신적) 뿐만 아니라 자신의 생명과 인생을 귀하게 여기지 않고, 하나님의 말씀과는 거리가 먼 죄악을 일삼으며, 신앙생활을 게을리 하고, 다른 사람들과의 관계, 부부생활, 가정생활, 교회생활, 그리고 사회생활에서 소극적이고 부정적인 모습을 보여줍니다. 그러기에 그리스도인들은 자신이 하나님 안에서 얼마나 귀한 존재인지를 늘 묵상할 뿐만 아니라, 높은 자존감을 지속적으로 유지하며 살고자 말씀과 기도로 열심히 노력해야 합니다.

그리스도인으로서의 자존감

그리스도인으로서의 자존감은 그리스도인으로서의 정체성을 가진 사람들이 하나님 안에서 자기 자신에게 가치를 부여할 뿐만 아니라, 자신을 사랑하고 귀하게 여기는 마음입니다(참조. 시 139:13-18; 사 43:1-7; 요 3:16; 롬 5:6-8, 8:28-39 등). 그리스도인으로서의 자존감이 높은 사람들은 하나님, 자기 자신, 가족들과 믿음의 형제들, 그리고 이웃들을 비롯한 다른 사람들을 사랑하고 귀하게 여기는 마음으로 삽니다(마 22:34-40; 요 13:34-35, 15:12-17; 벧전 4:8; 요일 4:7-21 등).

그리스도인으로서의 자존감이 높은 사람들이 많으면 많을수록 하나님께는 큰 영광이 되고, 그들 자신에게는 감사와 기쁨이 가득하며, 세상 사람들에게는 소금과 빛된 선한 영향력이 가득하게 됩니다. 그러기에 그리스도인들은 그리스도인으로서의 높은 자존감을 가지고 살고자 기도하고 노력해야 합니다.

하나님과 마귀가 그리스도인들을 대하는 방법

하나님께서는 그리스도인들에게 "너를 위해 내 아들(예수 그리스도)을 십자가에 내어놓았을 만큼 너를 사랑한다."고 말씀하시고, 그 사랑에 걸맞는 모습으로 항상 귀하게 여기시고 사랑과 은혜를 베풀어 주십니다(참조. 사 43:1-7; 요 3:16; 롬 5:6-8; 엡 2:8-10; 요일 4:7-19 등). 또한 하나님께서는 그리스도인들이 높은 자존감을 가지고 살 수 있도록 항상 격려와 칭찬을 해 주시고, 그들이 영적으로 견고하게 설 수 있도록 도움을 주십니다.

반면 마귀는 그리스도인들에게 "너는 약하고 부족하며, 악하고 죄로 물들어 쓸모없는 존재이며, 할 수 있는 일도 없고, 하나님과 사람들도 너를 사랑하지 않는다."고 속입니다(참조. 요 8:39-47; 요일 3:7-10 등). 그러면서 마귀는 그리스도인들을 유혹하고 시험하여 넘어뜨리려고 하고, 하나님의 말씀대로 살지 못하게 방해하며, 죄를 지어 잘못된 길을 가게 해서 결국 하나님과 멀어지게 합니다. 또한 마귀는 그리스도인들로 하여금 자존감이 낮아지게 하기 위해 다양한 유혹과 시험을 할 뿐만 아니라, 그들을 항상 속이고 부족한 것들을 지적하면서 자신을 귀하게 여기지 못하게 마음을 흔듭니다.

그리스도인들이 높은 자존감을 가지고 살 수 있는 이유

그리스도인으로서의 정체성에 맞게 사는 그리스도인들은 대부분 높은 자존감을 유지하며 삽니다. 그러기에 그리스도인들은 그리스도인으로서의 정체성에 맞게 살고자 끊임없이 기도하고 노력해야 합니다. 그렇다면 그리스도인들이 높은 자존감을 가지고 살 수 있는 이유들은 무엇인지 좀 더 구체적으로 살펴보겠습니다.

첫 번째, 하나님의 형상과 모양대로 지음을 받은 존재임을 믿기 때문입니다(참조. 창 1:26-28 등). 그리스도인들은 자신이 하나님께 특별한 존재로 지음 받았을 뿐만 아니라, 하나님의 성품을 소유한 존재라는 사실을 알고 믿음으로써 자기 자신을 더 귀하게 여기게 됩니다.

두 번째, 하나님의 은혜로 예수 그리스도를 믿어 구원을 받은 사람들이기 때문입니다(참조. 요 1:12; 엡 2:1-10 등). 그리스도인들은 하나님께서 예수 그리스도를 믿게 하시는 것과 그 분으로 인해 고난을 당할 수 있는 은혜도 주셨음을 알기에, 어떤 상황과 처지에서도 자존감이 낮아지지 않게 됩니다(빌 1:29).

세 번째, 하나님께서 사람들의 형질이 이루어지기 전에 어머니 뱃속에 있을 때부터 그들을 지켜보시고 계시기 때문입니다(참조. 시 139:13-16 등). 그리스도인들은 자신의 존재가 시작될 때부터 하나님께서 알고 계셨고, 함께 해 주셨으며, 선하게 인도해 오고 계셨다는 사실을 알 때, 자신이 귀한 존재임을 깨닫고 감사와 기쁨이 넘치게 됩니다.

네 번째, 사람들이 아직 죄인일 때 예수 그리스도께서 그들의 죄를 대신 지시고 십자가에서 죽으실 만큼 그들을 사랑해 주셨기 때문입니다(참조. 요 3:16; 롬 5:6-8, 8:35-39; 히 9:28; 요일 4:7-19 등). 그리스도인들은 죄로 죽을 수 밖에 없는 자신을 살리기 위해, 예수 그리스도께서 십자가에서 죽으셨다는 사실에 감동을 받게 됩니다. 그로 인해 그리스도인들은 자신과 다른 사람들의 생명을 귀하게 여기며 살게 됩니다.

다섯 번째, 하나님께서 마귀의 자녀로 살던 사람들을 불러서 하나님의 자녀로 삼아 주셨기 때문입니다(참조. 요 1:12; 롬 8:29-30; 요일 3:1-10 등). 그리스도인들은 전능하신 하나님의 자녀가 되었다는 사실만으로도 엄청난 자긍심을 갖게 되고 그 누구보다 자기를 사랑하는 존재가 됩니다.

여섯 번째, 그리스도인들은 그 누구보다 하나님께 귀함을 받는 하나님의 자녀이기 때문입니다(참조. 사 43:1-7; 요 1:12 등). 그리스도인들은 하나님께 귀함 받는 존재라는 사실을 깨달을 때마다, 하나님을 더 의지하며 더 가까이 하게 됩니다. 그리고 그리스도인들이 이와 같이 하나님과 더 친밀해지면 자존감이 낮아질 수 없습니다.

일곱 번째, 하나님께서 그리스도인들에게 항상 은혜와 사랑을 베풀어 주시고 계실 뿐만 아니라, 지켜 보호해 주시기 때문입니다(참조. 시 121:1-8; 롬 5:8-21, 8:14-39; 엡 2:1-10 등). 그리스도인들은 그 누구보다 하나님의 은혜와 사랑을 넘치게 받으며 살기에, 자존감이 낮아지기 힘든 존재가 됩니다. 물론 하나님을 향한 믿음이 줄어들면 자존감이 낮아질 수 있기에, 하나님의 말씀을 읽고 듣고 실천함으로 믿음이 성장하도록 힘써야 합니다.

여덟 번째, 하나님께서 그리스도인들의 기도를 들어주실 뿐만 아니라, 예수 그리스도께서 그들을 위해 중보 기도를 해 주시기 때문입니다(참조. 롬 8:34; 히 4:14-16, 7:25, 9:24; 요일 2:1-2 등). 그리스도인들은 항상 하나님 아버지께 기도할 수 있습니다. 그러기에 자신이 마귀에게 시험을 받거나 자존감이 낮아질 만한 상황이 찾아와도 하나님께 기도함으로써 다 이겨낼 수 있게 됩니다. 다시 말해, 하나님께 깨어 기도하며 사는 그리스도인들은 항상 높은 자존감을 유지할 수 있습니다.

아홉 번째, 하나님께서 그리스도인들의 죄를 용서해 주셨을 뿐만 아니라, 그리스도인들이 일상생활에서 짓는 죄를 회개할 때마다 용서해 주시기 때문입니다(참조. 사 1:15-18, 55:7; 엡 4:31-32; 골 3:13; 요일 1:5-10 등). 그리스도인들은 자신의 모든 죄를 하나님께 회개함으로 용서를 받을 수 있기 때문에, 회개한 후에는 죄책감에 빠져 살지 않고, 걱정과 낙심을 하지도 않을 것입니다. 다시 말해, 그리스도인들은 혹시라도 죄를 지어도 하나님께 회개하고 돌이킴으로 다시 영적으로 회복할 수 있게 되어, 높은 자존감을 계속 유지할 수 있게 됩니다.

열 번째, 하나님께서 그리스도인들에게 영원한 생명과 영원한 천국을 주셨기 때문입니다(참조. 마 25:31-46; 요 6:38-40, 10:27-39; 빌 3:20; 계 21:22-22:5 등). 그리스도인들은 세상에 사는 동안 영원한 생명과 영원한 천국을 묵상하고 소망하는 것만으로 기쁨과 감사가 넘치는 삶을 살 수 있게 됩니다. 이와 같이 소망으로 가득 찬 삶을 사는 그리스도인들은 자존감이 낮아지지 않습니다.

● 자존감이 높은 그리스도인들이 살아가는 모습들

자존감이 높은 그리스도인들은 하나님을 믿고 의지하는 가운데, 하나님의 자녀인 것을 기쁘게 여기고, 적극적으로 하나님의 말씀을 지켜 행하며 살아갑니다. 그래서 자존감이 높은 그리스도인들은 세상에 살지만 천국에 사는 사람들처럼, 기쁨과 감사가 가득한 삶을 삽니다. 자존감이 높은 그리스도인들은 보편적으로 어떤 모습으로 사는지 간략하게 살펴보겠습니다.

첫 번째, 자존감이 높은 그리스도인들은 하나님과의 관계가 친밀하여 항상 하나님을 믿고 의지하면서 하나님의 말씀을 아는 것에 그치지 않고, 적극적으로 자신의 삶에서 하나님의 말씀과 명령들을 실천하며 삽니다(참조. 신 6:1-9; 약 1:22-25, 2:14-26).

두 번째, 자존감이 높은 그리스도인들은 어떤 상황에서도 하나님을 향한 믿음이 흔들리지 않고, 하나님 중심의 삶(영적인 삶)을 세상 중심의 삶(물질이나 육체적인 욕구들)보다 더 중요하게 추구하며 삽니다.

세 번째, 자존감이 높은 그리스도인들은 하나님의 자녀라는 자부심이 강해, 열등감이나 피해의식에 빠져 있지 않고 항상 당당하고 자신감 있는 모습으로 삽니다(참조. 시 100:1-5 등).

네 번째, 자존감이 높은 그리스도인들은 자신이나 다른 사람들을 하나님 안에서 가치 있고 귀하게 여길 뿐만 아니라, 하나님과 자기 자신, 그리고 다른 사람들을 사랑하며 삽니다(참조. 마 22:34-40; 벧전 4:8-11 등).

다섯 번째, 자존감이 높은 그리스도인들은 자신에게 주어진 삶에 대한 만족도가 높고, 불평과 불만이 아닌 기쁨과 감사가 가득한 모습으로 삽니다.

여섯 번째, 자존감이 높은 그리스도인들은 부정적인 생각이나 잘못된 생각을 잘 하지 않고, 밝고 긍정적인 감정 표현(기쁨, 행복, 사랑, 감사, 평안, 희망, 만족 등)을 많이 하면서 삽니다.

일곱 번째, 자존감이 높은 그리스도인들은 죄를 멀리하거나 죄를 지었을 때는 금방 회개하고, 나아가 선한 일을 적극적으로 행하며 삽니다.

여덟 번째, 자존감이 높은 그리스도인들은 고난이나 어려움이 찾아와도 낙심하거나 근심하지 않고, 하나님께 도움을 요청할 뿐만 아니라 항상 깨어 하나님께 기도하며 삽니다.

아홉 번째, 자존감이 높은 그리스도인들은 무슨 일을 하든 하나님께 하듯 최선을 다하고, 누구를 만나든 하나님의 사랑으로 귀하게 대하며 삽니다.

열 번째, 자존감이 높은 그리스도인들은 예수 그리스도를 위해 고난(손해, 고통, 핍박, 희생 등)을 당해도 기쁘게 받아들일 뿐만 아니라, 예수 그리스도를 위해 고난 받는 삶을 당연하게 선택하며 삽니다.

그리스도인들이 자존감이 낮아지는 이유

그리스도인들이 자존감이 낮아지는 이유는 믿음의 연약함이 가장 큰 이유이지만, 마귀의 유혹과 시험, 세상을 살면서 겪게 되는 마음의 상처들, 그리고 사람들과의 관계나 환경적인 요인이 많이 작용합니다. 다시 말해, 그리스도인들의 자존감을 낮아지게 하는 이유는 수없이 다양한데, 이러한 이유들이 복합적으로 작용할 때 자존감이 낮아집니다. 그리고 그리스도인들의 자존감이 낮아지는 것은 대부분 오랜 시간에 걸쳐 조금씩 낮아지는 것이 보편적입니다. 그래서 그리스도인들의 낮아진 자존감이 회복되는 데에도 오랜 시간이 걸리는 경우가 대부분입니다. 그리스도인들이 자존감이 낮아지는 이유들을 좀 더 구체적으로 살펴보겠습니다.

첫 번째, 하나님의 말씀을 잘 모르고 믿음이 연약하여, 자신의 그리스도인으로서의 정체성이나 자신의 존재 가치를 잘 모르기 때문입니다.

두 번째, 삶 가운데서 마음과 행동으로 자주 죄를 지음으로 인해 하나님과의 관계가 멀어지기 때문입니다.

세 번째, 하나님을 두려워하지 않고 마귀와 세상의 헛된 것들을 두려워하기 때문입니다.

네 번째, 하나님보다 사람이나 세상의 헛된 것들을 의지하고, 하나님보다 물질을 더 사랑하고 섬기기 때문입니다.

다섯 번째, 마귀와의 영적인 싸움에서 지거나 마귀의 시험과 유혹에 넘어져서 마귀가 주는 생각(부정적인 생각, 헛된 생각, 잘못된 생각, 악한 생각 등)에 사로잡혀 살기 때문입니다.

여섯 번째, 자신을 예수 그리스도가 아닌 세상 사람들과 비교하거나 하나님을 바라보지 않고 자신이 처한 환경을 바라보기 때문입니다.

일곱 번째, 영적인 것보다 세상적인 것을 더 추구하며 살거나 자신이 추구하는 세상적인 것에서 실패를 경험하기 때문입니다.

여덟 번째, 부부관계의 문제를 비롯해 가정불화가 심하거나 가정이 깨어지는 아픔을 겪기 때문입니다.

아홉 번째, 강력한 범죄(살인, 강도, 성추행이나 강간, 폭행 등)가 늘어나는 사회 속에서 불안하게 살거나 자신이나 가까운 사람들이 그런 범죄에 피해를 당하기 때문입니다.

열 번째, 다른 사람들에게 심한 차별이나 무시를 당하거나 크고 작은 마음의 상처들을 받고 그 상처들을 계속 마음에 쌓아두기 때문입니다.

자존감이 낮은 사람들의 특징

자존감이 낮은 사람들의 특징은 아주 다양하여 사람마다 다를 수 있지만, 여기서는 보편적인 특징들에 대해 살펴보겠습니다.

첫 번째, 자존감이 낮은 사람들은 개인적인 영역(영적, 육체적, 정신적) 뿐만 아니라 다른 사람들과의 관계, 부부생활, 가정생활, 교회생활, 그리고 사회생활에서 소극적이고 부정적인 모습을 보입니다. 그래서 하나님과 친밀하지 않고, 하나님의 말씀을 중심으로 신앙생활을 하지 않으며, 마귀의 유혹이나 시험에 쉽게 넘어져 죄를 짓기도 하고, 생각과 말이 부정적이며, 앞으로 일어날 일에 대해 비관적일 뿐만 아니라, 겉과 속이 다른 위선적인 모습으로 행동할 때가 많습니다.

또한 그들은 자신이 하나님의 자녀임을 잊어버릴 때가 많고, 믿음이 연약하거나 신앙생활에 소극적이며, 교회의 모임이나 활동에 적극적으로 참여하지 않고, 하나님보다 사람들을 더 의식하며, 영적인 것보다 세상적인 것(육체적인 것, 물질적인 것)을 더 추구하고, 하나님의 말씀의 본질보다 전통이나 형식을 중요하게 생각하며, 영적인 기복이 심해 마귀의 유혹과 시험에 쉽게 넘어지고, 죄를 자주 지으면서도 잘 회개하지 않거나 자신이 지은 죄로 인해 필요 이상 심한 죄책감에 시달리며 살기도 합니다.

두 번째, 자존감이 낮은 사람들은 자신을 가치 없는 존재처럼 여길 뿐만 아니라, 자신이나 다른 사람들의 생명을 귀하게 여기지 않습니다. 그래서 그들은 자격지심과 열등감, 자신감 결여, 피해망상이 심하고, 심한 경우는 반사회적인 성향이 나타나기도 합니다.

자기 자신을 귀하게 여기고 사랑하며 살아야, 다른 사람들도 귀하게 여기고 사랑할 수 있습니다. 그리고 그들은 필요 이상 다른 사람들과 자신을 비교하면서 자신만 못난 것 같은 생각을 하기도 하고, 자격지심이나 열등감을 느껴 힘들어하기도 합니다. 물론 그들은 성향에 따라 다른 사람들과 비교한 후 자신과 다른 사람들에게 분노나 폭력을 나타내거나 그들과의 비교로 자신을 더 가치 없는 존재라고 여기며 자학하기도 합니다.

세 번째, 자존감이 낮은 사람들은 감사는 적게 하거나 감사하지 않고, 불평과 불만을 많이 합니다. 그들은 감사할 일이 생기면 당연하게 여기거나 대충 감사하며 넘어갑니다. 반면 자신이 생각하기에 조금이라도 좋지 않은 일이 생기면 불평과 불만을 많이 늘어놓습니다.

자존감이 낮은 그리스도인들은 하나님의 사랑을 엄청 받은/받는 사람들인 것을 안다고 말하면서도, 하나님께 무한대의 감사를 하지 않습니다. 감사대신 자신에게 부족한 것을 찾아 불평하고 불만을 말합니다. 사실 자존감이 낮은 사람들을 대할 때 가장 힘든 것 중에 하나가 바로 감사가 없이 불평과 불만이 많은 태도일 것입니다.

네 번째, 자존감이 낮은 사람들은 주어진 삶에 만족하지 못할 뿐만 아니라, 작은 어려움에도 쉽게 낙심합니다. 하나님의 자녀들은 고난이나 고통, 환난이나 역경이 찾아와도 하나님 안에서 기쁨으로 살아야 합니다. 그런데 자존감이 낮은 사람들은 주어진 삶이 마음에 들지 않으면 만족하지 않습니다. 그 뿐만 아니라 하나님께 기도하면 쉽게 해결할 수 있는 문제도, 기도하기 전에 이미 낙심합니다. 자신은 아무것도 할 수 없고, 자신이 미래는 막막하며, 자신 주변에는 좋은 사람들이 없고, 하나님도 자신을 도와주지 않을거라는 생각을 하며 삽니다.

그 뿐만 아니라 그들은 다른 사람들과의 관계나 삶에서 안 좋은 일이 생기면 쉽게 낙심하고, 작은 일에도 쉽게 근심하거나 절망하며, 어떤 일이 발생하면 자신은 실패자라고 생각하거나 세상이 무너진 것처럼 심각하게 여기기도 하고, 무슨 일이 일어나면 자포자기 해버리는 경우가 많습니다. 또한 그들은 무슨 일이든 하다가 조금만 어려움이 닥치면 쉽게 포기합니다. 그리고 자신은 아무것도 할 수 없는 존재라며 삶의 의욕을 잃어버리기도 합니다.

다섯 번째, 자존감이 낮은 사람들은 감정의 기복이 심하고, 분노를 자주 표출합니다. 그들은 쉽게 짜증과 화를 잘 내며, 기뻐할 때도 있지만 심각한 모습이나 우울한 모습을 자주 보입니다. 감정을 잘 억제하지 못해 어떤 일이 생기면 한숨을 자주 쉬거나 큰 일이 아님에도 불구하고 대성통곡을 하며 인생이 다 끝난 사람과 같은 태도를 보이기도 합니다.

그 뿐만 아니라 자신의 짜증이나 분노를 다른 사람들에게도 쉽게, 그리고 자주 표출합니다. 그러다보니 다른 사람들에게 짜증이 베어 있다는 말을 자주 듣기도 합니다. 그리고 다른 사람들의 눈치를 심하게 보거나 다른 사람들이 그들의 눈치를 봐야 하는 경우도 자주 발생합니다.

여섯 번째, 자존감이 낮은 사람들은 자신의 실수나 잘못을 빠르게 인지하지 못합니다. 그래서 자신의 실수나 잘못에 대해 뉘우치고 회개하는 것이 늦습니다. 그 뿐만 아니라 자신이 실수하거나 잘못을 했을 때 사과나 회개보다 그럴 수 밖에 없는 핑계를 대기도 합니다. 또한 어떤 일이 생기면 자신이 책임지기보다 그 책임을 다른 사람들이나 환경에 전가하는 경향이 강합니다. 그리고 자신의 실수나 잘못에 대해 적반하장식의 태도를 보이는 경우도 많습니다. 물론 그들 중에는 성향에 따라서 작은 실수에도 너무 저자세로 자신을 비하하는 사람도 있습니다.

일곱 번째, 자존감이 낮은 사람들은 긍정적이고 밝은 감정의 표현들(기쁨, 행복, 사랑, 감사, 평안, 희망, 만족 등)보다 부정적이고 어두운 감정의 표현들(슬픔, 힘듦, 두려움, 미움, 불안, 걱정, 짜증, 분노, 실망감,

좌절감, 죄책감, 우울, 초조, 귀찮음 등)을 훨씬 많이 하며 삽니다. 그래서 그들은 마음과 삶에 생기가 없으며, '불행해', '미치겠어', '힘들어', '괴로워', '못 살겠어', '살아서 뭐해', 그리고 '살고 싶지 않다'는 말 등을 자주합니다. 그러다보니 자존감이 낮은 사람들과 교제를 하다보면, 기분이 우울해지고 침체되는 것을 느낍니다. 그리고 그들과의 만남이 즐겁지 않고, 자주 만나고 싶은 마음이 줄어듭니다.

여덟 번째, 자존감이 낮은 사람들은 고난이나 고통이 찾아오면 하나님께 더 가까이 다가가기보다, 그 고난과 고통을 허락하신 하나님을 원망하거나 하나님께 버림받은 것처럼 괴로워합니다. 그 뿐만 아니라 고난이나 고통으로 인해 하나님과의 관계가 멀어지거나 다른 사람들에게 부끄러워서 그 사실을 숨기기도 합니다. 그러다보니 그들에게 고난이나 고통이 찾아오면 개인적인 신앙생활과 교회생활을 게을리하거나 멀리하고, 다른 사람들과의 교제도 줄이는 경향을 보입니다.

아홉 번째, 자존감이 낮은 사람들은 사람들을 만날 때나 일을 할 때 최선을 다하지 않고, 세상에 대해 비판적인 태도를 보입니다. 다시 말해, 그들은 다른 사람들과의 관계에서 갈등이 많으며, 사소한 일로도 사람들에게 시비를 잘 걸고, 사람들과 세상에 냉소적인 태도를 보이는 경우가 많습니다. 그래서 다른 사람들은 그들을 볼 때 삶의 의욕이 없는 사람, 게으른 사람, 무기력한 사람이라고 여기기도 하고, 세상에 대해서는 비판적인 사람이라고 여깁니다.

열 번째, 자존감이 낮은 사람들은 쉽게 마음의 상처를 받습니다. 그들은 때로는 다른 사람들의 마음을 얻고자 노력을 하지만, 자신의 뜻대로 되지 못하면 심한 상처를 받습니다. 자존감이 낮은 사람들은 마음의 상처를 쉽게 받을 뿐만 아니라, 다른 사람들에게 마음의 상처를 잘 주기도 합니다. 또한 마음의 상처가 빠르게 치유되지 않으면 자존감이 더 낮아지는 결과를 낳습니다. 마음의 상처가 제대로 치유되지 않거나 그 상처를 마음에 계속 쌓으면 다른 사람들이나 사회에 대한 무시와 차별, 비판과 정죄, 집착과 증오, 분노와 경멸, 폭언과 폭행, 강간이나 살인(자살 포함) 등 죄악과 범죄를 저지르는 원인이 되기도 합니다.

자존감이 낮아지면 생기게 되는 문제들

사람들의 자존감이 낮아진다고 무조건 문제가 일어나는 것은 아닙니다. 다만, 사람들이 자존감이 낮아지면 잠재적으로 다양한 문제가 생길 수 있습니다. 그 문제들은 자존감이 낮은 개인 안에서만 생기는 문제일 수도 있지만, 다른 사람들과의 관계나 그들이 속한 공동체(가정, 교회, 학교나 직장, 사회, 국가 등)에서 생길 수도 있고, 더 나아가 사회적인 문제나 범죄(영적인 죄 포함)로 나타날 수도 있습니다. 그 중에서 영적인 문제, 감정적인 문제, 생각과 말과 행동의 문제, 가족 및 다른 사람들과의 관계의 문제, 그리고 자신이 속한 공동체(가정, 교회, 학교나 직장, 사회, 국가 등)의 문제는 꼭 한번쯤 점검해 보아야 하는 문제들입니다.

현대 사회는 더 복잡해지고 있기에 낮은 자존감을 가진 사람들은 더 다양하고 많은 문제들을 일으키거나 다양한 문제들 속에서 더 괴로울 수도 있습니다. 그리스도인들은 자존감이 낮아짐으로 생기는 문제들을 미연에 방지하기 위한 노력을 꾸준히 해야 하기에, 여기서 자존감이 낮아지면 생기는 다양한 문제들 중에 몇 가지를 살펴보겠습니다.

첫 번째, 영적인 문제: 자존감이 낮아지면 영적인 문제가 생길 수 있습니다. 하나님과의 친밀한 관계를 맺지 못하게 하거나 교회 생활을 제대로 할 수 없게 하는 영적인 문제가 생기게 합니다(신 6:1-9, 11:1-32; 마 22:37; 약 4:4-10 등). 하나님을 사랑하고, 하나님의 말씀에 순종하며, 하나님을 의지하고, 하나님의 뜻대로 살려는 모습들이 줄어들거나 없어지고, 하나님의 은혜와 사랑에 대한 기쁨과 감사 또한 줄어들거나 사라지며,

하나님을 멀리하거나 피하고, 하나님께 불순종하거나 불평하고 원망하며, 자기 마음대로 살려고 하고, 자기 자신을 하나님께 버림받은 사람처럼 여겨 신앙생활도 제대로 안 하거나 교회를 떠나 버리는 경우도 생기게 합니다.

두 번째, 감정적인 문제: 자존감이 낮아지면 감정적인 문제가 생길 수 있습니다. 자존감이 낮아지면 긍정적인 감정-기쁨, 행복, 사랑, 감사, 평안, 희망, 만족 등)보다 부정적인 감정(슬픔, 힘듦, 두려움, 미움, 불안, 걱정, 짜증, 분노, 실망감, 좌절감, 죄책감, 우울, 초조, 귀찮음 등)을 훨씬 많이 갖고 삽니다(참조. 창 6:1-5; 마 12:33-35, 15:11-20; 막 7:14-23 등). 그래서 사람들과 관계를 맺을 때나 어떤 일을 할 때 얼굴 표정, 말, 그리고 행동으로 부정적인 감정이 자주 나타나 문제가 됩니다. 심한 경우에는 분노 조절이 안 되는 경우도 있습니다.

세 번째, 생각과 말과 행동의 문제: 자존감이 낮아지면 생각과 말과 행동에 문제가 생길 수 있습니다. 자존감이 낮아지면 자신을 가치 없는 사람인 것처럼 여깁니다(참조. 사 43:1-7). 자신이 귀하고 사랑받는 존재라는 생각은 없어지고, 하나님께 버림받은 존재, 무가치한 존재라고 여길 뿐만 아니라, 자기 비하나 자기 무시, 패배 의식, 실패자가 된 것 같은 느낌, 무능함, 열등감, 자격지심, 피해의식, 외로움 등이 마음에 늘어납니다.

그로 인해 거짓말이나 나쁜 말을 하고, 죄악된 행동들을 절제하지 못하며, 폭언과 폭력을 행하고, 무기력하고 의욕이 상실된 태도를 보이며, 게으름과 나태에 빠지기도 합니다. 결국 자기 자신을 증오하거나 자살을 하는 등의 극단적인 선택을 하기도 합니다.

네 번째, 사람들과의 관계의 문제: 자존감이 낮아지면 가족 및 다른 사람들과의 관계에 문제가 생길 수 있습니다. 낮은 자존감은 가족들을 비롯해 다른 사람들과의 관계를 제대로 맺지 못하게 하거나 다른 사람들에 대해 무관심하게 하고, 다른 사람들에 대한 병적인 집착을 갖게도 하고, 다른 사람들과의 비교를 통해 열등의식이나 우월의식을 갖게도 하며, 다른 사람들과 갈등이나 다툼이 잦아지게 하고, 사람들과의 관계보다 컴퓨터나 물질이나 일에 빠지게 하기도 합니다(마 22:39-40; 벧전 1:17 등).

또한 낮은 자존감 때문에 사람들을 사랑하고, 신뢰하고, 인정하고, 존중하는 마음은 없어지고, 비난하며, 욕하고, 속이며, 무시하고 차별하는 마음들은 늘어납니다. 그 뿐만 아니라 자신과 다른 사람들을 귀하게 여기지 않음으로 인해 조금만 실수에도 쉽게 오해하고, 그로 인해 다른 사람들과 좋은 관계를 맺지 못하게 되기도 합니다.

다섯 번째, 공동체(가정, 교회, 학교나 직장, 사회, 국가 등)의 문제: 자존감이 낮아지면 자신이 속한 다양한 공동체에 문제가 생길 수 있습니다. 자존감이 낮아지면 자신이 속한 공동체에도 부정적인 영향력을 미치게 되고, 크고 작은 문제를 일으키기도 합니다. 그러다보면 공동체에 적응을 잘 하지 못하는 경우가 발생하기도 하고, 가정을 비롯한 자신이 속한 공동체에서 다양한 갈등을 일으키는 암적인 존재가 될 수도 있습니다. 그리고 가장 친밀해야 할 가정에서조차 가정불화를 일으키는 존재가 되어, 가족들과의 관계도 멀어질 수 있습니다.

또한 그들은 자신이 속한 공동체에 대해 적극적인 참여를 하지 않거나 공동체에 대한 불평과 불만이 많거나 공동체에 대해 만족하지 않는 경우가 많습니다. 그러다보니 공동체에서도 외톨이가 되는 경우가 많습니다. 물론 앞에서는 안 그런 척 하면서도 실제로는 자신이 속한 공동체에서 벗어나려고 애쓰기도 합니다.

자존감이 낮은 사람들은 자신이 속한 공동체 생활을 제대로 하지 못하다보니 항상 소외감을 느끼기도 하고, 외롭기도 하며, 공동체에 참여하는 것이 기쁘지 않습니다. 그렇게 그들은 가정생활을 비롯해 교회생활과 사회생활을 제대로 못하거나 스스로를 사회에서 격리되기도 하고, 그것의 원인을 다른 사람들이나 사회적인 체계에 대한 불만으로 표출하기도 합니다. 그리고 사회와 세상을 부정적인 시각으로 바라보며, 심한 경우는 사회와 세상에 대한 불만을 크고 작은 범죄와 반사회적인 행동으로 표출하기도 합니다.

그리스도인들이 자존감을 높이기 위해서 점검해야 할 것들

그리스도인들이 자존감을 높이기 위해서는 자신의 현재의 모습이 어떤지를 정확히 알아야 합니다. 왜냐하면 자기의 생각이나 삶의 태도(말과 행위) 중에 잘못된 부분을 고쳐야, 하나님의 말씀을 들을 때 그 말씀을 온전히 받아들일 수 있기 때문입니다. 높은 자존감을 가지고 사는 그리스도인들은 대부분 그리스도인으로서의 바른 정체성을 가지고 살기에, 자신이 그리스도인으로서의 바른 정체성을 가졌는지, 그리고 그리스도인으로서의 정체성에 맞게 살고 있는지 점검해야 합니다. 자존감을 높이기 위해 꼭 점검해야 하는 자신의 모습 몇 가지를 살펴보겠습니다.

첫 번째, 예수 그리스도를 믿음으로 구원을 받았는지 점검해야 합니다(참조. 요 1:12; 롬 8:1-17, 10:9-10; 엡 1:3-14, 2:8-10 등). 왜냐하면 예수 그리스도를 믿어 구원을 받았다는 확신과 자신이 하나님의 자녀라는 확신이 있어야 그리스도인으로서의 자존감을 가질 수 있기 때문입니다.

두 번째, 하나님의 말씀을 제대로 알거나 하나님의 말씀에 맞게 살려는 노력을 하고 있는지 점검해야 합니다(참조. 수 1:7-9; 시 119:1-176; 요 20:31; 딤후 3:15-17; 히 5:12-14 등). 그리스도인들은 하나님의 말씀을 통해 자존감을 높일 수 있기 때문입니다.

세 번째, 오직 하나님 한 분만을 경외하며 사는지 점검해야 합니다(참조. 시 42:1-11; 전 12:13-14; 사 33:6; 렘 29:11-13; 마 10:28 등). 왜냐하면 하나님 외에 다른 존재들에 대한 두려움이나 자신이 처한 상황과 환경에 대한 두려움, 그리고 다른 사람들과의 관계나 미래의 일에 대한 두려움들은 자존감을 낮아지게 하는 요인이기 때문입니다.

네 번째, 하나님에 대한 소망과 하나님께서 주시는 소망을 바라보며 사는지 점검해야 합니다(참조. 롬 5:1-5; 8:22-25, 12:12; 살전 5:8; 히 6:18-20 등). 왜냐하면 하나님에 대한 소망과 하나님께서 주시는 소망이 없으면 자신이 세상에 사는 동안 고난이나 고통을 당할 때, 마음의 평안이 깨질 뿐만 아니라 불안, 걱정, 그리고 낙심 등의 부정적인 감정이 두드러지게 나타나기 때문입니다.

다섯 번째, 자신을 사랑하고 귀하게 여기는 마음이 있는지 점검해야 합니다(참조. 시 139:13-16; 사 43:1-7; 요 3:16; 롬 5:6-8, 8:35-39 등). 왜냐하면 그리스도인의 자존감은 하나님 안에서 자기 자신을 사랑하고 귀하게 여기는 마음이며, 그 마음이 있어야 열등감, 자격지심, 피해의식, 자신감 결여와 같은 낮은 자존감을 가진 사람들의 모습이 나타나지 않기 때문입니다.

여섯 번째, 하나님과 다른 사람들을 사랑하고 귀하게 여기는 마음이 있는지 점검해야 합니다(참조. 마 22:34-40; 요 13:34-35; 골 3:14; 벧전 4:8; 요일 4:7-21 등). 왜냐하면 그리스도인의 자존감은 자신뿐만 아니라 하나님과 다른 사람들도 귀히 여기고 사랑하는 마음이 있어야 온전해지기 때문입니다.

일곱 번째, 죄를 짓지 않으려는 노력과 적극적으로 선을 행하려는 노력을 하는지 점검해야 합니다(참조. 롬 6:1-23; 고전 15:34; 엡 4:26-27; 살전 5:19-22; 벧전 1:15-17 등). 왜냐하면 자존감이 높은 그리스도인들은 죄를 짓지 않으려는 노력과 함께 자신의 마음과 삶에 있는 죄악된 것을 버리기 위한 노력과 하나님의 뜻인 선을 행하려는 노력을 적극적으로 하며 살기 때문입니다.

여덟 번째, 성령의 요구대로 살려는 노력을 하며 사는지 점검해야 합니다(참조. 요 14:15-26, 16:1-15; 롬 8:1-18; 갈 5:16-26 등). 왜냐하면 성령의 요구대로 살지 않으면 죄의 본성인 육체의 욕구대로 살게 되는데, 이는 낮은 자존감을 가진 사람들의 삶의 모습이기 때문입니다.

아홉 번째, 마음의 상처나 내면의 분노가 얼마나 있는지 점검해야 합니다(참조. 시 62:1-12; 마 5:21-22; 엡 4:26-32; 골 3:8; 약 1:19-20 등). 왜냐하면 마음의 상처나 내면의 분노가 많으면 많을수록 자존감이 낮아지기 때문입니다. 그리스도인들은 마음의 상처나 내면의 분노를 바로바로 하나님께 다 토해냄으로 하나님의 치유와 위로를 받으며 살아야 합니다.

열 번째, 자신이 가장 사랑하는 것과 가장 우선하는 것이 무엇인지 점검해야 합니다(참조. 마 6:24; 롬 12:1-2; 골 3:1-25; 딤전 6:6-10 등). 왜냐하면 하나님보다 사람이나 물질, 영적인 것보다 세상적인 것을 더 사랑하거나 우선하면, 결국 상황과 환경에 따라 자존감이 낮아지는 결과를 낳기 때문입니다.

그리스도인들이 자존감을 높이는 방법

그리스도인들이 자존감을 높이는 방법은 하나님의 은혜와 하나님의 말씀을 지켜 행함으로 가능합니다. 다시 말해, 그리스도인들이 낮은 자존감을 회복한다는 것은 하나님과의 친밀한 관계를 회복하는 것이고, 하나님의 말씀에 맞게 생각하고 행동하는 삶을 회복하는 것이며, 예수 그리스도를 닮아가는 삶을 회복하는 것을 의미합니다. 여기서 그리스도인들이 자존감을 높이는 방법을 몇 가지 살펴보겠습니다.

첫 번째, 하나님의 말씀을 읽을 때 성령 하나님의 도우심으로 그 말씀을 깨달아야 하고, 그 말씀을 자신의 삶에서 실천함으로 믿음이 자라야 합니다(요 14:26; 롬 10:17; 딤후 3:14-17; 약 1:22-25; 벧후 1:20-21 등).

두 번째, 하나님의 자녀로서 자신이 귀한 존재일 뿐만 아니라 다른 사람들도 귀한 존재임을 항상 인정하며 살아야 합니다(롬 5:8, 8:13:-17, 29-39; 갈 4:6-7 등).

세 번째, 자신은 연약한 존재임을 인정하고 하나님께 도움을 구할 뿐만 아니라, 항상 깨어 기도해야 합니다(참조. 시 102:1-28; 마 7:7-11, 26:41; 엡 6:18; 살전 5:17 등).

네 번째, 성경이 말씀하는 선을 행하며 살고, 죄를 지으면 바로 회개해야 합니다(참조. 롬 8:1-17; 갈 6:9; 살후 3:13; 약 4:17 등). 물론 그리스도인들은 죄를 짓지 않기 위해 깨어 기도할 뿐만 아니라, 죄를 짓지 않으려는 노력을 열심히 해야 합니다.

다섯 번째, 하나님께 받은 사랑과 구원의 은혜와 일상생활에서 받는 사랑과 은혜를 생각하며, 항상 기뻐하고 감사하는 삶을 살아야 합니다(참조. 살전 5:16-18). 특히 자신이 구원받아 하나님의 자녀로 새롭게 된 것에 감사하여, 구원받기 전의 옛 사람의 헛된 삶을 버려야 합니다(사 43:1-7; 요 1:12-13; 롬 6:6-14; 고후 5:16-17 등).

여섯 번째, 하나님이 원하시는 좋은 마음과 삶을 지키려는 노력을 해야 하고(참조. 잠 4:23; 갈 5:16-26 등), 하나님의 자녀로서 경건의 훈련을 해야 합니다(참조. 행 10:1-2; 딤전 4:7-8, 6:3-10; 약 1:26-27 등).

일곱 번째, 자기 자신과 다른 사람들을 사랑하고 용서할 뿐만 아니라, 자존감이 높은 믿음의 사람들과 자주 영적인 교제를 하며 살아야 합니다(참조. 마 18:21-22, 22:34-40; 요 13:34-35; 행 2:42-47; 벧전 4:8-9 등).

여덟 번째, 사람들이나 세상의 헛된 것을 의지하지 말고, 하나님을 믿고 의지하며 살아야 합니다(참조. 시 37:5, 62:5-8; 마 8:5-13; 히 11:1-40 등). 또한 자신이 처한 환경을 바라보지 말고, 오직 전능하신 하나님을 바라보며 살아야 합니다.

아홉 번째, 사람들이나 세상 것들을 두려워하지 말고, 하나님을 두려워하며 살아야 합니다(참조. 시 2:11; 전 12:13-14; 사 33:6; 마 10:28 등).

열 번째, 물질을 사랑하거나 세상적인 성공을 추구하지 말고, 거룩한 삶과 하나님이 기뻐하시는 삶을 추구하며 살아야 합니다(참조. 마 6:24,

19:16-30; 딤전 6:6-10; 약 4:4; 벧전 1:13-17 등).

🔵 자존감이 높은 그리스도인들이 다른 사람들을 대하는 방법

자존감이 높은 그리스도인들은 다른 사람들과 좋은 관계를 맺고 사는 편입니다. 그 중에서도 자존감이 높은 그리스도인들은 다른 사람들을 위해 자주 기도해 줄 뿐만 아니라, 그들에게 하나님의 말씀을 가르치고 그 말씀 안에서 살도록 도와줍니다. 그들은 다른 사람들이 가진 모든 것을 있는 그대로 이해해 주고 받아들입니다. 그리고 그들의 크고 작은 허물들을 덮어줍니다. 다른 사람들이 잘못했을 때는 그 잘못을 잘 용서하고, 실수했을 때는 너그럽게 이해해 줍니다. 또한 자신이 잘못을 했을 때는 즉각적으로 용서를 빕니다. 다른 사람들이 잘한 일이 있을 때는 칭찬과 격려를 아끼지 않습니다. 또한 자신이 잘한 일이 있을 때는 칭찬받으려고 애쓰기보다 하나님께 그 영광을 돌립니다.

다른 사람들이 근심할 때는 함께 근심하는 것이 아니라, 하나님의 말씀으로 위로와 용기를 줍니다. 혹시라도 꼭 필요한 도움이 필요할 때는 기쁜 마음으로 도와줍니다. 다른 사람들에게 사랑을 비롯해 좋은 것을 받으면 마음 깊은 감사와 고마움을 전합니다. 또한 자신도 다른 사람들에게 사랑을 비롯해 좋은 것을 적극적으로 나누며 삽니다. 그리고 다른 사람들이 하고자 하는 선한 일을 최대한 도와주고 지원해 줍니다. 또한 자신도 주 안에서 항상 선한 일을 하며 삽니다. 다른 사람들을 향한 사랑과 신뢰가 식지 않도록 노력하고, 자신도 그들에게 사랑받고 신뢰 받기 위한 노력을 하며 삽니다.

자존감이 높은 그리스도인들은 다른 사람들과 갈등이 생기면 먼저 들어주고, 그 마음을 이해하고 인정해 줍니다. 그리고 먼저 그들에게 화해의 손을 내밉니다. 그 뿐만 아니라 주 안에서 다른 사람들을 위한 배려와 그들이 좋아하는 것을 해 주려는 노력을 멈추지 않습니다. 물론 다른 사람들에게 배려를 받을 때는 아주 작은 일에도 크게 고마워합니다. 모든 그리스도인들은 높은 자존감을 가지고 다른 사람들을 대하려고 노력해야 합니다. 그래야 그들에게 그리스도인으로서의 선한 영향력을 끼칠 수 있기 때문입니다.

3장 그리스도인으로서 나는 어떻게 살아야 하는가?

    그리스도인들이 하나님 안에서 자신의 정체성이 무엇인지 알았다면, 이제 그 정체성에 맞게 살아야 합니다. 하나님 안에서 자신의 정체성에 맞게 사는 그리스도인들은 먹든지 마시든지 무엇을 하든지 하나님께 영광을 돌리는 삶을 살게 될 것입니다. 그리고 그들은 하나님을 기쁘시게 하는 믿음의 삶을 살고, 하나님께서 맡겨주신 사명을 잘 감당하며, 죄로 죽어가는 영혼들을 구원의 길로 인도하기 위해 예수 복음을 잘 전하고, 자기를 부인하고 자기 십자가를 지고 예수 그리스도를 따라 살면서 예수 그리스도를 닮아가는 복된 인생이 될 것입니다.

    그래서 이 장에서는 그리스도인으로서의 정체성을 가진 그리스도인들이 어떻게 살아야 하는지 알기 위해 그리스도인들이 가져야 할 성경적인 세계관, 그리스도인들 간의 관계, 그리고 세상의 소금과 빛된 그리스도인들의 삶에 대해서 살펴보겠습니다.

 그리스도인들이 가져야 할 성경적인 세계관

세계관은 세상과 인생을 이해하는 관점(안경 혹은 창)입니다. 다시 말해, 사람들은 각자가 가진 세계관에 따라 세상과 인생을 바라보고 이해합니다. 예를 들어, 선글라스를 끼고 세상을 보면 세상이 선글라스 색깔에 맞게 보이는 것과 같습니다.

그리스도인들이 가져야 할 성경적인 세계관은 성경을 기준으로 세상과 인생을 이해하는 관점이라고 할 수 있습니다. 다시 말해, 성경적인 세계관은 그리스도인들이 세상에 사는 동안 하나님의 말씀에 맞게 살기 위해 필요한 모든 것(지식과 경험 등)이라고 할 수도 있습니다.

그래서 그리스도인들이 성경적인 세계관을 가지면 세상의 시작(창조)과 끝(종말), 세상이 존재하는 이유, 세상을 통치하는 존재, 세상을 보호하고 지키시는 존재, 세상을 구성하는 피조물들의 역할, 세상에서 일어나는 수많은 일들의 원인과 방향 등을 비롯해 세상에 대해 성경적인 관점으로 이해할 수 있게 됩니다.

또한 그리스도인들이 성경적인 세계관을 가지면 인간의 시작과 끝, 인간들이 세상에 존재하는 이유, 인간들의 죄와 구원, 인간들이 겪게 되는 모든 일들, 인간들의 공동체(가정, 교회, 직장, 사회, 국가 등), 인간들의 역할과 질서, 인간들이 사용하는 물질, 인간들의 사후 세계, 인간들의 감정이나 관계 등을 비롯해 인간이 살아가는 동안 필요한 모든 것들을 성경적인 관점으로 이해할 수 있게 됩니다.

성경적인 세계관에는 신관(하나님이 누구신지), 인간관(인간은 어떤 존재이며, 죄는 무엇인지), 신앙관(사람들은 누구를 믿어야 하는지)과 구원관(사람들은 어떻게 구원을 받는지), 윤리관(무엇이 옳고 그른지

분별하는 것과 어떻게 옳은 것을 행할 수 있는지), 결혼관(결혼의 의미와 결혼의 기준은 무엇인지)과 가정관(하나님께서 세우신 가정은 어떤 모습이어야 하는지), 물질관(물질을 어떻게 대하고, 어떤 방법으로 사용해야 하는지), 문화관(사람들의 모든 삶의 영역에서 하나님의 영광을 위한 다양한 생활양식과 삶의 방식들은 무엇인지), 직업관(어떤 일을 하며 살아야 하는지), 국가관(국가는 무엇이며, 왜 존재하는지), 우주관(온 우주 만물이 어떻게 생겼고, 그 주인은 누구신지), 역사관(역사는 무엇이며, 세상과 인간의 역사는 언제 시작해서 언제 끝나는지) 등을 비롯해 인간이 세상에 사는 동안 알고 행해야 하는 모든 주제들이 포함되어 있다고 할 수 있습니다.

그리스도인의 정체성은 "그리스도인으로서의 나는 누구인가?"라는 물음에 대한 답이라면, 성경적인 세계관은 "그리스도인으로서 나는 어떻게 살아야 하는가?"라는 물음에 대한 답일 것입니다. 다시 말해, 성경적인 세계관을 가진 그리스도인들은 세상에서 어떻게 살아야 할지를 성경을 통해 알고 이해하게 됩니다. 그래서 그리스도인으로서의 정체성을 가진 사람들은 반드시 성경적인 세계관에 맞게 살아야 합니다. 그리스도인들이 성경적인 세계관에 맞게 살면 세상 사람들과는 구별된 삶을 살게 되는데, 즉 하나님의 말씀에 맞는 선한 행함으로 하나님을 기쁘시게 하는 삶을 살게 됩니다.

세상에는 세속적인 세계관(성경에 맞지 않는 모든 세계관으로 마귀가 주관함)이 존재하기에, 그리스도인들은 세속적인 세계관에 물들지 않도록 주의해야 하고, 성경적인 세계관에 맞게 살기 위해 노력해야 합니다 (참조. 롬 1:18-32; 엡 4:17-32; 딤후 3:16-17; 히 13:9; 약 4:4 등). 요즘 그리스도인들과 지역 교회들이 빠른 속도로 세속적인 세계관에 물들어 가는 안타까운 모습을 보이고 있습니다. 세계관은 한 번 마음에 새겨지면 바꾸기가 아주 힘들기 때문에, 그리스도인들은 세속적인 세계관에 물들지 않도록 끊임없이 노력해야 합니다.

  그 뿐만 아니라 그리스도인들은 성경적인 세계관을 잘 배우고 그에 맞게 살면서, 자녀들(자녀 세대)에게도 성경적인 세계관을 어릴 때부터 적극적으로 잘 가르치고 그 세계관에 맞게 살도록 잘 이끌어 주어야 합니다. 자녀들이 어렸을 때 성경적인 세계관을 제대로 배우지 못하면 세상 친구들과 어울리게 되는 유치원 때부터 세속적인 세계관에 금방 물들 수 있습니다. 물론 요즘은 스마트폰이나 인터넷, TV 등을 통해 유치원에 가기 전부터 세속적인 세계관에 물들어 버린 그리스도인들의 자녀들도 많이 볼 수 있기에 안타깝습니다. 어린 자녀들이 세속적인 세계관에 한번 물들면, 그들을 다시 성경적인 세계관으로 돌이키게 하는 것은 아주 힘들 수 있음을 늘 명심해야 합니다.

  또한 그리스도인들이 성경적인 세계관에 맞게 살기 위해서는 반드시 말씀과 기도, 교회에 모이기에 힘쓸 뿐만 아니라, 믿음의 형제들과 영적으로 만나 깊은 교제(예배, 말씀 읽기와 연구, 기도, 마귀와의 영적인 싸움에 대한 전략 세우기, 위로와 권면, 나눔과 구제, 봉사와 섬김, 식탁의 교제를 비롯한 일상적인 대화 등)를 지속적으로 해야 합니다. 또한 성경적인 세계관에 맞게 살기 위해서는 세속적인 세계관에 물들지 않는 노력도 병행해야 합니다.

  요즘 그리스도인들은 신문, 인터넷, TV, 영화 등 다양한 대중매체나 세상적인 지식의 습득을 통해, 세속적인 세계관을 빠르게 알아갈 뿐만 아니라 세속적인 세계관에 엄청나게 물들고 있습니다. 그래서 그리스도인들이 성경적인 세계관에 맞게 살기 위해서는 하나님의 말씀과 기도를 비롯한 영적인 노력도 많이 필요하지만, 그와 더불어 세속적인 세계관에 물들지 않기 위한 노력도 많이 필요함을 알아야 합니다.

예를 들어, 세속적인 세계관에 물들어 성경적인 세계관은 완전히 무시하거나 다른 사람들이 볼 때만 지키는 척 하는 그리스도인들의 모습을 살펴보면, 성경을 잘 읽지 않는 그리스도인들이 세상 뉴스를 전하는 신문은 많은 시간을 투자해서라도 꼭 읽고, 기도생활은 잘 하지 않는 그리스도인들이 인터넷 서핑이나 TV 드라마에는 푹 빠져 살며, 하나님을 찬양하는 노래는 거의 부르지 않는 그리스도인들이 대중가요를 듣고 부르는 데는 열심일 뿐만 아니라 콘서트 참여나 CD 구입 등을 비롯해 많은 시간과 물질을 투자합니다.

그리고 세상 사람들에게 예수 복음을 전하지는 않는 그리스도인들이 세상 사람들과 친밀하게 어울려 놀기는 잘 하며, 하나님의 교회를 제대로 섬기지 않는 그리스도인들이 자신이 속한 세상적인 공동체에서는 다른 사람들에게 칭찬을 받을 만큼 그 누구보다 열심히 섬기고, 하나님의 교회에는 잘 모이지 않는 그리스도인들이 스포츠 경기나 영화 관람을 비롯해 세상적인 모임에는 절대 빠지면 안 되는 것처럼 참여하며, 가난한 사람들에게 잘 나누지 않는 그리스도인들이 자신이 가진 물질로 마음껏 누리며 살아야 한다며 명품 구입, 럭셔리 여행, 최고 비싼 호텔 투숙 체험, 최고 비싼 비행기 탑승 등에 열을 올릴 뿐만 아니라 세상적인 성취와 물질적인 성공만을 추구합니다.

또한 하나님께 받은 지혜와 능력, 시간과 물질 등으로 소외된 이웃들이나 어려운 사람들을 위해 돕고 섬기며 봉사하고 기도하는 것에는 무관심한 그리스도인들이 쇼핑, 맛집 투어, 얼굴이나 몸매 관리에는 시간과 물질을 아끼지 않는 등의 방탕한 생활(시간 낭비의 삶)을 하고, 돈을 벌기 위해서는 일 중독에 빠져 사는 그리스도인들이 하나님의 일을 하라고 하면 이리저리 핑계만 대거나 다른 교회로 옮겨버리기도 합니다.

이런 세속적인 세계관에 물든 그리스도인들은 교회를 세속적으로 물들여 버리고, 자녀들과 그 세대들까지 아무런 죄책감도 없이 세속적인 세계관에 물들어 살도록 방치하거나 심지어는 그들이 세속적인 세계관에 맞게 살도록 돕습니다. 다시 말해, 그리스도인들의 가정에 태어난 자녀들이 하나님의 말씀에 맞게 양육되고, 하나님의 말씀을 배워 그 말씀에 맞게 살아야 하는데, 태어날 때부터 세속적인 세계관에 물든 부모에게서 세속적인 세계관만 배우다보니, 그들이 예수 그리스도를 믿지 않거나 하나님의 말씀과는 거리가 먼 모습으로 사는 등 영적으로 죽은 모습으로 지내는 어처구니없는 일이 요즘 그리스도인들의 가정에서 실제로 수없이 일어나고 있습니다.

성경적인 세계관에는 그리스도인들이 이 세상에서 사는데 필요한 대부분의 주제들이 포함되어 있습니다. 그리스도인들이 평생동안 지속적으로 성경을 읽고 공부해야 하는 이유가 여기에 있습니다. 그리스도인들이 성경을 제대로 알아야 성경적인 세계관에 맞게 살 수 있고, 세속적인 세계관에 물들지 않을 수 있습니다. 그리스도인들은 세속적인 세계관에 물들지 않도록 자신이 살고 있는 사람들의 생각과 환경, 그 시대와 상황을 잘 관찰하고 분별해서, 자신이나 자녀들이 세속적인 세계관에 물들지 않고 성경적인 세계관에 맞게 살 수 있도록 끊임없는 노력을 해야 합니다.

또한 그리스도인들은 세상에 살기에 세상 사람들과 관계를 맺다보면, 세상과 인생에 대한 이해의 차이로 인해 관계에 문제가 생기거나 그들을 통해 세속적인 세계관에 물들 수 있습니다. 그러기에 그리스도인들은 성경적인 세계관으로 세속적인 세계관을 가진 세상 사람들을 변화시키기 위해 어떻게 해야 할지 끊임없이 연구를 할 필요가 있습니다.

그리스도인들이 성경적인 세계관에 맞게 살아야 하는 이유는,
첫째, 그리스도인들의 가장 중요한 삶의 목적인 하나님의 영광을 위해

하나님의 말씀에 맞게 살아야 하기 때문입니다.

둘째, 하나님의 자녀로서 성경을 기준으로 옳고 그름이 무엇인지를 분별하여, 옳은 일(선)을 행하고, 옳지 않은 일(죄와 악)을 행하지 않으며 살아야 하기 때문입니다.

셋째, 자녀들에게 성경적인 세계관을 가르치고, 그들이 성경적인 세계관에 맞게 살 수 있도록 이끌어 주어야 하기 때문입니다.

넷째, 하나님의 교회를 성경적인 세계관에 맞게 운영하고 세워나가야 하기 때문입니다.

다섯째, 마귀가 주관하는 세속적인 세계관을 가지고 사는 세상 사람들에게 하나님의 말씀을 가르치고 그 말씀을 지켜 행하며 살 수 있도록 도와주어야 하기 때문입니다.

그래서 여기서는 그리스도인들이 가져야 할 성경적인 세계관 중에서 기본적인 세계관 몇 가지를 간략하게 살펴보겠습니다. 그리스도인들은 이곳에서 다루는 성경적인 세계관뿐만 아니라, 성경 안에 있는 수많은 성경적인 세계관을 성경을 읽고 배움으로 습득하여, 자신의 삶에서 그 세계관에 맞게 살고자 노력해야 합니다.

◐ 성경적인 신관

신은 존재하는가에 대한 답은 신은 유일하신 하나님 한 분 밖에 안 계시며, 그 분은 삼위일체 하나님이시라는 것입니다(신 6:4; 사 45:5-6; 고전 8:4-6; 딤전 2:5 등). 삼위일체 하나님은 어떤 분이신가에 대한 간략한 답은 하나님은 영이시고(요 4:24; 고후 3:17 등), 스스로 존재하시며(출 3:13-14), 완전하시고(시 18:30, 19:7), 영원하시며(딤전 1:17; 계 1:8 등), 모든 것을 아시고(시 139:1-4; 요일 3:20 등), 전능하시며(창 17:1; 계 1:8 등), 변하지 않으시고(말 3:6; 약 1:17 등), 인간과 모든 만물을 지으신 창조주요, 만물의 주인이시라는 것입니다(창 1:1-31; 요 1:3 등). 뿐만 아니라 하나님께서는 그 모든 만물을 다스리시고 지켜 보호하시며, 인간의 구원의 계획을 가지시고 그것을 성취하시는 분입니다(창 1:1-31, 3:15 등). 그리스도인들은 신이 존재함을 믿어야 하고, 그 신은 오직 삼위일체 하나님이시라는 사실을 믿고 이해해야 합니다.

그리고 그리스도인들은 어떠한 경우에도 하나님 외에 피조물이나 헛된 것들을 신으로 믿고, 그들에게 예배하고 섬기는 행위인 우상 숭배를 하면 안 됩니다(출 20:3-6; 신 16:21-22, 고전 10:7 등). 세상 사람들이 하나님 외에 신이라고 믿고 예배하고 섬기는 우상들은, 아무런 능력도 없는 피조물에 불과합니다(고전 8:1-13, 10:1-33 등). 다시 말해, 우상들은 자신을 믿고 섬기고 따르는 사람들을 구원하거나 돕거나 복을 주기는커녕, 말도 못하고 보지도 못하며, 아무 힘도 없고 아무것도 할 수 없다고 말씀합니다(시 115:1-8, 135:15-18; 합 2:18-19 등). 또한 그리스도인들은 하나님보다 더 사랑하고 섬기는 것들(모든 피조물, 물질, 스포츠 스타나 연예인과 같은 사람들 등)을 자신의 마음과 삶에 두어서는 안 됩니다.

예배는 오직 하나님만을 위해 드려야 하는데, 요즘 교회들 중에는 세상 사람들을 전도한다는 미명 아래 세상 사람들이 재미있게 참여할 만한 모습으로 예배를 변질시키고 있기도 합니다. 세상 사람들에게 예수 복음을 전하기 위해 모이는 전도 집회와 하나님께 영과 진리로 드리는 예배는 분명 달라야 합니다. 그런데 이 두 모임을 접목시키다보니 예배를 하나님 중심이 아닌 사람 중심으로 바꿔버렸고, 말씀 중심보다는 노래나 춤을 비롯해 다양한 영상을 이용한 세속적인 모습으로 전락시켜버렸습니다. 그 뿐만 아니라 구원은 하나님의 은혜로만 받을 수 있음에도 불구하고, 인간의 의지나 행위를 강조하기에 이르렀습니다. 그리고 그들에게 진정한 회개나 예수 그리스도에 대한 확실한 믿음을 통한 거듭남을 가르치기보다, 선한 행위나 세상의 상식과 윤리를 지키는 것 등으로 구원에 이를 수 있다는 식으로 잘못 가르치기도 합니다.

   요즘 지역 교회들 중에는 하나님의 교회라고 말할 수 없는 세속적인 모습의 교회들도 존재하고, 목회자들이 세속적이고 비인격적인 모습으로 빠르게 타락하고 있으며, 교회의 분열과 갈등은 더 심해지고 있고, 교회가 세상과 사람들의 현실 문제에 대한 대안을 제시해 주지 못하며, 교회가 사람들의 미래에 대한 방향 제시도 못해주고 있고, 심지어 타종교나 이단과 교류하고 있는 것이 현실입니다. 그 뿐만 아니라 이단 사상을 아무렇지 않게 받아들여 가르치거나 이단들을 옹호하기도 합니다 (참조. 벧후 2:1-3).

   또한 그들은 신학적인 자유주의-성경을 왜곡, 인간 중심으로 성경 해석, 성경에서 비과학적인 요소 배제, 동성애 찬성, 낙태 찬성, 이혼 찬성, 교회의 세속화에 찬성, 비성경적인 정치 이슈에 동조, 교회의 전통을 앞세워 하나님의 말씀을 무시 등-를 추구하고, 다른 종교들도 구원이 있다고 하거나 다른 종교들과 연합하는 행사나 모임에 참여하는 것을 즐깁니다(참조. 막 7:1-13; 벧후 3:15-17; 계 22:18-19 등). 이러한 때에 그리스도인들은 하나님에 대한 확실한 믿음으로 가지고, 더 하나님을 의지하고 더 가까이 하나님께 나아가는 삶을 살아야 합니다.

성경적인 인간관

   인간들은 다른 피조물들과는 다르게 하나님의 형상과 모양, 즉 하나님의 성품을 닮은 존재로 창조되었습니다(창 1:1-31, 2:7 등). 하나님께서는 인간을 하나님께 영광을 돌리고 찬양하라고 지으셨습니다(사 43:7, 21; 고전 6:19-20 등). 그래서 인간들은 이성과 도덕, 그리고 영적인 모습으로 하나님과 인격적인 교제를 할 수 있는 존재였습니다. 다시 말해, 인간은 절대 신이 될 수 없는 피조물임을 인정하고, 인간으로서 자신을 만드신 하나님을 높이고 찬양하며 순종해야 합니다.

  그러나 인간들은 자신의 욕심에 이끌려 마귀의 시험에 넘어져 하나님께 불순종하는 죄를 지음으로 하나님과 영적인 관계가 단절되어 영원히 죽을 수 밖에 없는 존재가 되었습니다(롬 3:23, 6:23; 골 3:10; 히 9:27; 요일 1:8-10 등).

  인간들은 자신의 헛된 욕심(소유욕, 음식 욕심, 물질 욕심, 성적인 욕심, 명예 욕심, 권력 욕심, 수면 욕심, 지식 욕심, 외모 욕심, 인기에 대한 욕심 등)으로 인해 마귀의 시험에 넘어져 죄를 짓게 되고, 죄로 인해 죽음에 이르게 되는 것입니다(약 1:14-15). 물론 지금도 사람들은 자신의 헛된 욕심으로 인해 죄를 지으며 삽니다.

  마찬가지로 그리스도인들도 마음에 헛된 욕심이 생기면 마귀의 시험에 넘어져 죄를 짓게 되는 것입니다. 그러기에 그리스도인들은 헛된 욕심이 생기지 않도록 끊임없이 기도해야 하고, 하나님께 지음 받은 목적대로 하나님께 영광과 찬양을 드리며 살기 위해 노력해야 합니다. 또한 자신이 얼마나 귀하게 지음 받은 존재인지를 깨달아 하나님께 감사하며 살아야 합니다.

  그리스도인들은 하나님의 형상과 모양으로 지음을 받은 특별한 존재임을 기억함으로, 자신들을 자신이 키우는 동물이나 다른 피조물과 동일시하거나 그것들을 하나님보다 우선하는 잘못을 범하지 말아야 합니다. 인간이 하나님에 의해 창조되었다는 것을 부인하고 진화론을 주장하던 사람들과 그들의 이론을 그대로 받아들이는 사람들이, 동물을 인간과 동일한 것처럼 주장함으로써 인간으로서의 정체성마저 심각하게 흔들고 있습니다.

  어찌 보면 그리스도인들과 지역 교회들도 이러한 마귀의 계략을 아무렇지 않게 받아들이고 있습니다. 하나님께서는 인간을 동물이나 다른 피조물들과는 다르게 하나님의 형상과 모양으로 창조하셨습니다(참조. 창 1:1-31, 2:7). 다시 말해, 인간은 하나님께서 창조하신 최고의 걸작품입니다.

사람들은 원래 하나님과 인격적인 교제를 할 수 있는 특별한 존재입니다. 물론 죄로 인해 하나님과의 관계가 단절되었지만, 예수 그리스도께서 십자가에서 죽으심으로 예수 그리스도를 믿는 모든 사람들이 다시 하나님과 인격적인 교제를 할 수 있게 되었습니다. 하나님께서 흙으로 인간과 짐승(각종 들짐승과 공중의 각종 새 등)을 지으셨지만 각각 다르게 창조하신 것입니다.

다시 말해, 인간은 영적인 존재이지만 짐승은 영적인 존재가 아니며(창 2:7; 요 3:6; 고전 15:37-49; 살전 5:23), 인간의 영혼은 위(하늘)로 올라가지만, 짐승의 혼은 아래(땅)으로 내려가며(전 3:18-21), 인간은 이성(옳고 그름을 분별할 수 있는 능력)이 있지만 짐승은 이성이 없이 본능만 있습니다(유 1:10). 인간들이 하나님의 말씀을 깨닫지 못하면 멸망하는 짐승과 같다고 성경은 말씀합니다(시 49:19-40). 그런데 요즘 하나님의 말씀을 깨닫지 못해 멸망하는 짐승처럼 사는 그리스도인들도 많이 있는 것 같습니다. 그래서인지 요즘 세상에는 인간에 대한 가장 기본적인 정체성이 심각하게 변질되고 있습니다.

예를 들어, 자신이 키우는 개나 고양이 같은 동물을 인격화(그 동물을 자녀나 형제, 또는 배우자처럼 여기고 그렇게 호칭하는 모습)하여 자신과 동일하게 여기는 사람들, 사람들보다 그 동물을 더 사랑하고 귀하게 여기는 사람들, 그 동물의 권리를 인간과 동일한 수준으로 주장하거나 그 동물에게 유산을 물려주는 사람들, 그 동물과 성관계를 하거나 그 동물과 결혼하는 사람들이 늘어나고 있습니다. 동물들을 인격화하려는 사람들은 자신이 하나님의 형상과 모양으로 지음 받은 특별한 존재라는 사실을 부인하는 사람들입니다.

이미 수많은 목회자들과 그리스도인들이 인간에 대한 정체성의 혼란을 가져올 수 있는 말도 안 되는 이런 것들을 아무런 생각이나 비판 없이 받아들이고 있는 것이 안타까운 현실입니다. 그 뿐만 아니라 피조물인 인간은 절대 하나님이 될 수 없는데도, 인간을 마치 신적인 존재처럼 주장하는 이단들이나 사이비 종교들도 많이 있습니다. 그래서 하나님께 드려야 할 영광과 예배와 찬양을 인간이 가로채 버린 경우도 있습니다. 물론 그리스도인들 중에는 그런 이단들이나 사이비 종교를 대수롭지 않게 여기면서, 그들과의 교제를 괜찮은 것처럼 여기기도 합니다.

또한 오늘날은 인간은 피조물일 뿐 신이 될 수 없음에도 불구하고, 뉴에이지 사상(모든 것은 하나, 모든 사람은 신, 모든 종교는 하나 등)에 빠져 하나님의 말씀이 아닌 자기 생각에 옳은 대로 사는 어리석은 사람들도 많이 있습니다.

성경적인 신앙관과 구원관

사람들은 오직 삼위일체 하나님과 하나님의 말씀인 성경을 믿어야 합니다(막 11:22; 요 5:24, 14:1; 엡 4:13-15 등). 물론 사람들에게 믿음을 주시는 분은 하나님이시며, 그 믿음은 하나님의 말씀을 읽고 듣고 그 말씀을 삶에서 지켜 행함으로 얻어집니다(마 16:15-17; 롬 10:17; 고전 12:3; 엡 2:8; 히 12:2 등). 또한 사람들은 하나님의 은혜로 성령을 통해 자신의 죄를 회개하고 예수 그리스도를 믿음으로 죄 용서와 구원을 받습니다(롬 3:22-25; 엡 2:8-10; 골 1:12-14; 살후 2:13 등).

그리고 하나님께서는 죄로 죽을 수 밖에 없는 인간들에게 예수 그리스도 외에는 구원 얻을 만한 다른 이름을 주신 적이 없기에, 오직 예수 그리스도를 믿음으로 구원을 얻어야 합니다. 그리스도인들은 삼위일체 하나님 외의 존재에 대한 믿음을 버려야 하며, 예수 그리스도 외에는 구원을 얻을 만한 존재나 방법이 없음을 알아야 합니다(요 1:12, 14:6; 행 4:12 등).

또한 예수 그리스도가 아닌 다른 방법으로 구원을 받을 수 있다는 주장과 예수 그리스도 외의 방법으로 구원을 받으려는 어리석은 잘못도 완전히 버려야 합니다. 그 대신 그리스도인들은 생명을 귀하게 여기고, 다른 사람들을 구원으로 인도하기 위한 전도의 삶을 살기 위해 자신의 것을 손해보거나 자신의 생명까지 바칠 수 있어야 합니다. 그리스도인들은 죄로 죽어가는 사람들을 불쌍히 여겨 그들을 구원의 길이신 예수 그리스도께로 인도하기 위해 어떻게든 노력하고 기도하는 사람이어야 합니다. 그런 사람이 하나님께 진짜 구원 받은 사람의 모습입니다.

예수 그리스도를 믿음으로 구원을 얻는다고 말하는 기독교 신앙을 제외한 모든 신앙은 우상숭배임을 기억해야 합니다. 그런데 세상에는 수많은 종교가 존재하고, 그런 종교들은 예수 그리스도를 믿고 구원을 받는 데 심각한 방해요소가 됩니다. 다른 종교들은 각자의 우상을 숭배하기에 그리스도인들이 현혹되지 않는데, 기독교 이단들은 성경을 조금씩 왜곡하기 때문에 교회들과 그리스도인들이 현혹되어 넘어지는 경우도 많이 있습니다. 그러기에 그리스도인들은 하나님의 말씀을 읽고 잘 배워서 영적인 분별력을 가져서, 우상숭배자들이나 이단에 속한 자들의 유혹에 넘어가지 않아야 합니다(참조. 롬 12:2; 벧후 1:20-21; 히 4:12-13; 딤후 3:16-17 등).

또한 그리스도인들은 영적으로 무지하여 예수 그리스도를 믿지 않거나 성경을 하나님의 말씀으로 인정하지 않는 사람들에게 적극적으로 예수 복음을 전하고, 하나님의 말씀을 가르쳐야 합니다. 사실 그들은 마귀와 그를 따르는 세력들의 방해와 자신들의 죄로 인해 영적인 눈이 가려지고 마음이 어두워져 하나님에 대한 생각도 없고, 지식도 없고, 깨달음도 없어 예수 그리스도를 믿지 않는 것입니다(사 44:18-20; 롬 1:19-20). 물론 하나님께서는 그들에게도 하나님을 알만한 지식을 주셨는데, 그들은 하나님께 영광을 돌리지도 않고 감사하지도 않으며, 오히려 헛된 생각으로 마음에 어두움만 가득 찼습니다(롬 1:21).

그래서 그들은 자신들이 대단히 지혜로운 줄 알고 있으며, 하나님이 아닌 우상을 숭배하는 어리석은 짓을 하며 사는 것입니다(롬 1:22-23). 그뿐만 아니라 그들이 하나님을 마음에 두기 싫어하기에, 하나님께서는 그들이 죄를 짓든, 세속적인 삶을 살든, 그들이 하고 싶은 대로 하도록 내버려두셨습니다. 그들은 세상에서 자기 마음대로 죄를 지으며 살 뿐만 아니라, 죄를 지으며 사는 다른 사람들의 모습을 보고도 옳다고 하는 모습으로 타락했습니다(롬 1:24-32). 물론 그들은 언젠가 하나님의 심판이 있다는 사실도 모른 채, 이 세상에서의 삶이 전부라고 믿고 사는 것입니다.

성경적인 세상관과 역사관

세상(온 우주와 사람들을 포함한 모든 만물)은 우연히 생겨난 것이 아니라, 태초에 하나님께서 아무것도 없는 상태에서 말씀으로 세상을 창조하셨습니다. 그리고 하나님께서는 지금도 이 세상을 유지하시고, 보존하시고, 움직이고 계십니다(창 1:1-31; 느 9:6; 시 104:1-35, 146:6; 요 1:3 등). 하나님은 세상의 주인이시기에(신 10:14; 시 24:1-2, 115:15-16; 고전 3:21-23 등), 모든 피조물들은 창조자이자 주인이신 하나님을 경배하고 찬양해야 합니다(참조. 시 8:1-9, 96:1-13, 148:1-14 등).

또한 하나님께서 세상을 창조하는 순간부터 인간과 세상의 역사가 시작되었고, 언젠가 예수 그리스도께서 이 세상에 다시 오실 때 세상의 역사가 끝나며(종말), 세상에서의 인간들의 역사도 끝이 납니다(창 1:1-31; 벧후 3:10-13 등). 물론 예수 그리스도께서 이 세상에 다시 오실 때 세상에서의 인간의 역사가 끝나면, 최후의 심판을 통해 의인은 천국에서, 악인은 지옥에서 영원한 역사를 다시 시작하게 될 것입니다. 그리스도인들은 하나님이 원하시는 방법으로 세상에서 살아야 하고, 이 세상의 주인이신 하나님께서 맡겨주신 아름다운 환경과 자연을 잘 다스릴 뿐만 아니라 보호하고 보존하도록 노력해야 하며, 하나님이 기뻐하시는 역사가 되도록 끊임없이 노력해야 하고, 세상의 끝과 그 끝에 무엇이 있음을 알고 항상 전도하는 데 힘써야 합니다(참조. 창 1:1-3; 마 28:18-20; 행 1:8; 고전 9:16-18 등).

그리고 인간들이 죄를 지음으로 하나님의 말씀대로 살지 않으면 세상이 황폐해질 것임을 알고, 죄를 짓지 않으려는 노력을 해야 합니다(참조. 창 3:17-18; 호 4:1-3; 롬 8:19-23; 고전 15:40-41 등). 그리스도인들은 세상에 사는 동안 세상이 황폐해지지 않도록 잘 보호하고 관리해서 다음 세대에게 잘 물려주어야 할 의무가 있음을 알아야 합니다.

예를 들어, 그리스도인들은 무분별한 개발로 자연 환경을 파괴하는 문제, 너무 많은 것을 사용하거나 먹고 남은 수많은 쓰레기로 인한 문제, 편리하게 살기 위해 개발한 자동차나 더 배부르게 먹기 위해 키우는 가축들로 인한 대기 오염의 문제, 무분별한 남획으로 인해 사라져가는 육지의 동물들과 바다의 물고기들의 문제, 그리고 그 모든 문제들로 인해 기후의 변화를 초래하는 문제들까지 세심하게 관심을 가지고 기도해야 합니다.

그리스도인들은 기도만 할 것이 아니라 자신의 삶에서 자연을 보호하여 다음 세대에 잘 물려 줄 수 있도록 작은 것(쓰레기 분리수거를 비롯해 공해가 되는 물건들을 사지 않거나 사용을 줄이려는 노력, 물 사용량

줄이기, 나무 심기나 공공장소의 쓰레기 줍기 등)부터 실천해야 합니다.

　또한 사람들이 세상에 사는 동안 끊임없이 과거의 역사를 배우는 이유는 과거를 통해 현재와 미래를 예측하고, 자신의 현재의 모습을 점검하며, 그로 인해 더 나은 삶을 준비하거나 더 나은 삶을 살기 위해서입니다. 마찬가지로 그리스도인들도 제대로 된 신앙생활을 하기 위해서는 믿음의 선배들이 어떻게 살았는지 살펴봄으로써 교회의 역사를 비롯해 믿음의 선배들의 삶을 배워야 합니다. 그리고 그 역사를 통해 자신의 신앙생활을 돌아보고 고칠 것들을 고쳐나감으로, 더 나은 신앙생활을 하는 계기가 되어야 합니다.

　그리스도인들은 세상의 종말도 중요하게 생각하면서 살아야 하지만, 자신의 개인적인 종말을 더 중요하게 생각하면서 살아야 합니다. 다시 말해, 개인적인 종말인 육체적인 죽음이 언제인지 모르기에, 날마다 하나님 안에서 하나님과 영적으로 깊은 교제를 하고, 하나님의 뜻과 하나님께서 맡겨주신 사명을 행하는 삶을 살아야 합니다. 그리고 한 순간도 예외없이 하나님의 인도하심에 자신의 삶을 맞춰야 하고, 하나님의 말씀 중심으로 살다가 하나님께서 부르실 때 개인적인 종말을 맞이해야 합니다.

성경적인 국가관

　세상의 모든 국가는 하나님의 주권 아래에 있고, 그 국가들의 최고 통치자는 삼위일체 하나님이십니다(사 9:6-7; 롬 13:1-7; 엡 4:6; 골 1:15-17; 히 3:4 등). 다시 말해 하나님께서는 세상의 국가들이 세워지는 것을 허락하시고, 그 국가들의 통치자에게 권위를 주시지만, 그 국가들이 죄를 지을 때는 심판하십니다(시 7:8; 사 2:4; 롬 13:1-7; 벧전 2:13-14 등). 세상에 존재하는 모든 국가들과 그 국민들의 가장 중요한 일은 하나님께 예배드리고 찬양하는 것입니다(참조. 사 43:7; 고전 6:19-20, 10:31 등).

또한 그리스도인들은 하나님께 권위를 위임받아서 국가와 국민들을 이끌어가는 리더들의 권위에 복종해야 하고, 국가가 평화롭고 안전하게 유지될 뿐만 아니라 하나님께 예배하며 찬양하는 나라가 되게 해 달라고 기도해야 하며, 세상에서 소금과 빛된 선한 행실로 하나님께 영광을 돌리는 삶과 세상 사람들에게 본이 되는 삶을 살아야 합니다(마 5:13-16; 롬 13:5; 딤전 2:2; 벧전 2:11-17 등).

그리스도인들은 하나님 나라의 시민권자이면서 세상에 속한 국가의 국민이기에, 하나님께 온전히 예배와 찬양을 드릴 뿐만 아니라, 세상에서 평화롭게 살기 위해 국가를 이끌어 가는 사람들을 위해 기도해야 합니다(엡 2:19; 빌 3:20; 딤전 2:2). 또한 전쟁이나 분쟁이 일어나는 국가와 국민들이 속히 평화를 되찾을 수 있도록 기도하고, 그들의 생명을 귀하게 여김으로 실제적인 도움을 주어야 합니다.

그 뿐만 아니라 그리스도인들도 한 국가의 국민으로 살면서 바른 시민의식을 가지고 사는 것이 중요합니다. 시민의식은 책임과 의무를 힘써 행하는 것, 공공의 질서를 지키는 것, 그리고 다른 사람들을 돕고 섬기는 것까지 포함됩니다. 마찬가지로 그리스도인들은 천국의 시민으로서 영적으로 바른 시민 의식을 가지고 살아야 합니다.

그리스도인들이 천국 시민으로서 가져야 할 바른 시민 의식은

첫째, 하나님 앞에 선 사람다운 양심으로 하나님의 말씀에 맞게 선을 적극적으로 행하며 살아야 합니다.

둘째, 그 무엇보다 한 영혼이 예수 그리스도를 믿음으로 하나님께 돌아오는 것을 기뻐하심을 알고, 예수 복음을 전함으로 한 영혼을 구원하는 일에 힘쓰며 살아야 합니다.

셋째, 하나님의 다스림을 받는 사람답게 거룩한 삶(죄를 멀리하고 적극적으로 선을 행하는 삶, 즉 세상 사람들과 구별된 삶)을 살아야 합니다.

그렇게 그리스도인들 모두는 천국 시민다운 모습으로 살기 위해 믿음의 형제들, 그리고 지역 교회들과 항상 협력해야 합니다.

성경적인 윤리관

그리스도인들의 윤리의 기준은 성경이고, 성경적인 윤리는 하나님의 말씀을 기준으로 옳고 그름을 분별하여 옳은 것을 행하는 것입니다. 성경적인 윤리의 핵심은 하나님을 사랑하는 것과 이웃을 내 몸과 같이 사랑하는 것으로 요약할 수 있습니다. 또한 성경은 십계명과 예수 그리스도의 산상설교를 비롯해 다양한 말씀을 통해 신앙 윤리, 개인 윤리, 가정 윤리, 교회 윤리, 직업 윤리, 사회 윤리(학교와 직장을 비롯한 다양한 공동체들 안에서의 윤리), 그리고 나라와 민족 윤리 등에 대해 직간접적으로 가르쳐 줍니다(출 20:1-17; 신 5:6-21; 마 5:1-7:29, 딤후 3:16-17 등).

그러기에 그리스도인들은 성경이 요구하고 있는 윤리를 열심히 배우고 삶에서 실천해야 합니다. 그리고 그리스도인들은 자신이 알고 실천하고 있는 성경적인 윤리를 자녀들에게 가르치고, 함께 실천해야 합니다(참조. 신 6:1-9; 잠 22:6; 딤후 3:16-18 등).

또한 그리스도인들은 자신의 가장 기초적인 말과 행동부터 성경적인 윤리에 맞게 살아야 하고, 혹시라도 자신의 말과 행동이 성경적인 윤리에 맞지 않을 때는 즉각적으로 회개하고 돌이켜야 합니다(참조. 삿 2:10-13; 사 8:11-16; 호 4:6; 딤후 3:16 등). 요즘 사람들은 윤리와 도덕이 땅에 떨어졌다고 할 만큼, 세상은 윤리와 도덕이 유명무실해진 시대가 되었습니다. 다시 말해, 요즘 세상 사람들은 옳고 그름에 대한 정확한 기준이 없습니다. 그 뿐만 아니라 사람들이 공통적으로 옳다고 여기는 것이 있음에도 그것을 옳다고 말을 하지 않거나 옳은 것을 행하지 않는 시대에 살고 있습니다.

그 중에서도 목회자들과 그리스도인들, 사회의 지도층 인사들, 그리고 부모와 같은 어른들이 윤리적이지 않은 삶을 살다보니, 그런 모습을 보고 자라는 자녀들은 윤리가 무엇인지조차 제대로 모르고 자라고 있으니 큰 문제가 아닐 수 없습니다. 그리고 요즘은 가정, 학교, 심지어는 교회에서도 윤리와 도덕을 제대로 가르치지 않아, 대부분의 사람들은 성경적인 윤리를 기준으로 살기는커녕 자기가 옳다고 생각하는 대로 사는 사사시대처럼 변질되고 있습니다.

그리스도인들은 완전한 윤리와 도덕의 기준을 가지고 있습니다. 그 기준은 바로 성경에 있습니다. 다시 말해, 그리스도인들은 성경을 기준으로 옳고 그름을 정확히 분별할 수 있는 사람들입니다. 그러면 그리스도인들은 어떻게 해야 할까요? 성경적인 윤리와 도덕에 맞게 살아야 합니다. 그렇게 살면서 세상 사람들에게 윤리와 도덕의 기준을 제시하고 가르쳐야 합니다.

물론 세상 사람들이 성경적인 윤리와 도덕을 무조건 받아 들일거라고 생각하지는 않습니다. 그럼에도 불구하고 그리스도인들은 성경적인 윤리와 도덕에 맞게 살면서, 세상 사람들에게 직간접적으로 영향을 끼쳐야 합니다. 또한 세상이 너무 복잡해져서 옳고 그름을 성경적으로 분별하기 힘든 경우도 있습니다.

요즘 그리스도인들과 지역 교회들에게 요구되는 윤리는

첫째, 성경을 기준으로 옳고 그름을 분별할 수 있는 영적인 분별력과 지혜입니다.

둘째, 옳은 것은 옳다고 말하고, 그른 것은 그르다고 당당하게 말할 수 있는 용기입니다.

셋째, 성경에서 옳다고 하는 것을 일상생활에서 정직하게 실천하는 책임과 모범입니다.

다시 말해, 그리스도인들은 일상생활에서 불신자들보다 더 나은 윤리와 도덕적인 삶을 살아야 합니다. 그러기 위해 그리스도인들은 성령 하나님의 도우심으로 성경을 읽고 연구할 뿐만 아니라, 하나님께서 주시는 지혜로 성경을 기준으로 더 많은 상황에 대한 옳고 그름을 분별할 수 있도록 끊임없이 기도하며 노력해야 합니다. 그리고 성경을 통해 깨달은 옳은 것을 사람들과의 관계나 일상적인 삶에서 적극적으로 실천하며 살아야 합니다.

성경적인 문화관

성경적인 문화는 사람들이 하나님께서 맡겨주신 세상을 잘 다스리고 보존할 뿐만 아니라 잘 사용하고 발전시켜, 사람들의 모든 삶의 영역에서 하나님의 영광을 위한 다양한 생활 양식과 삶의 방식들을 만들어 내면서 거룩하게 사는 것입니다(창 1:28, 9:1-7; 출 20:1-17; 고전 10:31; 벧전 1:15-16 등). 하나님께서는 사람들을 지으신 후 그 사람들에게 바로 문화명령을 주셨는데, 이는 문화를 통해 세상에 지어진 피조물들을 하나님의 뜻에 맞게 사용하여 하나님의 영광을 위해 살라는 명령입니다(창 1:26-28, 2:19-20; 롬 8:19-22; 딤전 4:1-5 등).

또한 성경적인 문화에 맞게 사는 그리스도인들은 하나님께 영광과 기쁨이 되고, 예수 그리스도를 닮아가는 모습으로 변화되어 가며, 세상에 소금과 빛된 선한 역할을 하게 됩니다(마 5:13-16; 엡 4:13-15; 히 12:1-3; 요일 2:6 등). 그리스도인들은 적극적으로 성경을 배우고 실천하여 예수 그리스도를 닮아갈 뿐만 아니라, 성경과 교회 중심의 문화-하나님이 보시기에 더 나은 세상이 되게 하고, 사람들을 더 나은 삶으로 나아가게 하는 성숙한 문화-를 계발하여 세상에 끊임없이 제시하고 실제로 보여주어야 합니다.

또한 그리스도인들은 하나님의 뜻에 맞게 세상을 잘 다스리고 보존하여 선하게 사용하려는 노력을 해야 하고, 세상에 있는 것들을 사용하여 하나님의 뜻을 이루어야 하며, 가정과 교회, 사회와 나라에서 성경적인 문화에 맞게 살므로 하나님께 영광을 돌려야 합니다.

요즘 세속적인 문화의 특징은 인격적이고 이성적인 문화가 아닌 감정적이고 본능적인 문화, 오랫동안 쌓여온 전통과 성숙한 문화가 아닌 즉흥적이고 쾌락적인 문화가 주류를 이루고 있습니다. 그러다보니 그리스도인들이 성경과 교회 중심의 문화를 지속적으로 추구하지 않으면, 죄악에 물든 문화, 음란한 문화(선정적인 것들과 간음이 아름답게 포장되기도 함), 물질 중심적인 문화, 헛된 것을 추구하는 문화, 그리고 폭력과 파괴적인 문화(살인을 정의라고 하거나 보복을 정당한 것처럼 묘사되기도 함) 등의 세속적인 문화에 물들거나 그런 문화를 아무렇지 않게 받아들이게 될 수 있음을 알아야 합니다.

그 뿐만 아니라 자녀 세대들이 제대로 된 교육이나 지도 없이 그런 세속적인 문화를 쉽게 배우고 따라할 수 있게 됩니다. 요즘 지역 교회들 중에 많은 교회들이 하나님의 영광을 추구하고, 죄로 죽어가는 사람들에 복음을 전하여 그들을 구원의 길로 인도하며, 가난하고 힘없는 소외된 사람들을 돌보기보다는 이미 세속적인 문화에 물들어 있음을 알 수 있습니다. 그런 교회들은 화려하게 치장을 하고, 편리하고 안락한 편의 시설에 많은 투자를 하며, 비싼 물품으로 교회를 꾸미고, 건물을 크게 짓는 모습으로 변질됩니다.

또한 그런 교회들은 방송국과 같은 음향시설, 공연장과 같은 조명과 무대, 카페나 체육활동 시설과 같은 것들로 교회를 채웁니다. 심지어는 교회에서 세상 사람들에게 예수 복음을 전하기 위한 전도 집회가 아닌 세상적인 공연이나 스포츠 경기 중계를 하는 것도 꺼려하지 않는 실정입니다.

　그리스도인들조차도 세상 사람들 중심의 대중문화를 세속적인 문화가 아닌, 당연한 자신들의 문화라고 여기며 사는데 이는 큰 잘못입니다. 그리스도인들은 세상 사람들과 구별된 사람들이기에, 세속적인 문화가 아닌 하나님이 기뻐하시는 성경적인 문화 속에서 살아야 합니다. 이제 그리스도인들과 교회들이 함께 힘을 합쳐 세상 문화가 하나님이 기뻐하시는 문화가 될 수 있도록 계몽하고, 세상 문화가 성경과 교회 중심의 문화로 변화되어 갈 수 있도록 힘써야 합니다. 사실은 성경적인 문화가 교회와 그리스도인들의 가정을 넘어 세상 사람들과 세상에 깊게 자리잡도록 힘써야 합니다. 그것과 아울러 교회가 세속적인 문화에 물들지 않도록 적극적인 대처와 노력을 해야 합니다.
　그런데 요즘 그리스도인들과 지역 교회들은 하나님의 교회로서의 본질은 뒤로 한 채, 세속적인 문화를 따라하거나 닮아가려는 노력을 하는 모습으로 전락하고 있는 것이 안타까운 실정입니다. 그리스도인들이 하나님께서 기뻐하시는 성경과 교회 중심의 문화를 계발하고 그 문화에 맞게 살아갈 때, 세상 사람들도 분명 그것을 보고 배우게 될 것입니다.

　지금까지 세상에는 사람들이 먹고 마시고 즐길 수 있는 문화가 주류적인 모습이었다면, 이제는 먹고 마시고 노는 문화를 뛰어넘어, 모든 사람들이 가난한 사람들을 위해 어떻게 나누며 살까, 어렵고 힘든 사람들을 어떻게 도우며 살까, 물질 중심의 문화를 어떻게 하면 사람 중심의 문화로 변화시킬 수 있을까, 소외된 사람들이 없게 하려면 어떻게 해야 하고, 그들이 어떻게 하면 다른 사람들과 함께 어울려 살게 할 수 있을까,

아픈 사람들과 장애인들이 어떻게 하면 차별 받지 않으면서도 서로 필요한 도움을 받으며 살게 할 수 있을까, 자연과 환경을 어떻게 보호할 것인지와 지금 시대의 사람들이 그 자연과 환경을 어떻게 누리고 다음 세대에게 좋은 자연과 환경을 어떻게 물려줄 수 있을까를 비롯해 사람들이 서로 나누고 도우며, 서로에게 선한 모습을 보이며 살 수 있는 방법과 방향을 제시하여, 그것이 문화로 정착할 수 있도록 도와야 하는 것이 그리스도인들의 세상을 향한 사명 중에 하나일 것입니다. 그래서 그리스도인들과 교회들의 모범된 모습들이 믿지 않는 세상 사람들에게 선한 영향력을 미쳐야 합니다.

예를 들어, 세상 사람들이 사는 생활 양식이나 삶의 방식들이 자기들도 제대로 인식하지 못하는 사이에 성경적인 문화에 자연스럽게 물들 수 있도록 해야 하고, 거짓과 속임수, 그리고 악을 행하는 것보다 정직하고 선을 행하는 삶의 모습으로 변화되며, 먹고 마시고 놀고 게으르고 나태한 모습이 아니라 부지런하고 열심히 땀 흘려 일하는 모습이 되고, 자신만을 위한 삶이 아니라 다른 사람들을 돕고 배려하는 모습의 성경적인 문화가 폭넓고 깊게 자리잡을 수 있도록 해야 합니다.

문화라는 게 하루 아침에 만들어지는 게 아니기에, 그리스도인들과 교회들은 성경을 기준으로 끊임없이 방향을 제시하고, 그 방향에 맞게 적용하여 노하우를 쌓고, 그것이 몸에 베인 습관이 될 뿐만 아니라 다른 사람들과 어울릴 때도 그 문화를 나타내다보면, 그리스도인들과 교회들의 변화를 세상 사람들이 보게 될 것이고 그들도 좋은 문화에 마음을 열고 받아들일 때가 올 것이라 믿고 실천해 나가야 합니다.

만약 기독교 문화가 하나님께 영광을 돌리지 못하는 모습으로 변질되어 가면, 세속적인 문화는 그것보다 훨씬 더 나쁜 모습으로 타락해 갈 수밖에 없습니다. 왜냐하면 그리스도인들이 하나님의 말씀 안에서 다양한 생활 양식과 삶의 방식들에 대한 선한 대안을 제시하지 못하고 보여주지 못하면, 마귀의 지배를 받는 세상 사람들은 더 악하고 더 음란하며, 더 파괴적이고 더 이기적인 모습의 문화를 만들어 낼 수 밖에 없습니다.

지금 세상을 보면 그 사실을 확연히 알 수 있습니다. 현재 우리들이 사는 세상의 모습도 100년 전과 비교해 보면, 말로 표현하기 어려울 만큼 악하고 음란한 세속적인 문화가 세상을 지배하고 있음을 발견할 수 있습니다. 그런 세속적인 문화는 사람들 각자의 생각과 삶의 방식을 악한 모습으로 바꾸었고, 수많은 가정을 이미 깨뜨렸고 지금도 깨뜨리고 있으며, 신학과 지역 교회들을 무참히 변질시켰습니다.

그 뿐만 아니라 그리스도인들이 하나님의 말씀에 맞는 삶을 살지 못하도록 하는 큰 장애물과 방해꺼리가 되고 있으며, 세상 사람들은 더 성경과는 거리가 먼 모습이 죄와 악, 그리고 더 파괴적인 모습으로 빠르게 타락하고 있으며, 세상은 더 혼란스럽고 더 황폐해져 가고 있습니다. 그리스도인들과 교회들은 그 사실을 분명히 알고, 그 부분의 잘못을 하나님께 먼저 회개하고 돌이켜야 합니다.

그리고 그리스도인들과 교회들은 성경을 읽고 연구함으로 하나님께서 기뻐하시는 바른 문화를 찾아 세상에 제시하고, 그것을 삶에서 직접 실천함으로 보여주어야 합니다. 물론 이전에도 말했지만 그리스도인들과 교회들이 성경적인 바른 문화를 세상에 제시하고 실천하는 모습을 보여주는 것은 지속적이고 반복적인 노력이 없이는 불가능함을 깨닫고, 너무 조급하게 생각하지 말고 하나님께 기도로 끊임없이 요청하는 가운데 묵묵히 그 길을 가야 합니다.

또한 그리스도인 가정에 속한 어린 자녀들에게 특별한 관심을 가지고 성경적인 세계관을 가르치고 양육해야 하며, 그들이 성경적인 문화에 맞게 살아갈 수 있도록 지속적으로 도와주고 이끌어 주어야 합니다. 그리고 어린 자녀들이 세속적인 문화에 물들지 않도록 주의 깊게 살펴야 하는데, 그 이유는 어린 자녀들이 세속적인 문화에 물드는 것은 아주 쉽고 빠르지만 이미 물든 세속적인 문화를 버리고 성경적인 문화로 돌이키게 하려면 아주 힘들고 훨씬 많은 시간이 걸리기 때문입니다.

성경적인 결혼관과 가정관

결혼은 하나님께서 한 남자와 한 여자를 서로 사랑으로 결합하여 가정을 세우도록 정하신 제도로, 하나님께서 세상을 창조하실 때 처음 만드신 아담과 하와도 결혼을 통해 부부가 되게 하셨습니다(창 1:28, 2:18-25; 말 2:15; 엡 5:22-33; 히 13:4 등). 결혼을 통해 맺어진 부부는 그리스도와 교회가 떨어질 수 없는 관계인 것처럼, 그 누구도 그들의 관계를 분리할 수 없습니다(마 19:3-9; 고후 11:2; 엡 5:21-33; 계 19:7-8 등). 부부는 항상 하나님 안에서 결혼생활을 귀하게 여겨야 합니다(고전 7:36-38; 히 13:4. 참조. 신 4:9-10, 6:4-9).

부부는 하나님께서 최고의 사랑과 행복을 맛보며 살도록 계획하신 관계입니다. 또한 부부는 그 어떤 관계보다 사랑하는 관계요, 평생 서로 의지하는 관계요, 하나님께서 허락하신 최고의 선물과 같은 관계입니다. 부부 관계는 하나님과의 관계 다음으로 중요하고 복된 관계이며, 부부는 부모나 자녀들, 환경이나 물질적인 부분과는 상관없이 부부만으로 하나님 안에서 최고의 사랑과 행복을 누릴 수 있어야 합니다. 그리고 부부는 하나님께서 말씀하신 대로 사랑하고 순종의 원리에 맞게 살아야 합니다.

또한 부부는 배우자의 허물을 덮어줄 수 있어야 하고, 배우자의 짐을 대신 져 줄 수 있어야 하며, 배우자를 위해 손해 볼 수 있어야 하고, 배우자의 잘못을 용서해 줄 수 있어야 하며, 배우자를 위해 희생할 수 있어야 합니다. 그리고 부부는 그 누구보다 배우자를 사랑해야 하고, 그 누구보다 배우자와 친밀해야 하며, 그 누구보다 배우자를 배려해야 하고,

그 누구보다 배우자를 신뢰해야 하며, 그 누구보다 배우자와 함께 많은 시간을 보내야 합니다.

부부는 부부로 살게 하시는 하나님께 감사해야 할 뿐만 아니라, 자신을 그 누구보다 사랑해 주는 배우자에게도 감사하며 살아야 합니다. 또한 부부는 평생 어떤 상황에서도 서로 마음을 열고 대화를 통해 소통을 해야 하며, 그 누구보다 서로를 신뢰하고 친밀한 관계를 맺으며 살아야 하며, 하나님 외의 모든 관계에서 배우자에게 우선순위를 두고 살아야 합니다.

그런 부부로 살기 위해 하나님께 기도해야 하고, 배우자를 사랑하고 배려해야 하며, 배우자와 대화를 통한 친밀함을 유지해야 하는 등 말과 행동으로 끊임없이 노력해야 합니다.

남자와 여자는 서로의 역할과 질서는 다르지만 서로 하나님 안에서 동등하며, 서로 사랑하고 귀하게 여기고, 서로를 위해 기도해 주고 영적으로 세워주며, 서로 도와주고 협력하며 살아야 합니다(참조. 창 1:26-31, 2:4-25, 3:1-24 등). 또한 가정은 하나님께서 한 남자와 한 여자의 결혼을 통해 세우신 최초의 공동체로, 가정은 하나님 나라의 모형이며, 사랑 공동체, 생육하고 번성하는 공동체, 그리고 말씀과 예배 공동체입니다(참조. 창 2:18-25; 막 3:33-35; 롬 8:14-17; 엡 5:21-33 등).

그래서 가정은 하나님께서 세우시고 지켜 주셔야 바로 설 수 있습니다(시 127:1-5). 가족은 아주 특별한 관계입니다. 가족들은 세상에서 가장 사랑하는 관계이자 가장 친밀한 관계입니다. 가족들은 가장 서로를 잘 아는 관계이자 가장 비밀이 없는 관계입니다. 가족들은 가장 편안한 관계이자 가장 많은 것(마음, 시간, 돈, 집, 물건, 정보 등)을 공유하는 관계입니다.

또한 가족들은 가장 개인적이고 깊은 대화를 하는 관계이자 가장 잘 돌보고 서로를 의지하는 관계입니다. 가족은 함께 사는 관계이자 가장 많은 시간을 함께 하는 관계입니다. 그리고 가족은 태어나서 죽을 때까지 혈연으로 연결된 관계입니다.

그리스도인들의 가정은 하나님을 주인으로 모시고 하나님을 경외하며, 하나님의 말씀에 맞게 살아야 하며, 하나님의 말씀을 배우고 가르치는 일에 열심을 내고, 그 말씀을 삶에서 실천하는 데 적극적이어야 하며, 가족들은 서로에게 감사하고, 이해와 용서, 배려와 섬김을 잘 해야 하며, 가족들은 영혼 구원을 위해 함께 예수 복음을 전해야 하고, 가족들은 함께 하나님의 이름으로 구제와 나눔, 봉사활동에 참여하거나 시간, 재능, 물질 등을 후원하며 살아야 합니다. 그리고 가정생활을 할 때는 부부가 바른 관계를 유지하고, 자녀를 낳아 번성하며, 자녀들을 하나님의 말씀으로 잘 양육해야 하고, 부모를 공경하며, 형제간에 우애하고, 가족들이 서로 사랑하면서 서로를 돌보며 살아야 합니다(엡 5:22-6:4; 골 3:18-21; 벧전 3:1-8 등).

성경은 가족들을 돌보지 않는 사람들을 믿음을 배반한 자요, 불신자들보다 더 나쁜 자라고 하셨고(딤전 5:8), 경건하게 사는 그리스도인들은 고아와 과부를 돌보며 산다고 하셨으며(약 1:27), 하나님을 사랑한다고 말하면서 자기 형제를 미워하는 사람들은 거짓말하는 사람들이라고 하셨습니다(요일 4:20-21). 그리스도인들은 그 사실을 알고 가족들을 돌보고 도우며, 사랑하며 사는 것에 힘써야 합니다.

그리스도인들은 동성 간의 결혼, 믿지 않는 사람과의 결혼, 그리고 간음의 죄를 짓게 되는 결혼을 하지 말아야 합니다. 또한 그리스도인들은 가족들끼리 서로를 향한 사랑과 희생의 마음이 없어지거나, 가정에서의 역할과 질서를 거부하거나, 서로를 돌보지 않거나, 서로에게 죄악을 행하거나, 서로에게 마음의 상처를 주어 갈등이 커지거나, 관계가 깨어지는 일이 있어서는 안 됩니다(참조. 마 19:3-9; 롬 1:26-28; 고전 7:12-16; 요일 4:20-21 등).

요즘은 부부 간에 크고 작은 갈등이 생기면, 서로 대화나 다른 사람들의 도움을 통해서라도 해결하려는 노력보다 이혼을 선택해 버리는 경우도 많아졌습니다. 사람들은 다양한 이유로 이혼을 합니다. 부부의 이혼율이 증가하는 원인은 간음과 가정 폭력(폭언, 폭행)의 증가가 가장 큰 원인입니다.

물론 그 외에도 성격 차이나 경제적인 문제도 그 다음 원인이며, 부부와 가정에 대한 책임감 약화, 배우자에 대한 배려와 용서 약화, 무시나 인격적으로 대하지 않는 태도, 범죄(배우자 중 한 명이 범죄를 저지를 경우)의 증가, 자녀교육이나 직업으로 인해 장기간 떨어져 지내는 부부의 증가, 맞벌이 부부의 증가, 원 가족들과의 갈등(고부갈등, 장서갈등 등) 증가, 자녀 양육과 교육에 따른 갈등 증가, 과도한 집착이나 무관심, 가정을 전혀 돌보지 않는 태도, 다양한 중독(도박, 마약, 알콜, 게임, 쇼핑 등), 섹스리스, 지속적인 거짓말(리플리증후군), 그리고 신앙적인 갈등(신앙생활 중단, 이단에 빠짐, 타종교로 개종 등) 증가 등이 이혼을 결심하게 되는 원인들입니다. 물론 여기에 기록된 원인들 외에도 부부만이 알고 있는 다양한 원인들이 많이 있습니다. 요즘 부부들은 이혼을 쉬운 선택 중 하나라고 생각합니다.

예를 들어, 배우자와 같이 살고 싶지 않아서, 원 가정의 부모들이 배우자를 너무 싫어해서, 경제적으로 힘들어서, 결혼생활의 구속에서 벗어나고 싶어서, 자신이 원하는 일을 하고 싶어서, 자녀들을 위해서 등의 이유로도 이혼하는 경우도 있습니다. 물론 막장 드라마처럼 결혼 생활을 하는 동안 부부관계 내에서는 상상할 수 없는 일들 때문에 이혼에 이르는 경우도 있습니다. 그런데 간음 외에는 이혼을 할 수 없는 그리스도인들도 간음이 아닌 다른 이유, 즉 세상 사람들과 같은 이유로 이혼하는 경우가 급속도로 늘어나고 있는 게 현실입니다.

그리스도인들은 어떤 경우에도 이혼을 당연한 것으로 여기면 안 됩니다. 그리스도인들의 가정은 영적인 가정을 경험할 수 있는 중요한 공동체이기에, 그 가정을 하나님의 도우심으로 어떻게든지 지키려는 노력을 해야 합니다. 가정이 깨어지면 마음의 상처를 비롯해 개인적인 삶, 가족들과의 관계, 그리고 신앙생활이나 사회생활에 이르기까지 크고 작은 다양한 문제들이 따라온다는 것을 알아야 합니다. 그리스도인들은 하나님 안에서 사랑으로 가정생활을 해야 하고, 세상 사람들의 가정에도 모범이 되는 좋은 영향력을 미칠 수 있도록 노력해야 합니다.

뿐만 아니라 가정의 시작인 결혼을 중요하게 여기고, 결혼을 기도하며 잘 준비하며, 성경이 말씀하는 기준 안에서 자신과 맞는 사람을 찾기 위한 노력을 열심히 하고, 결혼을 비롯해 가정생활에 대해 열심히 배우고 가르치는 그리스도인들과 교회들이 되어야 합니다. 그리스도인들이 하나님의 말씀을 어기고 세상 사람들처럼 가정을 깨어지게 하는 잘못을 범하면 안 됩니다.

성경적인 물질관

하나님께서는 인간을 포함한 모든 만물을 말씀으로 창조하셨기에, 그 모든 만물의 주인이십니다(창 1:1-31). 다시 말해, 하나님께서는 사람들에게 이 세상을 살아가는 데 필요한 물질을 은혜로 주셨기에, 그리스도인들은 성경을 기준으로 물질에 대한 바른 개념을 가지고 살아야 합니다. 그리스도인들은 돈이 아닌 하나님을 사랑하고 섬겨야 하며, 물질을 주신 하나님께 감사하고 만족할 뿐만 아니라, 물질을 하나님이 원하시는 방법대로 잘 벌고 잘 사용해야 합니다(마 6:19-26; 눅 12:13-21; 딤전 6:6-10; 히 13:5 등).

또한 그리스도인들은 성경 말씀을 기준으로 물질을 얻고, 그 물질을 사용해야 합니다. 그리스도인들은 정직한 방법으로 돈을 벌어야 하고, 신앙생활과 가정생활, 사회생활, 그리고 가족들을 비롯한 다른 사람들과의 관계에 지장이 없을 만큼 돈을 벌어야 합니다(잠 11:1, 16:8, 20:23, 30:8-9). 그리스도인들은 하나님의 은혜로 얻은 물질을 감사함으로 하나님을 위해 사용하고, 자신과 가족들의 유익을 위해 사용하고, 가난하고 힘든 이웃들에게 베풀고 나누는데 균형 있게 사용해야 합니다(시 112:9; 눅 12:33; 행 2:44-45, 4:32-37; 고후 9:11-13 등).

그리스도인들은 하나님이 주신 물질을 맡아 이용하고 관리하는 청지기답게 살고(창 1:28, 2:15, 9:1-2 등), 물질이 아닌 오직 하나님만을 사랑하고 섬기고 살며(마 6:24; 눅 16:13), 물질을 세상이 아닌 하늘에 쌓으며 살고(마 6:19-21; 눅 12:13-34; 딤전 6:17-19), 물질보다 먼저 하나님 아버지의 나라와 그의 의를 구하며 살아야 합니다(마 6:25-33; 눅 12:22-34).

그리고 그리스도인들은 하나님께 드릴 물질과 국가의 세금을 구분하여 드려야 하고(마 22:21; 막 12:17; 눅 20:25), 물질의 많고 적음으로 사람들을 판단하거나 차별하지 않아야 하며(참조. 약 2:1-13 등), 인색하지 않고 후하게 베풀어야 하고(잠 11:24-26, 28:27), 부자가 하나님 나라에 들어가는 것이 어렵다는 것을 늘 기억하면서(마 19:16-24; 막 10:17-31; 눅 18:18-30), 자신이 가진 것에 항상 감사하고 만족하며 살아야 합니다(전 5:11-20; 빌 4:11-12; 딤전 6:6-10; 히 13:5 등).

또한 그리스도인들은 하나님께서는 물질을 주시기도 하시고 가져가기도 하시는 분심을 알아야 하며, 하나님께서 주신 물질을 죄악시해서는 안 되고, 물질의 유혹, 물질에 대한 욕심, 물질에 대한 집착, 그리고 물질에 대한 과도한 생각과 걱정은 잘못된 삶을 살게 하거나 죄악에 빠지게 함을 알고 버려야 하며, 물질의 많고 적음이 아니라 신앙의 성숙이 삶과 행복의 기준이 되는 삶을 살아야 합니다.

성경은 돈을 사랑하는 것이 모든 악의 뿌리이고, 부자가 되려고 애쓰는 사람은 마귀의 시험에 넘어지며, 돈을 더 많이 얻으려고 하다가는 진실한 믿음에서 떠날 수 있다고 말씀합니다(딤전 6:9-10 등). 다시 말해, 세상에서는 돈이 가장 중요한 삶의 도구일 수 있어도, 돈으로 신앙이나 구원을 살 수는 없습니다. 아니 돈이 신앙생활을 잘 하게 하기보다 신앙생활을 망가뜨리고, 죄악을 저지르게 하는 주범이 될 때가 더 많습니다. 그럼에도 불구하고 요즘은 그리스도인들조차도 더 많은 돈을 갖기 위해 혈안이 되어 있는 것이 안타까운 현실입니다. 그로 인해 믿음을 떠나거나 신앙생활을 게을리 하는 사람들이 엄청나게 많습니다.

그리스도인들은 아무리 극심한 가난에 시달린다 할지라도, 돈을 추구하지 않고 오직 하나님 한 분만을 사랑하고 섬기며 살아야 합니다. 요즘 세상은 '돈이 권력', '돈이 신분'이라는 말이 당연한 것처럼 여겨져, 돈이 사람들을 지배하거나 좌지우지 하는 모습이 되었습니다. 돈이 많으면 누구든 부릴 수 있고, 돈이 없으면 누군가의 종이 될 수 있는 시대입니다. 그래서 '유전무죄, 무전유죄'라는 말이 현실이 되어버렸습니다. 심지어는 돈이 행복과 기쁨도 살 수 있다고 말하는 사람들도 있고, 돈이 인생을 바꿀 수 있다고 믿는 사람들까지 있습니다. 그 뿐만 아니라 돈 때문에 가정이 깨지고, 돈 때문에 살인을 비롯한 수많은 범죄가 일어나며, 돈 때문에 자살까지 합니다. 그리고 요즘 삯꾼 목회자들은 돈으로 직분을 사고팔기도 하고, 기복신앙을 가르치기도 합니다.

예를 들어, 삯꾼 목회자들은 성도들에게 이미 받은 구원의 은혜와 하나님의 영광보다 교회나 교인들이 받을 세상적인 복에 집중합니다. 그래서 가난하고 병들고 고난당하면 하나님께 복을 받지 못한 것이라고 가르칩니다. 그리고 그들은 헌금을 많이 해야 하나님께 더 큰 복을 받는

다고 주장하기도 합니다(참조. 말 3:6-12).

  이러한 때에 그리스도인들은 돈 앞에서 비굴해지지 말고, 부자가 되는 꿈과 소망이 아닌 오직 영적인 부자로서 하나님께 소망을 두고 살아야 합니다. 또한 그리스도인들은 사치와 낭비하는 삶을 버릴 뿐만 아니라, 사람들의 빈부격차를 줄이고 가난한 사람들이 줄어들게 하기 위해 적극적으로 나눔을 실천하며 살아야 합니다.

  상상하기 싫지만 부자 교회 안에 굶주리는 성도가 있다면 그 교회가 진짜 하나님의 교회일까요? 그리고 부자 그리스도인의 옆집에 굶주리는 사람이 살고 있다면 그 사람은 진짜 그리스도인일까요? 그런데 요즘 그런 모습이 실제로 일어나고 있습니다. 하나님께서는 굶주림으로 인해 병들거나 죽어가는 사람들을 보면서도 먹을 것을 주지 않는 교회들과 그리스도인들을 보실 때 마음이 어떠실까요? 초대교회의 성도들이 자신의 재산과 소유를 팔아서 필요한 사람들에게 나누어서 어려운 사람이 없게 했다는 말씀을 가르치고 배운 교회들과 그리스도인들이 자기 성을 쌓는 일에만 열중하다보니 옆에서는 굶주려 죽는 사람들이 생기고 있습니다(참조. 행 2:43-47, 4:32-37 등). 교회들과 그리스도인들은 가난한 사람들을 구제하고 돕는 것은 당연한 의무인 것을 기억해야 합니다.

  그리스도인들은 물질을 벌고 쓰는 시간이 인생의 전부가 아님을 알아야 합니다. 물론 그리스도인들은 땀 흘려 일해서 물질을 얻고, 그 물질을 드리고, 누리고, 나누는데 사용하며 살아야 합니다. 그렇지만 물질을 벌고 쓰는 것 때문에 하나님과의 관계, 가족들이나 다른 사람들과의 관계에 문제가 생기고, 신앙생활과 교회생활, 하나님께서 맡겨주신 예수 복음의 증인으로서의 삶에 문제가 생기고, 자신의 건강에까지 문제가 생긴다면 어리석은 사람인 것입니다. 그리스도인들은 물질을 벌고 쓰는

데 있어 시간관리를 잘 해야 합니다. 또한 그리스도인들은 물질을 벌고 쓰는 데 치중하지 말아야 하고, 물질을 벌고 쓰느라 너무 바쁘고 피곤하게 살지 않아야 합니다.

오늘날 수많은 그리스도인들과 교회들이 이미 물질의 노예가 되어 있거나 맘모니즘에 빠져 있으면서도 제대로 깨닫지 못하고 사는 것이 안타까운 현실입니다. 그 뿐만 아니라 그리스도인들과 교회들이 물질적인 타락으로 인해 물질의 많고 적음으로 사람을 판단하거나 차별하고, 교회의 직분을 사고팔며, 물질로 모든 것을 할 수 있다는 물질 만능주의에 빠져 하나님의 말씀을 무시하며, 오직 물질적인 복을 위해 기복신앙을 진리인 것처럼 가르치고 따르기도 합니다. 그리스도인들은 물질적인 타락에 빠지지 않도록 끊임없이 노력해야 합니다.

● 성경적인 직업(일)관

하나님께서는 사람들에게 땀 흘려 일하라고 하시고, 일하기 싫거든 먹지도 말라고 하시며, 게을러 일을 하지 않으면 가난하게 된다고 말씀합니다(창 3:17-19; 잠 24:33-34; 마 25:14-30; 살후 3:6-12 등). 또한 삼위일체 하나님께서 일하고 계실 뿐만 아니라, 예수 그리스도께서는 이 세상에 오셔서 목수로, 공적인 사역으로 열심히 일하셨습니다.

그리스도인들은 이 세상에 사는 동안 땀 흘려 열심히 일을 해야 합니다. 물론 그리스도인들은 먹고 살기 위해서와 부유해지기 위해서만 일하면 안 되고, 하나님의 영광을 위해서와 예수 복음을 전하기 위해서 더 힘써 일해야 합니다. 또한 일터에서 일을 하다보면 지치고 힘들 때도 있고, 영적인 싸움을 할 때도 있는데, 항상 하나님의 도우심으로 이겨낼 뿐만 아니라, 하나님과의 동행으로 기쁨을 맛보는 일터에서의 생활이 되어야 합니다.

성경은 그리스도인들이 직업(일)을 선택할 때는 하나님의 말씀에 합당하고 하나님의 영광을 위한 직업(일)이어야 하고(신 6:18; 마 22:36-40; 고전 6:19-20, 10:31 등), 하나님이 주시는 은사에 맞고 자신과 가족들에게 유익을 주는 직업(일)이어야 하며(잠 11:16; 전 3:13; 마 22:36-40; 고전 6:12 등), 다른 사람들에게 도움이 되는 직업(일)(마 22:36-40; 고전 10:23-33; 엡 4:28; 약 2:8 등)이어야 한다고 가르쳐 줍니다.

그 외에도 자신이 선택하는 직업은 하나님께서 부르신 소명에 맞는 직업, 하나님께 주신 은사와 재능에 맞는 직업, 자신이 하나님 안에서 가장 즐거워하고 잘 하는 직업, 자신과 가족들의 건강(영적, 육체적, 정신적)에 문제가 없는 직업, 자신과 가정을 돌볼 수 있을 정도의 물질을 얻는 직업, 그리고 자신에게 보람과 감사, 만족과 성취감을 주는 직업을 선택해야 합니다.

또한 그리스도인들은 성경의 기준에 맞게 직업을 선택한 후에는 감사하는 마음으로 기쁘게 일해야 하고(빌 4:4; 살전 5:16 등), 모든 일에 주님께 하듯 최선을 다해야 하며(고전 4:2; 엡 6:6-8; 골 3:23-25; 살후 3:6-12), 자신이 하는 일을 통해 성취감과 만족감을 맛볼 수 있도록 노력해야 합니다. 물론 그리스도인들이 물질적인 유익만을 위해 직업(일)을 갖게 되면, 시간을 낭비하게 되고 후회하는 인생이 될 수 있음을 알고 주의해야 합니다(참조. 딤전 6:5 등).

그리스도인들은 주일을 거룩한 날로 지키기 위해 세상적인 일을 하지 않아야 하며, 신앙생활을 비롯해 가정이나 다른 사람들과 문제가 생길 만큼 일에 중독되면 안 됩니다. 요즘 돈을 많이 버는 직업이라면 성경적이지 않은 직업도 거리낌 없이 선택하는 그리스도인들이 늘고 있습니다. 그러나 그리스도인들은 직업을 선택할 때나 직장생활을 할 때 반드시 성경을 기준으로 해야 합니다.

그리스도인들은 직업이나 직장을 선택할 때, 주일 성수가 가능한 직업 또는 직장인지를 우선 고려해야 합니다(참조. 출 20:8-10; 신 5:12-15 등). 또한 비윤리적이거나 부당한 이윤을 추구하는 직업이나 직장, 성을 사고파는 것을 비롯해 음란의 죄를 짓는 직업이나 직장을 선택하지 않도록 해야 합니다. 그 뿐만 아니라 억압, 착취, 사기, 고리대금, 도둑질, 폭력과 관련된 직업이나 직장, 장기를 매매하는 직업이나 직장, 범죄 조직, 사람을 다치게 하거나 죽이는 직업이나 직장을 비롯해 범죄를 짓는 직업이나 직장을 피해야 합니다. 그리고 마약이나 술을 사고팔거나 그것을 복용하는 것이 일의 일부인 곳을 피해야 하고, 우상숭배, 이단, 타종교의 종교의식에 참여를 하거나 그들을 유익하게 하는 직업이나 직장을 선택하면 안 됩니다. 단 시간에 일확천금을 얻을 수 있다고 하는 직업이나 직장 생활을 선택하면 안 됩니다.

예를 들어, 도박장에서 일하거나 도박하는 일을 직업으로 가져서는 안 됩니다. 자연환경을 파괴하거나 사회적으로 심각한 문제를 일으키는 직업이나 직장 생활을 선택하면 안 됩니다. 이 외에도 그리스도인들은 다른 사람들에게 피해를 주는 직업을 가지면 안 됩니다. 또한 다니던 직장에 피해를 주면서까지 비윤리적으로 직장을 옮겨서도 안 됩니다.

그리고 자신의 건강(영적, 육체적, 정신적)에 심각한 문제를 일으키는 직업이나 직장도 피해야 합니다. 만약 직장에서 근무하는 동안 건강(영적, 육체적, 정신적)에 심각한 문제가 발생할 것 같으면, 최대한 빨리 회복할 수 있는 방법들을 찾거나 다른 직장으로 옮겨야 합니다. 요즘 많은 그리스도인들이 물질을 얻기 위한 일을 열심히 하는 것과 신앙생활을 잘 하는 것을 동일한 것으로 착각합니다.

그래서 성경을 읽고, 예배를 드리고, 교회에서 봉사를 하고, 전도와 선교를 하고, 하나님의 이름으로 세상에서 선을 행하는 일은 열심히 하지 않으면서, 자신의 직장생활에 최선을 다하고 직장생활을 더 잘 하기 위해 엄청나게 많은 시간과 물질을 투자를 하면서 일을 통해 큰 성취나 성공을 하면 그것이 하나님께 영광이 되는 삶이라고 착각합니다. 물론 그리스도인들이 일이나 직업으로 큰 성취를 이루거나 성공을 하면 사람들은 대단하게 여겨줄 것입니다. 그러나 그 일이 곧 하나님께 영광이 된다고 생각하는 것은 잘못입니다.

여기서 그리스도인들이 꼭 알아야 하는 것은, 일을 하는 이유는 바로 하나님께 영광을 돌리기 위해서라는 것입니다. 다시 말해, 그리스도인들이 일을 통해 하나님을 더 높이고, 하나님의 뜻을 더 잘 이루어 드리며, 하나님의 교회를 더 잘 세우고, 자신과 가정을 더 잘 돌보며, 다른 사람들에게 예수 복음을 더 잘 전하고, 결국 자신도 영적으로 더 성장하기 위해서입니다. 그러기에 그리스도인들은 일보다 하나님과의 관계에 최우선을 두고 살아야 하고, 일이 목적이 되면 안 되고 그 일을 통해 하나님께 영광 돌리는 삶이 목적이 되어야 함을 명심해야 합니다.

 ## 그리스도인들 간의 관계

그리스도인들이 이 세상에 사는 동안 가장 중요한 영적인 관계는 하나님이시고, 가장 중요한 육체적인 관계는 그리스도인들 간의 관계입니다. 그리스도인들은 하나님 안에서 믿음의 형제들로 뗄래야 뗄 수 없는 영적인 가족입니다. 그래서 그리스도인들은 하나님 안에서 서로 사랑하고, 화목하며, 용서하고, 배려하며, 협력하고, 도와주며, 영적으로 서로 의지하며 살아야 합니다.

그리고 그리스도인들은 하나님의 영광을 위해 함께 협력해야 하고, 함께 예배와 찬양을 드려야 하며, 하나님의 교회를 잘 세워가고, 함께 선을 행하며, 함께 하나님께서 맡기신 사명들과 하나님의 뜻을 이루어 가야 합니다. 그리스도인들이 다른 사람들에게도 선을 행하면서 살아야 하지만, 영적인 가족들인 믿음의 형제들과 그 가정에는 더 선을 행하며 살아야 합니다(마 5:13-16; 갈 6:10 등).

그 뿐만 아니라 영적으로 성숙한 그리스도인들은 초신자들이나 믿음이 연약하여 그리스도인으로서의 정체성을 제대로 모르거나 그리스도인으로서의 정체성에 맞게 제대로 살지 못하는 사람들을 가르치고 권면하여, 그들도 그리스도인으로서의 정체성에 맞게 살 수 있도록 도와주어야 합니다. 그러기 위해 그리스도인들끼리는 서로를 위해 기도해 줄 뿐만 아니라, 함께 기도해야 합니다.

그리스도인들이 신앙생활을 할 때 하나님과의 관계 다음으로 중요한 관계가 바로 믿음의 형제들과의 관계입니다. 그리스도인들이 믿음의 형제들과 영적으로 깊이 있고 친밀한 관계를 맺고 살면 영적으로 성장하고 영적으로 승리하며 사는 데 매우 큰 도움이 된다는 것을 늘 명심해야 합니다. 그러기에 그리스도인들 모두는 하나님 안에서 믿음의 형제들과의 영적인 만남을 게을리하지 말아야 합니다.

또한 그리스도인들은 하나님 안에서 하나님의 말씀에 맞게 하나 된 모습으로 살면서, 교회 중심으로 모이기에 힘써야 하고, 함께 힘을 합쳐 마귀와의 영적인 싸움을 해야 합니다(참조. 행 2:42-47; 롬 7:14-25; 엡 6:10-18; 히 10:24-25; 약 4:7-8 등). 그리고 그리스도인들은 보이는 것을 추구하며 살지 않고, 보이지 않는 하나님을 믿음으로 그분의 말씀에 맞게 살기 위해 서로 협력해야 합니다(참조. 롬 8:28; 고후 5:7; 빌 1:27-30; 히 11:1-40 등).

그리스도인들이 하나님 안에서 하나 된 모습으로 살면, 이 세상 그 어떤 존재보다 강력한 힘을 가질 수 있고, 마귀와의 영적인 싸움도 어렵지 않게 이길 수 있을 것입니다. 그 사실을 분명히 알고 그리스도인들은 서로 하나님 안에서 하나가 되려는 노력을 열심히 해야 합니다.

◯ 그리스도인들은 서로 어떤 관계일까

그리스도인들은 하나님의 자녀로서 하나님 안에서 영적인 가족, 즉 영적인 형제 관계입니다(마 12:46-50; 막 3:31-35; 롬 8:14-17; 갈 4:6-7; 엡 2:19 등). 그러기에 그리스도인들은 자신보다 나이가 많은 사람들에게는 부모를 대하듯 하고, 나이가 비슷한 사람들에게는 형제나 자매를 대하듯 하고, 나이가 어린 사람들에게는 자녀를 대하듯 하면서 가족처럼 지내야 합니다(딤전 5:1-2). 그리고 그리스도인들은 서로 하나님 안에서 하나된 관계임을 기억하고, 서로 다툼이나 분열 없이 늘 하나된 모습으로 살기 위한 노력을 해야 합니다(롬 12:16; 고전 12:12-27; 엡 4:1-16 등).

또한 그리스도인들은 그리스도 예수 안에서 교회의 몸으로서 지체의 관계로, 한 몸처럼 지내야 합니다(롬 12:4-5; 고전 12:12-27; 엡 4:24-25, 5:30 등). 그 뿐만 아니라 그리스도인들은 기회가 닿는 대로 모든 사람들에게 선을 행하며 살아야 하는데, 그 중에서 믿음의 가정에 더 선을 행하며 살아야 합니다(갈 6:10).

그리스도인들이 다른 사람들과 관계를 잘 맺기 위한 조건

그리스도인들은 누구와 관계를 맺든 하나님 안에서 좋은 관계를 맺어야 합니다. 그래야 자신을 통해 하나님의 사랑과 선하심을 나타내 보일 수 있고, 그로 인해 하나님께 영광을 돌릴 수 있습니다. 그리스도인들이 다른 사람들과 관계를 잘 맺기 위해서는 성경을 기준으로 관계를 맺어야 합니다(롬 12:9-21; 골 3:1-17; 딤후 3:16-17 등).

성경에서 벗어나는 관계를 맺게 되면 욕심과 죄를 낳게 되어, 결국 사람들과의 관계뿐만 아니라 하나님과의 관계도 멀어질 수 있음을 알아야 합니다. 그리고 그리스도인들이 다른 사람들과 관계를 잘 맺기 위해서는 먼저 하나님께 영광이 되고, 하나님이 보시기에 기쁨이 되는 관계를 맺어야 합니다(참조. 고전 6:19-20; 10:31 등). 그리스도인들은 먹든지 마시든지, 무엇을 하든지, 모든 것을 하나님의 영광을 위해 해야 하는 것처럼, 사람들과의 관계에서도 하나님께 영광을 돌릴 수 있어야 합니다.

또한 그리스도인들이 다른 사람들과 관계를 잘 맺기 위해서는 예수 그리스도께서 어떻게 사람들과의 관계를 맺었는지를 배워 그 분처럼 관계를 맺어야 합니다(엡 4:13-15; 골 2:9-10; 히 3:1, 12:1-3; 요일 2:6). 예수 그리스도께서는 이 세상에 사실 때 그 누구보다 사랑으로 사람들을 대하셨고, 온유와 겸손, 용서와 배려, 그리고 낮의 자의 모습으로 사람들을 잘 섬기며 사셨습니다. 그 사실을 아는 그리스도인들도 예수 그리스도의 삶을 닮기 위해 항상 힘써야 합니다.

그리스도인들이 서로를 대하는 방법

그리스도인들은 믿음의 형제로서 하나님 안에서 영적으로 깊은 관계를 맺고 살아야 합니다. 그리스도인들에게 있어 믿음의 형제들은 그 누구보다 친밀하게 교제할 수 있는 가족입니다. 그리스도인들이 영적인 가족들인 믿음의 형제들과 교제를 할 때 어떻게 그들을 대해야 하는지 좀 더 구체적으로 살펴보겠습니다.

첫 번째, 그리스도인들은 주 안에서 서로 사랑해야 합니다(마 22:34-40; 요 13:34-35, 15:12-17; 벧전 4:8; 요일 4:7-21 등). 그리스도인들은 서로를 뜨겁게 사랑할 뿐만 아니라, 서로 사랑으로 허물을 덮어주며 살아야 합니다. 그리스도인들은 서로 사랑하는 모습으로 예수 그리스도의 제자라는 사실을 모든 사람들에게 보여주어야 합니다. 그리스도인들에게 서로 사랑하는 삶은 가장 중요한 삶이자 가장 자연스러운 관계의 모습이어야 합니다.

두 번째, 그리스도인들은 할 수 있다면 모든 사람들과 더불어 화평하게 지내야 합니다(롬 12:9-18; 살전 5:12-13; 히 12:14; 약 3:17-18 등). 그리스도인들은 세상에 사는 동안 모든 사람들과 화평하게 지낼 수 있게 해 달라고 끊임없이 기도해야 합니다. 사실 그리스도인들이 세상에서 만나는 사람들은 그들이 그리스도인이든, 믿지 않는 사람들이든 관계없이 신앙, 환경, 지식, 능력, 성격, 언어, 세계관, 성별이나 나이 등이 다를 수 있기에, 그로 인해 서로를 이해하는데 어려움이 있을 수 있습니다. 그러다보니 모든 사람들과 화평하게 지내려면 성령 하나님의 절대적인 도움이 필요합니다. 그리스도인들은 그 사실을 알고 항상 기도하면서 성령 하나님의 도움을 구해야 합니다.

세 번째, 그리스도인들은 하나님 안에서 함께 기뻐하고, 슬퍼하는 사람들과 함께 슬퍼해야 합니다(롬 12:15; 고후 2:3; 빌 2:17-18; 살전 3:9 등). 그리스도인들은 하나님 안에서 친밀한 관계를 맺고 살아야 합니다. 그래서 기쁜 일이 있을 때는 함께 기뻐하고, 슬픈 일이 있을 때는 함께 슬퍼하기도 하고 서로를 위로해 주어야 합니다. 그 뿐만 아니라 세상에 사는 동안 고난과 고통을 당할 때, 환난이나 핍박을 당할 때, 그리고 다양한 문제들이 찾아올 때 함께 힘을 합쳐 이겨나가야 하고, 서로를 격려해 주고 도와주어야 합니다. 또한 그리스도인들 중에 낙심하는 사람들이 있으면, 그들을 하나님 안에서 일으켜 세워주어야 합니다.

네 번째, 그리스도인들은 서로를 위해, 그리고 서로 좋은 관계로 살게 해 달라고 기도해야 합니다(엡 6:18-20; 빌 1:4-5; 약 5:13-20 등). 그리스도인들은 믿음의 형제들이 영적으로 바로 설 뿐만 아니라, 가정과 교회, 그리고 사회에서 선한 영향력을 끼치며 살 수 있도록 늘 기도해 주어야 합니다. 그 뿐만 아니라 그리스도인들은 함께 모여 서로를 위해, 교회를 위해, 세상에서 협력하여 선을 이루기 위해, 그리고 함께 힘을 합쳐 마귀와의 영적인 싸움에서 승리하기 위해 기도해야 합니다.

다섯 번째, 그리스도인들은 서로의 실수와 잘못을 기꺼이 용서해 주어야 합니다(마 6:14-15, 18:21-22; 골 3:13 등). 그리스도인들은 하나님께 용서받은 것처럼, 서로의 실수와 잘못을 용서해 주어야 합니다. 그리스도인들끼리 관계를 맺고 살다보면 크고 작은 오해와 문제들이 발생할 수 있는데, 서로 대화로 풀어가려고 노력하고 쉽지 않을 때는 성숙한 믿음을 가진 사람들과 교회의 도움을 받아서라도 원만하게 해결해야 합니다.

여섯 번째, 그리스도인들은 믿음이 연약한 사람들을 격려하고 도와주어야 합니다(살전 5:14 등). 그리스도인들은 혼자만 신앙생활을 잘 하면 되는 것이 아니라, 연약한 믿음을 가진 사람들이 신앙생활을 잘 할 수 있도록 돕고 기도해 주어야 합니다. 그리고 그들에게 하나님의 말씀을 가르쳐 주어야 하고, 그들이 말씀에 맞게 살지 못할 때는 말씀을 삶에 적용하는 방법을 가르쳐 주고 말씀에 맞게 살 수 있도록 자주 권면해 주어야 합니다.

일곱 번째, 그리스도인들은 마음이 약한 사람들과 고난당하는 사람들을 위로해야 합니다(살전 5:14 등). 그리스도인들은 믿음의 형제들이 힘들고 어려울 때, 고난이나 고통을 당할 때, 슬프거나 괴로울 때 하나님의 이름으로 위로해 주고, 그 시간을 잘 견딜 수 있도록 도와주고, 그 힘든 시간을 함께 있어 주어야 합니다.

여덟 번째, 그리스도인들은 서로에게 오래 참아주어야 합니다(살전 5:14 등). 그리스도인들은 믿음의 형제들과의 관계에서 무슨 일이 생겼을 때 쉽게 분을 내지 말고, 조금 더 참으려고 노력해야 합니다. 또한 믿음이 연약한 형제들은 믿음이 자랄 때까지 늘 옆에서 도와주며 기다려 줄 수 있어야 합니다.

아홉 번째, 그리스도인들은 서로에게 필요한 도움(나눔과 구제 등)을 주어야 합니다(신 15:7-11; 마 6:1-4; 행 2:44-47; 롬 12:13; 히 13:16 등). 그리스도인들은 가난하거나 힘든 삶을 사는 믿음의 형제들을 위해 기도와 위로를 해 줄 뿐만 아니라, 물질을 비롯해 그들에게 꼭 필요한 실제적인 도움도 주어야 합니다.

열 번째, 그리스도인들은 서로 협력하여 선을 이루는 일에 힘쓰고, 거짓과 분열의 영인 마귀와의 영적인 싸움에서 승리하도록 노력해야 합니다(참조. 롬 8:28; 엡 6:10-18; 딤전 1:18-20; 약 4:7; 벧전 5:8-11 등). 그리스도인들은 함께 힘을 합쳐 마귀와의 영적인 싸움에서 승리하도록 노력해야 하고, 세상에 소금과 빛된 선한 삶으로 세상 사람들에게 좋은 영향력을 끼치기 위해 힘써야 합니다.

열한 번째, 그리스도인들은 믿음의 형제들의 짐을 서로 짐으로서 그리스도의 법을 성취해야 합니다(갈 6:2 등). 그리스도인들이 서로의 짐을 진다는 것은 서로를 사랑하는 것이기에, 서로를 뜨겁게 사랑함으로 그리스도의 법을 성취하며 살아야 합니다. 또한 서로가 지고 사는 무거운 짐(고난, 아픔, 가난, 핍박, 외로움 등)을 나눠지려는 노력을 해야 합니다.

열두 번째, 그리스도인들은 서로를 존중하고, 상대방을 자신보다 낫게 여기며, 잘 섬겨주어야 합니다(요 13:1-20; 롬 12:10; 빌 2:1-4 등). 예수 그리스도께서 자신을 낮추시고 이 세상에 오셔서 겸손과 섬김의 모범을 보여 주셨듯이, 그리스도인들은 예수 그리스도처럼 하나님 안에서 자신을 낮추고 겸손해야 하며, 그 모습으로 다른 사람들을 세워주고 섬겨주며 살아야 합니다.

열세 번째, 그리스도인들은 서로의 죄를 고백하며 기도해야 합니다(약 5:16). 그리스도인들은 각자가 지은 죄를 비롯해 자신의 삶을 서로 나누고, 그 나눈 것을 가지고 함께 하나님께 기도해야 합니다. 특히 그리스도인들은 서로 삶을 나눔으로 서로의 부족한 것을 돕기도 하고, 서로를 믿음으로 세워주기도 하며, 서로 바로 선 삶을 살 수 있도록 기도도 해 주어야 합니다.

열네 번째, 그리스도인들은 서로 한 마음으로 하나 된 삶을 살아야 합니다(롬 12:16; 엡 4:1-16; 빌 2:2 등). 그리스도인들은 하나님의 마음을 품고 살아야 할 뿐만 아니라, 하나님 안에서 한 마음으로 하나된 삶을 살아야 합니다. 사실 그리스도인들은 천국에서 영원히 함께 살 사람들인 것을 기억함으로, 하나님 안에서 서로 하나되려는 노력을 많이 해야 합니다.

열다섯 번째, 그리스도인들은 자신보다 낮은 처지의 사람들을 비롯해 다른 사람들을 예의 바르고 온유하게 대해야 합니다(롬 12:16; 엡 4:2; 벧전 3:8). 그리스도인들은 누구를 만나든 그들을 귀히 여기고, 존중하는 태도로 대해야 합니다. 또한 그들에게 온유한 말과 배려 있는 태도로 대해야 합니다.

열여섯 번째, 그리스도인들은 손님 대접하기를 힘써야 합니다(마 7:12; 눅 6:31; 롬 12:13; 히 13:1-2; 벧전 4:9-10 등). 그리스도인들은 다른 사람들에게 받는 것보다 주는 것이 복이 있음을 알고, 좋은 것을 나누려고 노력해야 합니다. 또한 그리스도인들은 무엇이든지 남에게 대접을 받고자 하는 대로 대접하며 살아야 합니다.

열일곱 번째, 그리스도인들은 서로에게 경우에 합당한 말, 칭찬과 격려, 그리고 위로의 말을 해야 합니다(잠 12:25, 25:11, 27:21; 골 4:6; 약 3:2-12 등). 그리스도인들은 입술에 파수꾼을 세워 말을 절제하고, 서로 좋은 대화를 하려고 노력해야 합니다. 그러기 위해 말씀 중심의 영적인 대화를 해야 하고, 정직하고 부드럽게 말하는 습관을 몸에 익혀야 합니다.

열여덟 번째, 그리스도인들은 직접 원수를 갚지 말고, 하나님께서 원수를 갚으시도록 맡겨야 합니다(롬 12:17-21 등). 그리스도인들은 원수들의 문제를 하나님께서 해결하시도록 맡기고, 그 대신 그들이 변하여 예수 그리스도를 믿도록 기도할 뿐만 아니라, 그들을 사랑으로 대해야 합니다.

열아홉 번째, 그리스도인들은 자신을 핍박하는 사람들을 위해 복을 빌어주고, 저주하지 말아야 합니다(롬 12:14 등). 그리스도인들은 세상에 살다보면 다른 사람들에게 미움을 받거나 핍박을 당하기도 합니다. 그렇지만 그리스도인들은 어떤 상황에서도 다른 사람들을 핍박하거나 저주하지 말아야 합니다. 뿐만 아니라 그리스도인들은 자신을 핍박하는 사람들이 하나님께 회개하고 돌이켜 하나님의 복을 받으며 살게 해 달라고 기도할 수 있어야 합니다.

스무 번째, 그리스도인들은 믿음이 연약한 사람들을 업신여기거나 비판하지 말고, 그들을 배려하고 도와주어야 합니다(마 7:1-5; 눅 6:37-42; 롬 14:1-23 등). 그리스도인들은 믿음이 연약한 사람들도 영적인 가족이라는 사실을 잊지 말고, 그들이 하나님 안에서 신앙생활을 잘 할 수 있고, 큰 믿음으로 자랄 수 있도록 끊임없이 배려하고 도와주어야 합니다. 그리스도인들도 신앙생활 초기에는 다 믿음이 연약하여 수도 없이 실수를 하거나 잘못을 범하고 살았음을 기억하고, 믿음이 연약한 사람들을 어린 아이처럼 잘 보살펴 주어야 합니다. 또한 믿음이 연약한 그리스도인들도 믿음의 선배들에게 하나님의 말씀과 영적인 삶에 대해 하나라도 더 배우려는 자세와 그들을 존중하는 태도를 가져야 합니다.

그리스도인들이 서로 사랑하며 살아야 하는 이유

그리스도인들은 하나님의 사랑을 받았고 지금도 그 사랑을 받으며 살고 있기에, 그리고 예수 그리스도의 제자이기에 서로 사랑하며 살아야 합니다. 그리스도인들이 서로 사랑하며 살아야 하는 이유가 무엇인지 좀 더 구체적으로 살펴보면, 하나님께서 우리를 먼저 사랑해 주셨고, 지금도 우리를 사랑해 주시기 때문입니다(요 3:16, 17:23; 롬 8:31-39; 요일 4:7-19 등).

하나님께 사랑을 받았고 지금도 그 사랑을 받으며 사는 그리스도인들은 그 사랑을 실천하며 삽니다. 그 중에서도 영적인 가족들인 다른 그리스도인들을 사랑하며 사는 것입니다. 또한 예수 그리스도께서 "서로 사랑하라"는 새 계명을 주셨기 때문에, 그리고 성경의 가장 큰 계명이 사랑하는 것이기 때문에, 그리스도인들은 서로 사랑하며 살아야 합니다(마 22:34-40; 요 13:31-35, 15:12-17 등). 그리스도인들이 사랑하며 사는 것은 선택이 아니라 의무입니다.

그리스도인들이 서로 사랑하는 것은 예수 그리스도의 명령이기에, 예수 그리스도의 말씀에 순종해야 하는 그리스도인들은 서로 사랑하며 살아야 합니다. 그리고 그리스도인들은 예수 그리스도께서 십자가에서 죽기까지 사랑해 주셨기 때문에, 자신이 받은 사랑으로 서로 사랑하며, 그 사랑을 나누며 살아야 합니다(롬 5:6-8; 고후 5:14; 갈 2:20; 엡 5:1-2 등).

또한 그리스도인들은 예수 그리스도의 제자이기 때문에 서로를 사랑하며 살아야 합니다. 성경은 그리스도인들이 서로 사랑하면 모든 사람들이 그 모습을 보고, 그들이 예수 그리스도의 제자인 줄 알게 될 것이라고 말씀합니다(요 13:31-35). 그리스도인들이 서로 사랑할 때 하나님이 그들 안에 거하시고, 하나님의 사랑이 그들 안에 완전해집니다(요일 4:12-18).

그 뿐만 아니라 그리스도인들이 서로 사랑해야 하는 이유는 성령의 열매인 사랑의 열매를 맺는 삶을 살아야 하고(갈 5:22-23), 영원한 생명에 이를 때까지 하나님의 사랑 안에서 자기를 지켜야 하기 때문입니다(유 1:21). 만약 그리스도인들 중에 빛 가운데 있다고 말하면서 자기 형제를 미워하는 사람들은 어둠 속에 있는 사람과 같으며, 하나님을 사랑한다고 말하면서 자기 형제를 미워하는 사람들은 거짓말하는 사람과 같음을 명심해야 합니다(요일 2:9-11, 4:20-21 등). 그러기에 그리스도인들은 무엇보다 사랑으로 서로의 허물을 덮어줄 뿐만 아니라, 서로를 뜨겁게 사랑하며 살아야 합니다(잠 10:12; 벧전 1:22, 4:8 등).

그리스도인들이 서로의 잘못을 용서해야 하는 이유

그리스도인들은 세상에 사는 동안 서로 영적으로 깊은 교제를 하며 살아야 합니다. 그리스도인들끼리 서로 교제를 하다보면 서로에게 실수를 하거나 잘못을 할 수도 있습니다. 그런데 이 때 그리스도인들은 믿음의 형제들의 실수나 잘못을 용서해 줄 수 있어야 합니다. 그리스도인들이 서로의 잘못을 용서해 주어야 하는 이유가 무엇인지 좀 더 구체적으로 살펴보겠습니다.

첫 번째, 그리스도인들은 하나님께 죄를 용서 받았기 때문입니다(사 1:15-18; 엡 1:7, 4:31-32; 골 3:13; 요일 1:9 등).

두 번째, 그리스도인들은 하나님께서 용서하며 살라고 하신 말씀에 순종해야 하기 때문입니다(마 18:21-35; 눅 17:3-4 등).

세 번째, 그리스도인들이 용서하는 삶을 살면 하나님께 용서를 받을 수 있고, 용서하지 않는 삶을 살면 하나님께 용서를 받을 수 없기 때문입니다(마 6:14-15, 18:35; 막 11:25-16; 눅 6:37; 고후 2:10 등).

네 번째, 그리스도인들이 용서하지 않고 분을 내거나 진노(복수와 보복 포함)를 하는 것은 하나님의 의를 이루지 못하는 것이기 때문입니다(약 1:19-20 등).

다섯 번째, 그리스도인들이 용서하지 않으면 마귀에게 이용을 당해 분노, 복수, 보복 등의 잘못을 저지를 수 있기 때문입니다(고후 2:5-11 등).

그리스도인들이 용서의 삶을 살면 하나님의 마음을 더 잘 이해하게 될 뿐만 아니라, 하나님께 얼마나 큰 용서를 받은 것인지 깨닫게 되면서 하나님께 더 감사하며 살게 될 것입니다. 그 뿐만 아니라 그리스도인들이 용서의 삶을 살면, 영적으로 더 성숙한 모습으로 변화될 것이며, 좀 더 겸손한 모습이 될 것이고, 마음이 좀 더 여유로워질 것이며, 다른 사람들을 향한 미움과 같은 부정적인 마음이 줄어들것이고, 용서하지 못해 마음에 있는 불편함이나 분노는 사라질 것이며, 마음이 좀 더 평안해질 것입니다. 그리스도인들의 용서의 삶은 많은 사람들에게 하나님의 선한 영향력을 미치게 되는 좋은 결과를 낳게 됩니다.

그리스도인들은 꼭 용서의 삶을 살아야 합니다. 물론 그리스도인들이 다른 사람들을 용서할 때의 기준은 죄로 죽었던 자신이 하나님께 죄와 허물을 모두 용서 받은 것이 기준입니다(마 6:12; 엡 1:7, 4:31-32; 골 3:12-14, 3:13 등). 다시 말해, 그리스도인들은 할 수 있다면 끝까지 용서를 해야 합니다(마 18:21-35; 눅 17:3-4 등). 그리스도인들은 믿음의 수준에 맞게 용서의 수준이 달라지기에, 성숙한 믿음을 갖기 위해 열심히 말씀을 읽고 그 말씀을 실천해야 합니다.

그리스도인들이 서로에게 하면 안 되는 행동들

그리스도인들이 서로 관계를 맺을 때 서로에게 하면 안 되는 행동들이 성경에 기록되어 있습니다. 그리스도인들이 서로에게 하면 안 되는 행동들을 하게 되면, 서로 사랑하거나 협력할 수는 없고, 그 대신 다툼이나 싸움을 통해 분열이 일어날 수 있습니다. 특히 그리스도인들이 서로에게 하면 안 되는 행동을 하면, 그리스도인들의 관계에는 아무런 유익이 없고 마귀만 좋아하는 상황이 됩니다. 그러기에 그리스도인들이 서로에게 하면 안 되는 행동들이 무엇인지 좀 더 구체적으로 살펴보겠습니다.

첫 번째, 그리스도인들은 서로에게 거짓말이나 거짓 증언, 속이는 짓을 하면 안 됩니다(출 20:16; 레 19:11-12; 골 3:9-10; 약 3:14 등). 거짓말이나 거짓된 행동은 마귀의 자녀로 살 때의 모습으로, 하나님의 자녀로 살 때는 거짓말이나 거짓된 행동, 그리고 속이는 짓을 버리고 정직한 말과 행위를 해야 됩니다(참조. 요 8:39-47; 요일 3:1-10).

두 번째, 그리스도인들끼리 일상적인 문제가 생겼을 때 용서나 화해를 하거나 교회 안에서 문제를 해결하려는 적극적인 노력을 하지 않고 세상 법정에 그 문제를 가져가서는 안 됩니다(마 5:21-26; 눅 12:57-59; 고전 6:1-8; 빌 4:2-3 등). 그리스도인들끼리의 문제를 용서나 화해 없이 세상 법정에 고소하면, 마귀에게 영적으로 지는 것입니다.

세 번째, 그리스도인들은 서로를 차별(인종, 피부색, 문화, 빈부, 성별, 장애인과 비장애인, 주인과 종, 교회의 직분자와 평신도 등)하거나 무시를 하면 안 됩니다(엡 6:9; 약 2:1-10 등). 하나님께서는 사람들을 하나님의 형상과 모양으로 귀하게 지으셨을 뿐만 아니라, 그들에게 맞는 역할과 질서를 주셨습니다. 그러기에 그리스도인들은 서로를 존중해 주고, 귀하게 대해야 합니다. 특히 그리스도인들은 사람들을 외모로 판단하거나 차별하면 안 됩니다(참조. 삼상 16:7). 그 대신 자신도 하나님께 부름 받을 때에는 자랑할 것 없는 약하고 부족한 존재였음을 기억할 뿐만 아니라, 하나님처럼 생명을 귀히 여기고 사랑하는 마음을 가지고 살아야 합니다(참조 고전 1:18-31 등).

네 번째, 그리스도인들은 서로를 사랑하지 않거나 미워하면 안 됩니다

(요일 2:7-11, 3:11-24, 4:7-21 등). 그리스도인들은 서로를 사랑하는 것이 의무입니다. 그리스도인은 믿음의 형제들을 넘어 원수들까지도 사랑하며 살아야 한다고 말씀합니다. 특히 그리스도인들은 세상 사람들에게 영적인 핍박과 미움을 당할 수 있지만, 그 때도 그들을 미워하지 말고 그들을 불쌍히 여기는 마음과 사랑하는 마음으로 대해야 합니다.

다섯 번째, 그리스도인들은 서로를 판단, 비판, 그리고 정죄를 함으로써 하나님의 영역을 침범해서는 안 됩니다(마 7:1-5; 눅 6:37-42; 롬 14:13; 약 4:11-12 등). 그리스도인들은 그 어떤 경우에도 자신이 하나님의 자리에 서는 교만한 태도를 보이면 안 됩니다. 혹시라도 하나님의 영역을 침범하는 실수를 하고 있지는 않은지 점검해 보고, 그런 실수를 하지 않도록 항상 주의해야 합니다.

여섯 번째, 그리스도인들은 서로에게 욕이나 조롱, 막된 말이나 악한 말, 그리고 저주를 하면 안 됩니다(시 10:7; 잠 115:28; 전 10:20; 마 5:22; 롬 12:14 등). 그리스도인들은 다른 사람들을 모욕하거나 경멸하는 욕을 하면 안 되고, 마음에 상처를 주는 말을 해서도 안 됩니다. 그리고 그리스도인들은 다른 사람들을 축복할지언정 저주하면 안 됩니다.

일곱 번째, 그리스도인들은 서로에게 비방과 험담을 하면 안 되고(레 19:16-18; 잠 11:13, 20:19; 롬 1:29; 약 4:11-12 등), 좋지 않은 소문을 퍼뜨려서도 안 됩니다(잠 11:13, 20:19, 25:9 등). 그리스도인들은 말로 다른 사람들을 괴롭히면 안 되고, 그리스도인들끼리 만나서 다른 사람들을 비방하거나 험담하면 안 됩니다. 그런 삶은 인생을 낭비하는 삶이며, 하나님의 마음을 가진 그리스도인들이 하면 안 되는 행동입니다.

여덟 번째, 그리스도인들은 서로에게 과격한 말, 시비 거는 말, 잦은 분노, 논쟁 등 다툼을 일으키는 말을 하면 안 됩니다(잠 15:1, 17:14; 딤전 6:3-5; 딤후 2:14-19; 딛 3:9 등). 그리스도인들은 서로에게 말을 조심해서 해야 하고, 과격한 말을 삼가야 하며, 헛된 것으로 논쟁하거나 다투면 안 됩니다. 또한 그리스도인들은 자신과 생각이 다르더라도 그 사람의 있는 그대로를 인정해 줄 수 있어야 하고, 그들의 말에 귀기울여 주어야 합니다. 특히 그리스도인들은 무조건 자신만 옳다고 하는 태도를 버려야 합니다.

아홉 번째, 그리스도인들은 서로를 모함, 음모, 위증을 하면 안 되고, 함께 죄를 모의하거나 함께 죄를 지으면 안 됩니다(참조. 신 19:15-21; 롬 1:18-32; 딤후 3:1-9 등). 그리스도인들은 거룩한 하나님의 자녀답게, 죄를 짓지 않으려고 함께 노력해야 합니다. 특히 믿음의 형제들과 함께 죄를 모의하거나 죄인 줄 알면서도 죄를 짓는 것에 함께 하면 안 됩니다. 또한 죄를 지은 그리스도인들을 두둔해서도 안 됩니다.

열 번째, 그리스도인들은 서로 파당을 만들거나 분열 또는 분쟁을 일으키면 안 됩니다(롬 2:8; 고전 1:12-18, 3:1-23; 갈 5:19-21 등). 그리스도인들은 생각이나 마음에 맞는 사람들끼리만 어울리고, 그 외의 사람들을 무시하면 안 됩니다. 그 뿐만 아니라 그리스도인들은 자신과 생각이 다르다고 분열을 하거나 분쟁을 하면 안 됩니다. 또한 그리스도인들이 하나님 안에서 하나 되지 못하고 분열하는 것은 이미 마귀의 시험에 넘어진 것임을 알아야 합니다.

열한 번째, 그리스도인들은 다른 사람들의 힘든 상황과 어려움을 보고도 외면하면 안 됩니다(참조. 마 25:31-46; 눅 10:25-37, 11:5-8; 행 3:1-10 등). 그리스도인들은 힘든 상황과 어려운 처지에 있는 사람들을 적극적으로 도와주고, 그들에게 위로자요 함께 하는 동료가 되어 주어야 합니다. 그들을 잘 섬기는 것이 바로 예수 그리스도를 섬기는 것이기 때문입니다.

열두 번째, 그리스도인들은 가난한 사람들에게 베풀지 않으면 안 됩니다(신 15:9; 잠 14:31, 28:27; 막 10:17-31; 약 2:14-17 등). 그리스도인들은 가난한 사람들과 하나님께 받은 것을 값없이 기쁜 마음으로 나누며 살아야 합니다. 다시 말해, 그리스도인들은 세상에 사는 동안 가난한 사람들에게 나누고 베푸는 일에 솔선수범하며 살아야 합니다.

열세 번째, 그리스도인들은 서로에게 겸손하게 대하지 않고 교만한 마음으로 대하면 안 됩니다(롬 12:16; 고전 10:12; 갈 6:3 등). 그리스도인들은 교만은 하나님께 멸망을 당하는 지름길임을 항상 명심해야 합니다. 그리고 그리스도인들은 자신이 믿음 안에서 잘 서 있다고 생각하거나 조금만 방심하면 영적으로 교만해져 넘어질 수 있음을 늘 기억해야 합니다. 그래서 그리스도인들은 다른 사람들을 대할 때 그들을 낮게 여기고 높여주는 겸손한 태도를 보여야 합니다.

열네 번째, 그리스도인들은 믿음의 형제들을 실족시키면 안 됩니다(마 18:6-7; 막 9:42; 롬 14:1-23; 고전 8:1-13, 10:23-33 등). 그리스도인들은 믿음의 형제들이 믿음 안에서 굳건하게 세워지게 도울지언정, 그들을 영적으로 시험에 들게 하거나 넘어지게 해서는 안 됩니다. 또한 그리스도인들은 누가 되었든 생명을 얻도록 도와주어야지, 그들을 실족시켜 죽음으로 내몰면 절대로 안 됩니다. 특히 그리스도인들은 죄로 죽어가는 사람들에게 예수 복음을 전하여, 그들을 구원의 길로 이끌어 영원한 생명을 얻도록 도와주어야 하는 사람임을 항상 명심해야 합니다. 그런 삶을 살기 위해 그리스도인들은 때론 자신이 손해 볼 수 있어야 하고, 때론 분노를 잘 참아야 합니다. 그리고 다른 사람들과 늘 관계를 맺고 살기에, 자신으로 인해 실족하는 사람들이 생기지 않도록 항상 기도해야 합니다.

열다섯 번째, 그리스도인들은 서로에 대해 불평하거나 원망하면 안 됩니다(갈 5:19-21; 약 5:9 등). 그리스도인들은 하나님께 감사하는 것처럼, 서로에게 감사하며 살아야 합니다. 특히 그리스도인들은 자신의 연약함과 부족함을 먼저 보아야지, 다른 사람들의 허물과 실수를 먼저 보면 안 됩니다. 또한 그리스도인들은 믿음의 형제들의 부족하고 연약한 부분이 보일 때는, 그들의 최선의 모습임을 인정할 뿐만 아니라, 그들이 성숙한 믿음을 가질 수 있도록 도와주어야 합니다.

열여섯 번째, 그리스도인들은 서로에게 악을 악으로 갚으면 안 됩니다(마 5:38-39; 롬 12:9, 17-21; 살전 5:15 등). 그리스도인들은 어떤 상황에서도 보복이나 복수와 같은 악한 일을 하면 안 됩니다. 그 대신 그리스도인들은 선을 선으로 갚는 삶을 살 뿐만 아니라, 악도 선으로 갚을 수 있는 성숙한 믿음으로 살아야 합니다. 물론 그리스도인들은 다른 사람들이 자신을 악하게 대할 때는, 그들을 피하려는 노력과 함께 그들의 악함을 하나님께 기도로 알리고 맡겨야 합니다.

열일곱 번째, 그리스도인들은 모든 사람들에게 폭행, 강간, 도둑질, 사기, 살인(자살 포함) 등의 범죄를 저지르면 안 됩니다(출 20:12-17; 신 5:16-21; 마 5:21-22; 롬 13:9; 약 2:8-13 등). 그리스도인들은 어떤 상황과 처지에서도 다른 사람들을 향한 죄악(범죄)을 저지르면 안 됩니다. 다시 말해, 그리스도인들은 죄를 짓지 않기 위해 끊임없이 깨어 기도해야 하고, 성숙한 믿음과 좋은 인격을 갖기 위해 말씀을 읽고 듣고 배우고 실천하는 것에 최선을 다해야 합니다.

열여덟 번째, 그리스도인들은 서로의 것을 탐하거나 욕심을 내면 안 됩니다(출 20:17; 신 5:21; 눅 12:13-21; 고전 5:9-11; 약 1:14-15 등). 그리스도인들은 하나님께 받은 은혜와 사랑에 감사할 뿐만 아니라, 하나님께서 허락하신 모든 상황에 만족하며 살아야 합니다. 자신이 가진 것이 부족하다고 다른 사람들의 것을 탐하거나 도둑질을 하면 안 됩니다. 그리고 욕심이 잉태하면 죄를 낳기에, 세상적이고 육체적인 헛된 욕심들(소유욕, 음식 욕심, 물질 욕심, 성적인 욕심, 명예 욕심, 권력 욕심, 수면 욕심, 지식 욕심, 외모 욕심, 인기에 대한 욕심 등)을 다 버려야 합니다.

열아홉 번째, 그리스도인들은 서로에게 겉과 속이 다른 위선자가 되면 안 됩니다(마 23:1-36; 막 12:38-40; 눅 11:37-54 등. 참조. 딤후 3:1-5). 그리스도인들은 항상 하나님 앞에 선 자처럼 정직하게 살아야지, 서로에게 잘 보이기 위해 의로운 척 하거나 경건한 척 하면 안 됩니다. 또한 그리스도인들은 항상 하나님을 의식하여 하나님이 보시기에 좋은 모습으로 살아야지, 사람들을 의식하여 사람들에게 좋게 보이려고 해서는 안 됩니다.

스무 번째, 그리스도인들은 서로에게 거짓 맹세나 헛된 맹세를 하면 안 됩니다(참조. 출 20:7; 렘 5:1-2; 슥 8:17; 마 5:33-37; 약 5:12 등). 그리스도인들은 성경을 기준으로 "옳은 것은 옳다" 하고, "아닌 것은 아니다"라고 해야 합니다. 그리스도인들은 자신의 잘못된 주장이나 행위를 합리화하기 위해 거짓 맹세나 헛된 맹세로 하나님의 이름을 이용하면 절대 안 됩니다.

그리스도인들이 죄를 짓거나 잘못하는 것을 알았을 때

그리스도인들은 자신과 가까운 믿음의 형제들이 죄를 짓거나 잘못을 행하는 것을 알았을 때는 개인적으로 권면과 훈계를 하거나 교회를 통해 권면을 하도록 해서, 그 사람들이 바른 삶을 살 수 있도록 도와주어야 합니다(마 18:15-17; 갈 6:1; 살전 5:11-14 등). 그리고 하나님께 그들의 죄를 용서해 주시고 그들이 죄를 짓지 않게 해 달라고 기도해야 합니다(요일 5:16-17).

그 뿐만 아니라 그리스도인들은 진리를 떠나 헤매고 있는 믿음의 형제들이 다시 하나님께 돌아올 수 있도록 도와야 합니다(살후 3:14-15; 약 5:19-20). 또한 하나님의 말씀을 제대로 알지 못해 죄를 짓거나 잘못을 하는 그리스도인들에게 하나님의 말씀을 가르쳐서, 그들이 하나님의 말씀에 따라 살 수 있도록 도와주어야 합니다.

그리스도인들에게 형제들과의 관계가 중요한 이유

그리스도인들에게 형제들(믿음의 형제들과 육체적인 형제들)과의 관계가 중요한 이유는, 그리스도인들이 하나님을 사랑한다고 하면서 형제를 미워하면 거짓말하는 것(하나님을 사랑하지 않는 것)이기 때문입니다(요일 4:20-21). 그리고 그리스도인들이 빛 가운데 있다고 하면서 형제를 미워하면 어둠에 있는 것과 같기 때문입니다(요일 2:9-11).

또한 그리스도인들이 형제를 사랑함으로 사망에서 생명으로 옮겨간 줄을 아는데, 형제를 사랑하지 아니하는 사람은 사망에 머물러 있는 것과 같기 때문입니다(요일 3:14). 특히 형제를 미워하는 사람은 살인자와 같고, 그들 속에는 하나님이 주시는 영원한 생명이 없습니다(요일 3:15). 그러기에 그리스도인들은 열심히 형제들을 사랑하며 살아야 합니다.

그리스도인들 간의 관계에 대한 성경적인 특별한 가르침들

성경에는 그리스도인들 간의 관계에 대해 많은 가르침이 기록되어 있습니다. 물론 그리스도인들 간의 관계에 대해 모든 것이 자세하게 기록된 것은 아니지만, 성경에 기록된 가르침만이라도 제대로 행하면 그리스도인들은 하나님 안에서 영적인 가족으로서의 온전한 모습으로 함께할 수 있을 것입니다. 성경에 기록된 그리스도인들 간의 관계들 중에 위에서 언급되지 않은 내용들을 몇 가지 살펴보겠습니다.

첫 번째, 그리스도인들은 서로 마음을 같이 하여 하나님께 영광을 돌려야 합니다(참조. 마 5:13-16; 롬 15:5-6; 고전 6:19-20; 10:31; 벧전 2:12 등). 그리스도인들은 먹든지 마시든지 무엇을 하든지 하나님께 영광 돌리는 삶을 사는데 최우선해야 합니다. 특히 그리스도인들은 하나님께 영광을 돌리기 위해 서로 무한대로 협력해야 합니다. 다시 말해 그리스도인들은 하나님의 영광을 위하는 일이라면 자신이 손해 보는 것을 당연한 것으로 여길 뿐만 아니라, 서로 협력하는 일에 적극적으로 참여해야 합니다.

두 번째, 그리스도인들은 서로 선한 말과 행위를 하며, 서로에게 좋은 것(영적인 것과 세상적인 것 모두)을 잘 나누어야 합니다(눅 10:25-37; 행 2:44-47, 4:32-37; 갈 6:7-9 등). 그리스도인들은 마음에 좋은 것을 쌓았다가 말이나 행위로 선한 것을 내야 합니다. 그리고 그리스도인들은 하나님께 받은 모든 좋은 것들을 자신을 위해서만 사용하지 말고, 서로 나누는 일에 적극적이어야 합니다.

세 번째, 그리스도인들은 은사를 행할 때는 서로 질서 있게 행해야 하고(고전 14:1-40 등), 성찬을 행할 때는 서로에게 배려하며 행해야 합니다(고전 11:20-34 등). 그리스도인들은 하나님께서 하나님의 교회와 하나님의 자녀들을 유익하게 하고, 봉사하는 삶과 교회를 세우는 일에 쓰임 받을 뿐만 아니라, 성령 안에서 하나 되게 하기 위해 은사를 주셨음을 알고, 주신 목적에 맞게 은사를 사용해야 합니다(롬 1:9-12; 고전 12:1-31; 엡 4:11-12; 벧전 4:10-11). 또한 그리스도인들이 주의 성찬을 행할 때는 예수 그리스도의 십자가의 죽으심을 기억할 뿐만 아니라, 예수 그리스도와의 영적인 교제와 부활에 대한 기쁨과 소망을 마음에 새김으로, 서로를 배려하면서 행해야 합니다(참조. 마 26:26-30; 막 14:22-26; 눅 22:14-20; 요 6:47-59; 고전 11:17-34 등).

네 번째, 그리스도인들은 함께 하나님의 말씀을 듣고 지켜 행해야 하고(신 6:1-9; 잠 22:17; 눅 8:15; 행 8:4-8 등), 하나님께 영과 진리로 예배를 드려야 하며(요 4:20-24 등), 하나님께 깨어 기도해야 합니다(행 1:13-14, 4:24; 고전 14:14-15; 요일 3:20-22).

다섯 번째, 그리스도인들은 서로 마음을 같이 해야 합니다. 다시 말해 그리스도인들은 서로 마음을 같이 하여 하나님을 섬겨야 하고(신 10:12-13; 수 22:5; 삼상 12:20-25 등), 하나님, 자기 자신, 가족들과 이웃, 믿음의 형제들, 그리고 원수들까지 사랑해야 하며(신 6:4-5; 마 5:43-48, 22:34-40; 벧전 3:8; 요일 4:7-21 등), 예수 그리스도 안에서 모이기에 힘써야 합니다(행 2:42-47, 5:12; 히 10:23-25). 그 뿐만 아니라 서로 마음을 같이 하여 교회의 일을 결정해야 하며(행 15:25), 선한 일을 행해야 하고(롬 8:28; 갈 6:9; 엡 6:8; 살후 3:13 등), 하나님께 회개하고 돌이켜야 하며(느 9:1-38; 욜 2:12-17; 행 8:22 등), 서로 화평함으로 의의 열매를 맺어야(롬 12:18; 고전 7:15; 약 3:17-18) 합니다.

여섯 번째, 그리스도인들은 서로에게 감사하며 살아야 합니다.

그리스도인들은 하나님께 감사할 뿐만 아니라 자신에게 복음을 전해준 사람들, 하나님의 말씀을 가르쳐 준/주는 사람들, 자신을 사랑해 준/주는 사람들(가족, 친구 등), 자신을 위해 기도해 준/주는 사람들, 자신을 양육하고 교육해 주신/주시는 부모와 교사들, 자신을 도와 준/주는 사람들, 그리고 자신을 하나님께 더 가까이 가도록 도와준/도와주는 모든 사람들에게 감사하며 살아야 합니다(참조. 행 24:1-3; 롬 16:3-4 등).

일곱 번째, 그리스도인들은 서로에게 순종하며 살아야 합니다. 특히 그리스도인들은 하나님께 순종할 뿐만 아니라 아내가 남편에게, 자녀들이 부모에게, 성도들이 목회자를 비롯한 교회의 영적인 리더들에게, 백성이 국가의 리더들에게, 종이 주인에게, 그리고 믿음의 형제들끼리 하나님의 말씀을 기준으로 순종하며 살아야 합니다(롬 13:1-2; 골 3:18-23; 히 13:17; 벧전 2:13-18, 5:5-6 등).

여덟 번째, 그리스도인들은 서로 협력하고 도와서 예수 복음의 증인으로서의 사명을 비롯해 하나님께 받은 사명들을 함께 이루어가야 합니다(빌 1:27-28 등). 그리스도인들은 각자가 하나님께 받은 사명들도 있지만, 믿음의 형제들과 함께 이루며 살아야 하는 사명들도 있습니다. 예를 들어, 예수 복음을 전하여 하나님 나라를 확장해야 하는 사명, 하나님의 교회를 바로 세워가야 하는 사명, 세상의 소금과 빛된 선한 영향력을 끼쳐야 하는 사명을 비롯해 하나님께서 그리스도인들에게 주신 대부분의 사명들은 서로 협력해야 더 잘 이룰 수 있습니다. 또한 그리스도인들이 하나님께 개인적으로 받은 사명이라도 믿음의 형제들과의 영적인 교제를 통해 조언을 듣거나 서로의 경험을 공유하면 더 잘 이룰 수 있습니다.

아홉 번째, 그리스도인들은 서로 비교하거나 헛된 것으로 논쟁이나 경쟁을 하면 안 되고, 오직 예수 그리스도를 닮아가는 것에 힘써야 합니다(갈 6:4; 엡 4:13-15; 빌 2:5; 딛 3:9; 요일 2:6 등). 물론 그리스도인들이 하나님의 말씀의 본질을 더 잘 지켜 행하기 위해 서로 논의하고 논쟁할 수 있습니다. 그러한 논의나 논쟁은 서로를 하나되게 하고, 서로를 영적으로 성숙시키며, 교회를 바로 세우는데 유익이 있습니다. 그러나 하나님의 말씀을 논의하거나 논쟁하는 것 때문에 다툼이나 싸움이 일어나거나 분열이나 분파가 생기는 일은 없어야 합니다.

열 번째, 그리스도인들은 먼저 형제들과 화해(화를 자제하고, 화를 쉽게 풀어야 함)를 한 후에 예배와 예물을 드려야 합니다(마 5:22-24 등). 그리스도인들은 서로 화목하게 지내야 하는 것이 맞지만, 서로 교제를 하다보면 크고 작은 오해나 관계의 문제들이 생길 수 있습니다. 그렇지만 서로 최대한 화를 내지 않을 뿐만 아니라 최대한 참고 상대방을 용서하되, 혹시라도 상대방에게 화를 냈거나 서로 다투었을 때는 빨리 화해하여 화를 풀어야 합니다.

● 그리스도인들이 멀리해야 하는 사람들

그리스도인들은 세상에 사는 동안 가까이 교제하며 친밀하게 지내야 하는 사람들도 있지만, 최대한 교제를 자제하고 멀리해야 하는 사람들도 있을 수 있습니다. 사실 그리스도인들이 멀리 해야 하는 사람들과 가까이 지내게 되면, 하나님과 멀어지거나 신앙생활을 게을리 하거나 교회를 떠날 수도 있음을 알아야 합니다. 그래서 그리스도인들이 멀리해야 하는 사람들은 어떤 사람들인지 살펴보겠습니다.

첫 번째, 그리스도인이라고 하면서 하나님의 말씀대로 살지 않고 분쟁이나 분열, 다툼을 일으키거나 다른 사람들을 실족케 하는 사람들이 있다면, 그들에게 형제처럼 충고는 하되 가까이 하지는 말아야 합니다(참조. 롬 16:17-18; 고전 5:9-13; 갈 5:20; 살후 3:6, 14-15 등).

두 번째, 그리스도인들은 경건의 모양은 있으나 경건의 능력은 부인하는 위선자들을 가까이 하지 말아야 합니다(딤후 3:1-5 등. 참조. 마 23:1-36 등).

세 번째, 그리스도인들은 전도할 때 배척하는 사람들을 가까이 하지 말아야 합니다(마 10:1-15; 막 6:7-13; 눅 9:1-6; 행 18:4-6 등). 물론 그들에게 전도하지 말라거나 그들을 배척하라는 것이 아니라, 그들과 일상생활에서 친밀한 교제를 위해 가까이 하지 말라는 것입니다.

네 번째, 그리스도인들은 거짓 선생들, 적그리스도, 그리고 이단들을 가까이 하지 말아야 합니다(딛 3:1-11; 요이 1:7-11 등).

다섯 번째, 그리스도인들은 우상 숭배자들과 가까이 하지 말아야 합니다(참조. 출 32:1-35; 겔 14:1-11; 말 2:11-12; 고후 6:14-16 등). 그래서 이 모든 것을 종합해 볼 때, 그리스도인들은 자신의 영적인 삶에 도움이 되는 사람들과는 적극적으로 관계를 맺고 영적으로 친밀한 교제를 하며 지내야 합니다. 그 대신 자신을 하나님께로부터 멀어지게 하거나 신앙생활을 방해하는 사람들은 전도를 위한 목적 외에는 너무 친밀한 교제를 하면서 지내지 않도록 주의해야 합니다.

 세상의 소금과 빛된 그리스도인들의 삶

    그리스도인으로서의 정체성을 가진 그리스도인들은 세상에 사는 동안 거룩하고, 세상의 소금과 빛된 선한 삶을 살므로 하나님께 영광을돌릴 뿐만 아니라, 세상 사람들까지도 그 모습을 보고 하나님께 영광을 돌릴 수 있게 해야 합니다(참조. 마 5:13-16; 고전 10:31-33; 벧전 2:11-12 등). 그리스도인들은 소금으로서 하나님의 말씀이 세상에서 온전한 맛을 낼 수 있도록 하는 역할과 하나님의 말씀으로 세상의 부패를 방지하는 역할, 그리고 자신들 뿐만 아니라 세상 사람들이 죄와 악을 행하지 않도록 하는 역할을 해야 합니다.

    만약 그리스도인들이 세상에서 소금과 같은 역할을 하지 않으면 아무 쓸모없어 밖에 버려지는 존재가 됩니다. 그리고 그리스도인들은 빛으로서 어두운 세상(마귀가 지배하는 세상)을 예수 그리스도로 밝히는 역할과 죄악으로 물든 세상을 선하게 바꾸는 역할, 그리고 예수 복음으로 세상 사람들을 구원으로 인도하는 역할을 해야 합니다.

    그리스도인들이 세상의 빛으로 살면 세상 사람들은 빛이신 예수 그리스도를 보게 될 것이며, 그로 인해 그들을 예수 그리스도께로 인도하여 그들도 빛의 자녀로 살게 될 것입니다. 다시 말해, "많은 사람을 옳은 데로 돌아오게 하는 사람들은 별과 같이 영원히 빛날 것이라"(단 12:3)는 말씀처럼, 그리스도인들이 예수 복음을 전하여 세상 사람들을 구원하는 일은 하나님께 큰 칭찬과 복을 받을 귀한 일이자, 영원한 기쁨을 주는 일입니다.

    그리스도인들이 세상 사람들에게 예수 복음을 전하는 것은 어둠(죽음)에 사는 사람들을 빛(생명)이신 예수 그리스도께로 인도하는 엄청난 일입니다(참조. 요 1:1-12; 고후 4:1-6 등). 다시 말해, 한 영혼을 구원하는 것은 천하를 얻는 것보다 더 귀한 일이기에(마 16:25-26; 막 8:35-36; 눅 9:24-25 등), 그리스도인들은 그 무엇보다 예수 복음을 전하여 죄로 죽어가는 세상 사람들의 생명을 살리는 영혼 구원하는 일에 힘써야 합니다(마 28:18-20; 행 1:8, 20:24; 고전 9:16-18 등. 참조. 딤후 4:1-8).

죄로 인해 영원한 죽음과 고통을 향해 가는 세상 사람들에게, 예수 복음은 유일한 희망의 빛이자 생명줄입니다. 그 복음을 전할 수 있는 특권이 그리스도인들에게 주어졌습니다(참조. 마 28:18-20; 막 16:15-16; 고전 1:21, 9:16-18 등). 그리스도인들은 그 사실을 알고 영원한 죽음과 고통의 늪에 빠진 세상 사람들을 건져내고, 그들도 영원한 생명과 천국의 삶을 누리게 하기 위해 적극적으로 예수 복음을 전하며 살아야 합니다(참조. 행 20:24 등). 그리고 그리스도인들은 굶주린 사람들에게 먹을 것을 주고, 목마른 사람들에게 마실 것을 주며, 헐벗은 사람들에게 옷을 입혀 주고, 병든 사람들을 돌보아 주며, 옥에 갇힌 사람들을 찾아가 주는 등 선을 행하며 살아야 합니다(마 25:31-46; 갈 6:9-10; 살후 3:13; 약 4:17 등).

그러기 위해 그리스도인들은 가족들을 비롯해 자신과 아무리 가까운 사람들이라고 하더라도 믿지 않는 사람들이라면, 전도하는데 걸림돌이 될 만한 말이나 행동을 하면 안 됩니다. 예를 들어, 그리스도인들은 지역 교회들이나 믿음의 형제들에 대한 비난이나 험담을 하지 않아야 하고, 교회나 믿음의 형제들과의 갈등에 대해서도 최대한 그들에게 말하면 안 됩니다.

그리스도인들은 신앙생활이나 교회생활에서 찾아오는 수많은 갈등과 문제들을 하나님께 기도를 통해 해결하거나 믿음이 성숙한 믿음의 형제들이나 목회자들과의 만남이나 상담 등을 통해 해결해야지, 믿지 않는 사람들과의 관계에서 해결하려고 하는 것은 그 영혼을 예수 그리스도께로 인도하지 못하는 결과를 낳을 수 있음을 명심해야 합니다. 또한 그리스도인들은 예수 그리스도로 옷 입은 사람으로 자신의 모습과 삶에서 예수 그리스도를 나타내며 살아야 합니다. 다시 말해, 그리스도인들은 선하신 예수 그리스도를 자신의 모습과 삶을 통해 세상 사람들에게 보여주며 살아야 합니다.

요즘 수많은 그리스도인들이 그리스도인으로서의 정체성을 잃어버리거나 하나님의 은혜와 사랑을 잊어버린 채 믿지 않는 사람들과 다르지 않은 모습으로 삽니다. 그 뿐만 아니라 그리스도인들이 선을 행하기는커녕 세속적인 삶에 빠져 살거나 죄악된 모습으로 삽니다. 그로 인해 그리스도인들이 믿지 않는 사람들에게 욕을 먹거나 하나님과 하나님의 교회를 욕되게 하고 있는 모습이 안타까운 현실입니다(참조. 롬 2:17-24 등).

그리스도인들은 예수 그리스도의 군사로 세상의 권세 잡은 마귀와 그를 따르는 세력들과의 영적인 싸움에서 승리함으로 자신의 신앙을 지키고 하나님께서 맡기신 사명을 잘 해나갈 뿐만 아니라, 그들의 방해로 예수 그리스도를 믿지 않는 사람들을 예수 그리스도께로 인도하는 일에 힘써야 합니다. 이러한 때에 그리스도인으로서의 정체성을 가진 그리스도인들은 세상에서 소금과 빛된 선한 삶으로 하나님께 영광을 돌릴 뿐만 아니라 그들을 옳은 길인 예수 그리스도께로 인도하기 위해서, 먼저 그들이 어떻게 살고 있는지, 그리고 그들을 어떻게 대해야 하는지 알아야 합니다.

세상을 향한 그리스도인들의 사명

그리스도인들은 믿지 않는 사람들에게 예수 복음을 전하여 그들이 예수 그리스도를 믿음으로 구원을 얻도록 도와야 합니다(마 28:18-20; 행 1:8; 고전 1:21 등). 그리스도인들은 예수 그리스도의 명령에 따라 세상 사람들에게 예수 복음을 전하여, 그들이 구원을 받게 해야 합니다. 다시 말해, 그들을 옳은 길인 예수 그리스도께로 돌아오게 해야 합니다.

또한 그리스도인들은 예수 복음을 받아들여 예수 그리스도를 믿음으로 구원 받은 사람들을 제자로 삼아 세례를 주고, 하나님의 말씀을 가르쳐 지키게 해야 합니다(마 28:18-20 등). 그 뿐만 아니라 그리스도인들은 세상에서 소금과 빛된 선한 삶을 살므로 하나님께 영광을 돌릴 뿐만 아니라, 세상 사람들이 그 모습을 보고 하나님께 영광을 돌릴 수 있게 항상 선한 영향력을 끼치며 살아야 합니다(마 5:13-16; 벧전 2:11-12 등).

그리스도인들이 세상에 사는 동안 하나님의 자녀로서의 모습을 세상 사람들에게 보여주어야 합니다. 다시 말해, 그리스도인들은 세상 사람들보다 더 선하게 살아야 하고, 더 생명을 귀하게 여겨야 하며, 더 윤리적으로 살아야 하고, 거짓이 없고 더 정직해야 하며, 더 잘 베풀고 힘든 사람들을 잘 도와주어야 하며, 더 배려와 용서를 잘 해야 하고, 더 겸손하고 온유해야 하며, 더 여유롭고 항상 기쁨으로 살아야 하며, 근심과 걱정 없이 더 평안하게 살아야 하고, 항상 감사하면서 행복하게 사는 모습으로 세상 사람들에게 보여주어야 합니다.

그리스도인들은 그런 삶을 억지로가 아니라 자연스럽게 몸에 베인 습관처럼 살아야 하는 것입니다. 그리스도인들이 그렇게 살 때 세상 사람들은 그리스도인들을 보면서 하나님을 믿는 삶에 대해 동경할 수 있고, 그리스도인들이 그들에게 예수 복음을 전할 때 그들도 쉽게 그 복음을 받아들일 수 있는 것입니다. 요즘 그리스도인들이 세상 사람들에게 그런 선한 영향력을 미치고 있는지 점검해 볼 뿐만 아니라, 자신이 세상 사람들에게 그리스도인으로서의 선한 영향력을 미치며 사는지 돌아보아야 합니다.

그리스도인들과 교회들이 서로 사랑하고 협력해야 하는 이유

그리스도인들과 교회들이 서로 사랑하고 협력해야 하는 이유는, 하나님께서 기뻐하시는 거룩하고 선한 삶을 이루어 가고, 세상 사람들에게 예수 그리스도의 십자가의 사랑의 모범을 보여주며, 마귀의 세력들과 영적인 싸움에서 승리하고, 세상 사람들에게 예수 복음을 잘 전하며, 세상에 하나님의 자녀로서의 선한 영향력을 미치며 살기 위해서입니다(참조. 마 5:13-16; 롬 8:2; 엡 6:10-18; 약 4:7-8; 요일 5:4-5 등).

그리스도인들과 교회들이 서로 사랑하고 협력해도 세상의 권세 잡은 마귀와 그를 따르는 세력들과의 영적인 싸움에서 항상 승리하기란 쉽지 않은 일입니다. 그리고 마귀와 그를 따르는 세력들은 그리스도인들이 서로 사랑하고 협력하지 못하도록 다양한 방법으로 방해할 뿐만 아니라 다투고 분열하게 하고, 우는 사자처럼 그리스도인들을 넘어지게 하려고 끊임없이 노력을 할 것입니다. 그럴 때일수록 그리스도인들과 교회들은 서로 사랑하고 협력하기 위해 열심을 내야 합니다.

또한 그리스도인들은 하나님 안에서 성숙한 그리스도인들과 교회들을 칭찬하고 그들이 더 잘 되도록 기도해야 하며, 그들이 어떻게 그런 은혜를 받고 있는지에 대해 잘 배워야 합니다. 그리고 하나님 안에 있지만 연약한 믿음을 가진 그리스도인들과 힘들고 어려운 처지에 있는 교회들에게 영적으로나 실제적(리더나 물질 등)인 도움을 많이 줄 뿐만 아니라, 그 교회들이 영적으로 넘어지지 않고 하나님 안에서 잘 세워질 수 있도록 계속 기도해 주어야 합니다.

요즘 그리스도인들과 교회들이 서로 사랑하고 협력하며 지내는지 점검해야 합니다. 사실 요즘 그리스도인들이나 교회들이 서로 사랑하고 협력하기는커녕 신학적인 부분이 조금 다른 것, 교단이 다른 것을 비롯해 다양한 부분에서 조금씩 다르다는 이유로 인해 특별한 경우가 아니면 서로 상관하지 않거나 서로에 대해 관심을 두지 않고, 심지어는 서로 배척하거나 다투는 경우도 많습니다.

그런데 그리스도인들과 교회들은 이런 모습을 속히 버리고 서로 사랑하고 협력함으로, 하나님의 교회와 믿음의 가정을 더 잘 세워나가고, 하나님께서 맡겨주신 사명을 더 잘 감당하며, 세상 사람들을 하나님께로 더 잘 인도하고, 마귀와의 영적인 싸움에서 승리하며, 서로를 통해 영적으로 더 성숙한 모습으로 자라가야 합니다.

● 그리스도인들과 교회들이 돕고 섬겨야 할 사람들

그리스도인들과 교회들이 돕고 섬겨야 할 사람들은 세상에 참 많이 있습니다. 그리스도인들과 교회들의 도움을 필요로 하는 사람들은 이 세상에서는 낮고 천한 사람들이며, 가난하고 소외된 사람들이 대부분입니다. 그리스도인들은 세상에 사는 동안 주변에 도움이 필요한 사람들이 있으면, 그들을 기쁨으로 돕고 섬겨주어야 합니다. 그렇게 사는 것이 하나님께 받은 은혜와 사랑에 감사하며 사는 사람들의 모습이기 때문입니다.

그렇다면 그리스도인들과 교회들이 돕고 섬겨야 할 사람들은 누구인지 좀 더 구체적으로 살펴보겠습니다.

그리스도인들과 교회들이 돕고 섬겨야 할 사람들은 가난한 사람들과 굶주리는 사람들, 큰 질병이나 장애로 고통을 당하는 사람들, 고아들과 과부들, 중독자들, 노예들, 감옥에 갇힌 사람들, 학대 받는 아동들, 난민들, 노숙자들, 정신병자들, 미숙아들, 미혼모들과 그들의 자녀들, 따돌림을 당하는 사람들, 범죄 피해자들, 실종자들과 그의 가족들, 인권을 유린당하며 사는 사람들, 전쟁이나 분쟁 국가 내에 살고 있는 사람들, 가정이 깨어진 사람들, 가정 폭력 피해자들, 사건과 사고로 인한 트라우

마로 고생하는 사람들 등입니다(참조. 마 6:1-4, 25:31-46; 행 2:44-47; 히 13:1-3; 약 1:26-27 등).

물론 이 외에도 그리스도인들이 돕고 섬겨야 할 사람들은 많이 있는데, 그들 대부분은 힘없고 소외된 사람들입니다. 하나님께서는 그리스도인들이 가난하고 힘없고 소외된 사람들을 돌보고 도와주는 등의 선한 삶을 사는 것을 기뻐하십니다. 사실 그리스도인들은 하나님께 받은 은혜와 사랑을 항상 나누며 살아야 하는 사람들입니다.

그리스도인들과 믿지 않는 사람들의 공통점

그리스도인들과 믿지 않는 사람들은 수많은 공통점을 가지고 있습니다. 그리스도인들과 믿지 않는 사람들은 이 세상에 태어나는 방법과 세상에 사는 동안 먹고 사는 것을 비롯한 삶의 방식 등의 육체적인 삶은 대부분 동일합니다. 하지만 죽음 이후에는 완전히 다른 모습이 됩니다. 여기서 그리스도인들과 믿지 않는 사람들의 공통점을 살펴봄으로써, 믿지 않는 사람들을 예수 그리스도께로 인도할 때나 그들을 도울 때 어떻게 해야 하는지 알게 될 것입니다. 그리스도인들과 믿지 않는 사람들의 공통점은 다음과 같습니다.

첫 번째, 창조: 사람들은 본래 하나님께 영광과 찬양을 돌리게 하기 위해, 하나님의 형상과 모양으로 하나님께 지음을 받은 존재입니다(창 1:26-30; 사 43:7, 21; 엡 4:24; 골 3:10 등). 다시 말해, 사람들은 모두 동물을 비롯해 다른 피조물들과는 근본적으로 다른 특별한 존재로 지음을 받았습니다.

두 번째, 출생: 그리스도인들과 믿지 않는 사람들은 모두 동일한 방법으로 세상에 태어납니다. 또한 육체적인 성장과 생존하는 방법(먹고, 자고, 배설하는 것), 감정 표현이나 소통 방법, 지식을 습득하고 그 지식을 사용하는 방법, 다른 사람들과 관계를 맺고 사는 방법 등 인간으로서의 기본적인 삶이 동일합니다(참조. 창 3:16, 4:1-26; 욥 1:1-42:17; 시 139:13-16; 아 1:1-8:14 등).

세 번째, 역할과 질서: 그리스도인들과 믿지 않는 사람들은 모두 남자와 여자로서의 역할과 질서를 부여 받았을 뿐만 아니라, 가정, 교회, 사회, 국가에서 기본적인 역할과 질서도 주어졌습니다(참조. 창 3:16; 롬 9:20-21; 고전 3:22-23; 엡 5:21-6:9; 딤후 2:20-21 등). 이 세상에 태어나는 모든 사람들은 하나님께 부여받은 역할과 질서에 따라 살아야 합니다. 그러나 마귀는 사람들을 유혹하여 하나님께서 부여하신 역할과 질서대로 사는 것을 부당하게 여기게 합니다. 그래서 그리스도인들조차도 하나님께서 부여하신 역할과 질서가 시대와 상황에 맞지 않기 때문에 필요없다고 주장하는 잘못을 범하며 삽니다.

네 번째, 본성: 그리스도인들과 믿지 않는 사람들은 모두 아담이 범죄한 이후로 원죄를 전가 받아 하나님 앞에서 죄인이었습니다(창 3:1-24; 롬 6:1-23; 갈 4:1-8; 요일 2:1-6, 3:1-10 등). 다시 말해, 그리스도인들은 예수 그리스도를 믿고 회개함으로 구원을 받아 의인이 되었지만, 믿지 않는 사람들은 아직도 죄인입니다(엡 2:1-10 등).

다섯 번째, 가정: 그리스도인들과 믿지 않는 사람들은 모두 때가 되면 결혼을 하여 가정을 세우고, 그 안에서 부부, 부모와 자녀, 그리고 형제 관계가 생기게 됩니다(창 2:18-25, 4:1-5:32 등). 하나님께서 원하시는 결혼과 가정의 원리도 마귀의 지속적인 유혹과 시험으로 인해 동성 간에 결혼하는 사람들뿐만 아니라, 동물과 결혼하는 사람들까지 생겨나고 있는 모습으로 변질되고 있습니다.

여섯 번째, 일반 은혜: 그리스도인들과 믿지 않는 사람들은 모두 이 세상에 사는 동안 하나님께 구원의 은혜를 제외한 모든 은혜, 즉 자연적인 은혜(태양, 달, 별, 이른 비와 늦은 비 등), 다른 피조물들을 다스리고 정복하는 것, 먹고 마시는 것, 건강, 물질, 지식, 문화, 교육, 정치,

시간 등을 차별 없이 받게 됩니다(겔 34:26-27; 욜 2:23-24; 마 5:45; 행 14:15-17, 17:22-30 등).

일곱 번째, 하나님에 대한 지식: 하나님께서는 그리스도인들과 믿지 않는 사람들이 모두 하나님을 알 수 있게 하셨는데, 하나님께서 만드신 만물을 보고 하나님을 알 수 있게 하셨습니다(롬 1:19-20). 또한 하나님께서 사람들에게 주신 하나님의 말씀인 성경을 통해서도 하나님이 누구신지 알 수 있습니다(딤후 3:15-17; 벧후 1:20-21 등).

여덟 번째, 죄의 기준: 그리스도인들과 믿지 않는 사람들에게 죄는 하나님의 말씀을 어기는 것과 선을 행할 줄 알고도 행하지 않는 것입니다(호 6:7; 롬 14:23; 약 4:17; 요일 3:4, 5:17 등). 모든 사람들은 육신의 연약함과 마음의 욕심 때문에 마귀의 유혹에 넘어져 죄를 짓게 되며, 그 죄악된 행동이 반복되면 결국 악한 습관과 악한 성품으로 자리 잡게 됩니다(마 12:33-37, 26:41; 요 8:42-47; 약 1:14-15 등).

아홉 번째, 죽음: 그리스도인들과 믿지 않는 사람들은 모두 한 번은 육체적인 죽음을 맞이합니다(히 9:27 등). 다시 말해, 모든 사람들이 육체적으로 이 세상에 태어날 때 아무것도 가진 것 없이 벌거벗은 몸으로 왔듯이, 죽을 때도 아무것도 가지지 못하고 벌거벗은 채로 돌아갑니다(욥 1:21; 딤전 6:7). 또한 이 세상에 태어난 모든 사람들은 한 번은 반드시 죽고, 그 죽음 후에는 하나님의 심판을 받게 됩니다(히 9:27 등).

열 번째, 심판: 그리스도인들과 믿지 않는 사람들은 모두 예수 그리스도께서 재림하신 후에 최후의 심판을 받게 됩니다(전 12:14; 마 25:31-46; 계 20:11-15 등). 이 때 사람들이 심판을 받을 때의 기준은 예수 그리스도를 믿음으로 생명책에 이름이 기록되어 있는지의 여부와 각 사람이 세상에서 행한 행위가 기준입니다(말 3:16; 마 12:33-37; 계 20:11-15, 21:26-27 등).

🌀 그리스도인들과 믿지 않는 사람들의 다른 점

그리스도인들과 믿지 않는 사람들은 다른 점들도 많이 있습니다. 그리스도인들이 믿지 않는 사람들과 어떻게 다른지를 알면 믿지 않는 사람들을 조금 더 이해할 수 있고, 그로 인해 그들에게 예수 복음을 전하기가 좀 더 수월해집니다. 그리고 그들에게 예수 복음을 꼭 전해야 함을 알게 되어, 좀 더 적극적으로 예수 복음을 전하며 살게 될 것입니다. 그리스도인들과 믿지 않는 사람들의 다른 점이 무엇인지 살펴보겠습니다.

첫 번째, 신분: 그리스도인들은 예수 그리스도를 믿음으로 구원을 받은 후 하나님의 자녀요 의인이 되었습니다. 반면 믿지 않는 사람들은 여전히 마귀의 자녀요 죄인입니다(요 1:12, 8:39-47; 롬 8:1-18; 갈 4:1-7; 요일 3:1-10 등). 그리스도인들과 믿지 않는 사람들의 가장 큰 차이가 바로 이 영적인 신분의 차이입니다. 사람들은 육체적으로 죽기 전까지, 예수 그리스도를 믿음으로 하나님의 자녀요 의인으로 자신의 신분을 바꾸지 않으면, 최후의 심판 후 영원한 고통에 처해진다는 것을 명심해야 합니다.

두 번째, 삶의 기준: 그리스도인들은 성경이 삶의 기준입니다. 반면 믿지 않는 사람들은 세상적인 지식이나 경험이 삶의 기준입니다(수 1:7-8; 삿 21:25; 딤후 3:15-17, 4:3-4 등). 그리스도인들에게 세상적인 지식과 능력, 그리고 경험은 그렇게 중요하지 않습니다. 그런 것들은 100년 동안의 인생을 사는데 큰 도움이 되는 것은 사실이지만, 성경적인 지식과 그 말씀에 따라 사는 삶은 영원한 유익을 줍니다. 그리스도인들은 눈앞에 보이는 세상적인 지식과 경험이 삶의 기준이 되지 않고, 언제나 성경 말씀이 삶의 기준이 되는 삶을 살고자 힘써야 합니다.

세 번째, 우선순위: 그리스도인들은 하나님과 영적인 삶이 우선입니다. 반면 믿지 않는 사람들은 자기 자신의 육체적인 삶과 세상(물질 포함)적인 삶이 우선입니다(참조. 마 6:24-34; 눅 10:38-42; 엡 6:10-18; 골 3:1-17; 딤전 6:5-10 등). 그리스도인들은 하나님을 그 무엇과도 바꿀 수 없는 제일 우선순위에 둡니다. 즉 그리스도인들에게는 영적인 삶(예배, 찬양, 기도, 말씀 읽기, 전도와 선교, 하나님의 교회를 섬기는 삶, 믿음의 형제들과의 영적인 교제 등)이 먹고 마시고 입는 것과 세상적인 것을 즐기고 사는 육체적인 삶보다 항상 우선입니다.

네 번째, 사랑: 그리스도인들은 하나님께 무한대의 사랑을 받으면서 그 사랑으로 하나님, 자기 자신, 가족들, 믿음의 형제들, 그리고 이웃들을 사랑하며 삽니다. 반면 믿지 않는 사람들은 자기 자신과 가족들, 이웃들, 물질, 그리고 세상의 헛된 것들을 사랑하며 삽니다(신 6:4-5; 마 5:43-48, 22:34-40; 벧전 3:8; 요일 4:7-21 등).

다섯 번째, 영광: 그리스도인들은 하나님의 영광과 예수 그리스도를 위해 삽니다. 반면 믿지 않는 사람들은 자기 자신의 영광과 자기 자신을 위해 삽니다(참조. 사 43:7; 롬 14:7-9; 고전 6:19-20, 10:31; 고후 5:14-15 등). 그리스도인들은 하나님의 영광과 예수 그리스도를 위해 사는 삶으로 하나님께 영광을 받습니다. 다시 말해, 그리스도인들이 하나님보다 자기 자신을 위해 살면 하나님의 영광을 가리게 되며, 하나님께 영광도 받지 못하게 됩니다.

여섯 번째, 추구하는 것: 믿는 사람들은 거룩한 삶을 추구하고, 하나님 아버지의 나라와 그 분의 의를 추구하며, 예수 그리스도의 십자가의 삶을 따라 살고, 성경을 기준으로 도덕적인 선과 영적인 선을 동시에 추구하며 삽니다(레 11:44-45; 마 6:24-34; 고전 1:18-31; 갈 6:14; 벧전 1:15-16 등). 반면 믿지 않는 사람들은 거룩한 삶과 상관없는 행복한 삶(세상의 물질적인 풍요와 육체적인 즐거움, 세상적인 성공과 성취감, 사람들과의 관계에서 얻어지는 만족 등)을 추구하고, 자기의 의를 추구하며, 세상적인 상식을 기준으로 도덕적인 선을 추구하고, 우상이나 잘못된 종교가 제시하는 영적인 선을 추구하며 삽니다(참조. 마 6:31-32, 24:38-39; 눅 12:13-34, 17:27-28; 빌 3:18-19).

일곱 번째, 은혜: 그리스도인들은 하나님께 특별 은혜(구원과 성경)와 일반 은혜-자연적인 은혜(태양, 달, 별, 이른 비와 늦은 비 등), 다른 피조물들을 다스리고 정복하는 것, 먹고 마시는 것, 건강, 물질, 지식, 문화, 교육, 정치, 시간 등-를 받고 삽니다. 반면 믿지 않는 사람들은 하나님께 일반 은혜만을 받고 삽니다(참조. 시 119:89; 겔 34:26-27; 마 5:45; 행 14:15-17; 딤후 3:15-17 등). 그리스도인들은 하나님께서 베풀어주시는 특별 은혜와 일반 은혜에 무한 감사를 드리며 살아야 합니다. 또한 일반 은혜를 받고 사는 사람들도 그 은혜로 인해 하나님께 감사해야 하지만, 믿지 않는 사람들은 하나님의 존재 자체를 부인하기에 하나님께 감사하지 않습니다.

여덟 번째, 소망: 그리스도인들은 하나님과 천국을 소망하면서 세상에서는 나그네로 삽니다. 반면 믿지 않는 사람들은 자기 자신과 세상에 소망을 두고 삽니다(참조. 빌 3:20-21; 히 6:11-20 등). 그래서 믿지 않는 사람들이 이 세상에서 더 행복하고, 더 잘 되려는 노력을 하며 삽니다. 뿐만 아니라 그들은 세상에 집착할 뿐만 아니라, 육체적인 생명을 잃지 않기 위해 많은 노력을 합니다. 물론 그들의 이런 모습은 하나님이 보시기에 어리석은 노력에 불과합니다.

아홉 번째, 죽음 이후: 그리스도인들은 죽은 후 천국에 갑니다. 반면 믿지 않는 사람들은 죽은 후 지옥에 갑니다(참조. 마 25:31-46; 눅 16:19-31; 계 7:9-17, 19:20, 20:11-15 등). 그리스도인들은 이 사실 하나만으로도 가족들이나 가까운 친구들을 비롯해 믿지 않는 사람들에게 예수 복음을 전하는 데 열심을 내야 한다는 것을 깨닫게 될 것입니다.

열 번째, 심판의 결과: 그리스도인들은 최후의 심판에서 영원한 상급을 받아 영원히 삽니다. 반면 믿지 않는 사람들은 영원한 형벌을 받아 영원히 고통을 당합니다(참조. 마 12:33-37, 25:31-46; 요 3:18; 롬 6:23; 계 21:8 등). 이 세상에 잠깐이라도 살았던 모든 사람들은 심판장이신 예수 그리스도 앞에 설 날이 분명이 있습니다. 그 때가 언제인지 잘 모르지만, 그 날이 오고 있음을 기억하는 그리스도인들의 삶이 되어야 합니다.

세상 사람들이 예수 그리스도를 믿지 않는 이유

세상 사람들이 예수 그리스도를 믿지 않는 이유는 죄로 인해 영적인 눈이 가려졌기 때문인데, 한 번 죄를 짓고 하나님을 떠나면 마귀가 그들을 자신의 자녀로 삼고 하나님을 찾지 못하도록 끊임없이 방해합니다. 물론 하나님께서는 사람들에게 하나님을 알 수 있는 마음을 주셨으나, 마귀의 방해로 그 사실을 알지 못하거나 그 사실을 알고도 하나님께 영광 돌리거나 감사하지 않으며 삽니다(참조. 롬 1:19-21; 살후 2:9-10 등).

이 세상에 살고 있는 사람들은 죽음 이후의 세계에 대해 경험해 본 적이 없기에, 눈에 보이지 않는 하나님의 심판이나 천국과 지옥에 대해서 믿지 않는 것입니다. 또한 사람들은 하나님이 보이지 않기 때문에 믿을 수 없다고 합니다. 그러면서 그들이 믿는다고 하는 존재를 보면 아무런 힘도 없는 사람들이거나 피조물에 불과합니다. 그 뿐만 아니라 성경에는 세상 사람들이 예수 그리스도를 믿지 않는 여러 가지 이유가 기록되어 있으므로, 성경을 통해 좀 더 구체적으로 살펴보겠습니다.

세상 사람들은 하나님이 보이시지 않기에 없다고 생각하고(시 10:4, 14:1, 53:1), 그들은 하나님이 없다는 생각으로 하나님을 두려워하지 않기에(시 36:1), 예수 그리스도 뿐만 아니라, 하나님과 하나님의 말씀을 믿지 않습니다(요 5:42-47; 살후 2:9-12; 벧전 2:1-10; 요일 5:10). 사실 그들은 하나님과 하나님의 말씀을 마음에 두기 싫어하고(롬 1:28), 죄악된 삶을 당연하게 여기기 때문에 예수 그리스도를 믿지 않습니다(롬 1:18-32; 엡 4:19 등).

또한 그들은 하나님께 속한 사람들이 아니고 마귀에게 속한 사람들이기 때문에 마귀가 원하는 대로 살고(요 8:39-47; 요일 3:8-10), 하나님께서 말씀하시는 영적인 것을 깨닫지 못하며(마 13:1-15; 행 26:17-18; 엡 4:17-19 등), 하나님께서 선택한 사람들이 아니기에 예수 그리스도를 믿지 않습니다(마 22:14; 요 10:25-26; 엡 1:11; 딤후 2:10; 벧후 1:10 등). 그 뿐만 아니라 세상 사람들이 예수 그리스도를 믿지 못하게 방해하는 세력들이 많은데, 마귀와 그를 따르는 세력들, 그리고 마귀의 자녀들과 가짜 그리스도인들이 그러한 세력들입니다(눅 8:12; 요 8:43-45; 고후 4:4; 살전 2:15-16 등).

믿지 않는 사람들은 죄로 인해 영적인 눈이 가려 영적인 것을 제대로 보지 못할 뿐만 아니라 제대로 깨달을 수 없습니다. 그러기에 그들은 예수 그리스도의 십자가의 죽으심과 부활, 그리고 죽음 이후의 세계 등에 대한 영적인 지식을 어리석은 것으로 생각하며 삽니다(참조. 고전 1:18-24, 15:12-19 등).

이런 모든 이유들을 종합해 볼 때 세상 사람들의 영적인 무지, 그들의 죄악된 생각과 삶, 그리고 마귀와 그를 따르는 세력들을 비롯한 마귀의 자녀들의 방해로 인해 예수 그리스도를 믿지 않는 것입니다.

🔵 믿지 않는 사람들이 짓는 죄와 그들이 주로 하는 일

믿지 않는 사람들이 짓는 가장 큰 죄는 예수 그리스도를 믿지 않는 죄와 그 분을 믿지 못하도록 방해하는 죄입니다. 물론 그들은 하나님과 하나님의 말씀을 믿지도 않을 뿐만 아니라, 그 말씀을 어기며 사는 죄를 지으며 삽니다. 그리고 믿지 않는 사람들이 주로 하는 일은 거짓의 아비인 마귀가 시키는 대로 거짓된 삶을 살고(요 8:39-47; 요일 3:8-10), 선한 일보다 죄를 짓는 일들을 하며(마 25:41-45; 롬 1:18-32; 엡 4:19; 딤후 3:1-9 등), 우상숭배를 하고 자기를 위한 삶을 삽니다(빌 2:21; 벧전 4:2-5).

물론 믿지 않는 사람들 중에는 예수 그리스도를 믿지 않음에도 불구하고, 세상적인 윤리에 맞게 사는 사람들도 있고, 가난한 사람들을 비롯해 어려운 사람들을 돕고 베풀면서 세상적으로 선하게 사는 사람들도 있습니다. 그들이 아무리 겉으로 보기에 좋은 성품을 가졌고, 아무리 세상적인 윤리에 맞게 살며, 아무리 세상적인 선을 많이 행하며 산다고 해도, 예수 그리스도를 믿지 않으면 그들의 선한 행위로는 하나님께 구원을 받을 수 없습니다.

그들 중에 우상숭배자들은 자신들이 우상숭배를 잘 하고, 우상이 원하는 대로 행하면 구원을 얻을거라고 착각하며 삽니다. 하나님의 자녀로 살아가는 그리스도인들은 믿지 않는 사람들보다 더 윤리적인 삶을 살아야 하고, 더 선한 말과 행함으로 그들에게 모범이 되는 삶을 살아야 합니다.

● 믿지 않는 사람들이 예수 그리스도를 믿을 수 있는 방법

그리스도인들이 믿지 않는 사람들에게 예수 복음을 전할 때, 성령 하나님께서는 예수 복음을 듣는 사람들에게 믿음을 주셔서 구원을 받게 하십니다(요 1:12; 행 10:44-46; 엡 1:8-13, 2:8-10, 3:6 등). 왜냐하면 구원은 사람들의 선한 행위로 받는 것이 아니라, 오직 하나님의 은혜, 즉 예수 그리스도를 믿음으로만 받을 수 있기 때문입니다(엡 2:8-10 등). 그리스도인들은 믿지 않는 사람들에게 때를 얻든지 못 얻든지 항상 예수 복음을 전해야 합니다(마 28:19-20; 행 1:8, 20:24; 고전 1:18-31; 딤후 4:2 등).

그리스도인들이 믿지 않는 사람들에게 예수 복음을 전하며 사는 것은 선택이 아니라 의무입니다(고전 9:16-27). 그리스도인들 중에는 믿지 않는 사람들에게 예수 복음을 전하는 일은 목회자들이나 선교사들만 하면 되는 것처럼 생각하는 사람들이 있습니다. 그러나 성경은 모든 그리스도인들이 믿지 않는 사람들에게 예수 복음을 전하며 살아야 한다고 가르쳐 주고 있습니다.

현재 세상에 살고 있는 그리스도인들도 누군가를 통해 예수 복음의 메시지를 듣고 하나님의 은혜로 예수 그리스도를 믿어 구원을 받았습니다. 그 사실을 아는 그리스도인들은 하나님의 은혜에 감사해서, 믿지 않는 사람들에게 예수 복음 전하는 일에 힘쓰며 삽니다.

그리스도인들이 믿지 않는 사람들을 대하는 방법

그리스도인들은 믿지 않는 사람들을 항상 선함(골 4:5-6; 살전 5:15 등)과 사랑(마 5:43-44, 22:39; 고전 16:14; 갈 5:14; 약 2:8 등)으로 대해야 합니다. 그리고 그들에게 예수 복음을 전함으로 구원의 길로 인도해야 하고(고전 9:16-18; 빌 1:16 등), 복음을 전할 때는 하나님이 주시는 지혜와 선한 말로 은혜를 끼쳐야 합니다(엡 4:29; 골 4:5-6). 또한 그들을 전도할 때나 그들에게 하나님의 말씀을 가르칠 때는 온유(갈 6:1; 딤후 2:25)하게 대해야 합니다.

사실 그리스도인들은 하나님의 자녀이기에 누구를 대하든 선한 말과 행위, 사랑과 용서, 그리고 배려와 온유한 모습으로 대해야 합니다. 그리스도인들의 선한 말과 행동은 믿지 않는 사람들의 마음을 움직여, 그들로 하여금 예수 그리스도를 믿게 하기 위한 도구요, 그들에게 선하신 하나님을 높이는 것이 됩니다.

그리스도인들이 죄로 죽어가는 사람들을 구원하는 일은 아주 시급하고 중요한 일이기에, 그들을 대할 때는 그들을 불쌍히 여기는 마음과 그들에게 영원한 생명을 얻게 하고자 하는 간절한 마음을 가져야 합니다.

그리스도인들과 믿지 않는 사람들의 일반적인 관계

그리스도인들은 믿지 않는 사람들과 할 수만 있다면 하나님의 말씀의 범위 내에서 화평하게 지내야 합니다. 그리고 그리스도인들은 선한 이웃이 되어, 주변 사람들과 좋은 관계를 맺으며 살아야 합니다. 그리스도인들은 세상에서 사랑하는 삶과 소금과 빛의 선한 삶을 살므로, 믿지 않는 사람들이 하나님께 영광을 돌릴 수 있게 해야 합니다(마 5:13-16; 살전 4:9-12; 벧전 2:11-12 등).

그리스도인들은 세상에 사는 동안 먼저는 하나님을 의식하며 살아야 하고, 그 후에는 전도 대상인 세상 사람들을 의식해야 합니다. 그러기에 그리스도인들은 선한 삶으로 세상 사람들에게 좋은 평판(인정)과 존중을 받아야 하고(살전 4:9-12; 딤전 3:7 등), 하나님의 자녀로서 그들보다 훨씬 더 선하게 사는 모범을 보여야 하며, 그들에게 하나님의 선한 영향력을 끼치며 살아야 합니다. 물론 세상 사람들은 그리스도인들이 세상에 속하지 않았다는 이유로 미워할 수 있지만, 세상 사람들이 어떤 태도로 대하든 그리스도인들은 그들을 선하게 대해야 합니다(요 7:7, 15:18-25).

또한 그리스도인들이 하나님의 말씀대로 살지 않으면, 믿지 않는 사람들은 하나님과 지역 교회들, 그리고 그리스도인들을 비난할 것임을 명심해야 합니다(시 44:15; 사 52:5; 롬 2:23-24 등). 그러기에 그리스도인들은 어떤 상황에서도 하나님의 말씀에 따라 살뿐만 아니라, 말과 행동으로 하나님과 하나님의 교회, 그리고 믿음의 형제들을 욕되게 하지 않는 삶을 살고자 노력해야 합니다.

그리스도인들은 세상 사람들의 형통한 삶을 부러워하지 말아야 하고, 그들의 잘못된 삶이나 물질과 세속적인 것을 추구하는 삶을 닮아가서는 안 되며, 그들의 형통한 모습을 보면서 하나님께 불평을 해서도 안 됩니다(시 1:1-6, 73:1-28; 잠 23:17-18, 24:1-2 등). 그 대신 그리스도인들은 하나님께 더 가까이 나아가고, 하나님을 더 의지하며, 하나님께 자신의 모든 것을 맡기면서 살아야 합니다(시 37:34; 마 7:7-11; 눅 11:9-13; 약 4:8; 벧전 5:7 등).

또한 그리스도인들은 자신의 노력이나 선한 행위로 구원을 받은 것이 아니라, 하나님의 은혜로 구원 받았음을 기억해야 합니다(엡 2:8-9 등). 그래서 그리스도인들은 세상 사람들이 어떻게 살든 판단하거나 정죄하지 말고, 하나님의 심판에 맡겨야 합니다(고전 5:12-13; 약 4:11-12).

그리스도인들은 세상 사람들을 판단하거나 정죄하지 말아야 합니다. 그들이 속히 예수 그리스도를 믿고 구원을 얻게 해 달라고 하나님께 간절히 기도해야 합니다. 그리고 그들이 영원한 죽음으로 가지 않도록 적극적으로 예수 복음을 전해야 합니다.

또한 그리스도인들은 믿지 않는 사람이 식사에 초대했을 때는 그들이 차려놓은 음식을 자유롭게 먹되, 그 음식이 우상에게 제물로 바쳤던 것이라고 말한다면 그 음식은 먹지 말아야 합니다(고전 10:27-31). 왜냐하면 사람들이 우상에게 제물로 바쳤던 것이라고 말하는데도 그리스도인들이 그 음식을 먹으면, 사람들에게 우상 숭배를 인정하는 것으로 오해받을 수 있고, 믿음이 연약한 그리스도인들이 시험에 들 수도 있기 때문입니다.

그리스도인들도 믿지 않는 사람들을 초대하여 음식을 함께 먹을 수 있는데, 믿지 않는 사람들을 전도하기 위해 적극적으로 대접하는 것은 바람직합니다. 그리고 그리스도인들은 믿지 않는 사람들이 가난하거나 어려움에 처하면 적극적으로 베풀고 도와주어야 합니다.

그러나 그리스도인들은 믿지 않는 사람들과 결혼을 하지 않는 것이 좋습니다(고후 6:14-15). 물론 하나님께서 전도하라고 말씀하신 사람이라면 해야 하겠지만, 특별한 경우가 아니라면 하나님께서 믿지 않는 사람들과 결혼을 하라고 말씀하지 않으실 것입니다(참조. 호 1:2-9 등). 그리스도인들이 믿지 않는 사람과 결혼을 하게 되면 신앙적인 문제로 다툴 수도 있고, 믿지 않는 배우자의 영향을 받아 신앙생활을 게을리 하게 되거나 우상 숭배를 하는 등 하나님과 멀어질 수도 있음을 기억해야 합니다. 그리스도인들은 믿지 않는 사람과의 결혼은 아주 신중해야 합니다.

하지만 그리스도인이 믿지 않는 사람과 이미 결혼을 했다면 믿지 않는 배우자가 헤어지자고 요구하기 전에는 헤어지지 말아야 되는데, 그 이유는 그/그녀를 예수 그리스도께로 인도할 수 있을 뿐만 아니라 그/그녀와 자녀들을 거룩해지도록 도울 수 있기 때문입니다(고전 7:12-15). 그러기에 그리스도인들은 믿지 않는 배우자와 자녀들이 예수 그리스도를 믿어 구원을 얻고, 거룩한 하나님의 자녀로 살 수 있도록 최선을 다해 노력해야 합니다.

결론적으로 그리스도인들은 세상에 사는 동안 믿지 않는 사람들과 좋은 관계를 맺을 뿐만 아니라, 그들에게 예수 복음을 전하여 하나님께로 인도하기 위해 노력해야 합니다. 그리고 그리스도인들은 믿지 않는 사람들을 불쌍히 여김으로 그들을 위해 하나님께 항상 기도해야 합니다.

맺음말

지금까지 그리스도인의 정체성이 무엇이며, 그리스도인으로서의 정체성을 가진 사람들은 어떻게 살아야 하는지 알아보았습니다. 하나님 안에서의 자신의 정체성, 즉 자신이 누구인지 알게 된 그리스도인들과 자신이 하나님 안에서 어떻게 살아야 하는지 깨닫게 된 모든 그리스도인들은, 이제부터 그리스도인으로서의 정체성에 맞게 살아야 합니다.

그 뿐만 아니라 자녀들(자녀 세대들)에게 그리스도인의 정체성이 무엇인지 열심히 가르치기를 바랍니다. 물론 그리스도인들 모두 한 번의 다짐으로 끝나지 않고 평생 그리스도인으로서의 정체성에 맞게 살아가기를 응원합니다. 여기서 지금까지 배웠던 내용을 전체적으로 한 번 되짚어 보겠습니다.

사람들은 원래 죄로 인해 죽을 수 밖에 없는 존재요, 하나님과 원수되어 마귀의 자녀였습니다. 그래서 그 때는 하나님을 기쁘시게 하는 삶이 아니라 죄의 본성인 육체의 욕구가 원하는 대로 자신이 원하는 삶을 살았습니다. 그렇게 자신들이 어떤 존재이고, 영원한 죽음을 향해 가고 있다는 사실도 모른 채, 세상과 육체적인 삶이 전부인 것처럼 살았습니다. 그러나 그런 사람들에게 하나님께서 은혜와 사랑을 베풀어 주셨습니다. 그들이 하나님의 은혜로 예수 그리스도를 믿고 구원을 받아 영원한 생명을 가진 하나님의 자녀가 되었습니다.

그리스도인의 정체성은 예수 그리스도를 믿음으로 구원을 받은 사람들이 "하나님 안에서 나는 누구인가"라는 질문에 대한 대답입니다. 다시 말해, 그리스도인으로서의 정체성은 예수 그리스도를 믿음으로 구원 받는 순간부터 주어지는 본질적 특성(하나님의 자녀, 거듭난 사람, 용서 받은 사람, 생명책에 기록된 사람, 영원한 생명을 얻은 사람, 하나님 나라의 시민 등)과 구원 받은 사람들이 성경과 교회를 통해 배움으로 형성되는 경험적인 특성(예배자, 복음의 증인, 성경적인 가치관과 세계관에 맞게 사는 사람, 예수 그리스도를 닮아가는 사람, 하나님의 교회의 성도, 세상의 소금과 빛된 선한 삶을 사는 사람 등)이 합쳐져 자신이 어떤 존재인지를 가르쳐 줍니다.

그리스도인들이 하나님 안에서의 자신의 정체성에 대해 제대로 알게 된다면, 하나님께서 자신들에게 베풀어 주신 은혜와 사랑, 자신들을 귀히 여기셔서 맡겨주신 사명, 그리고 영원한 천국을 향한 소망들로 인해 하나님을 향한 기쁨과 감사로 가득 찬 인생을 살게 될 것입니다.

또한 하나님 안에서 자신의 정체성에 맞게 사는 그리스도인들은, 하나님께 영광을 돌리는 삶을 살고, 믿음의 삶으로 하나님을 기쁘시게 하며, 하나님의 은혜와 사랑에 무한대의 감사를 드리고, 하나님의 뜻을 이루어 드리며, 하나님께 영과 진리로 바른 예배를 드리고, 시와 노래로 하나님을 높여 찬양을 하며, 예수 복음의 증인으로서의 사명을 비롯해 하나님께서 맡겨주신 사명을 성실히 이행하고, 서로를 사랑하고 용서하며, 높은 자존감을 유지하며, 성경적인 세계관에 맞게 살고, 예수 그리스도를 닮아가는 모습으로 변하게 되며, 거룩하게 구별된 하나님의 자녀로서 세상에 빛과 소금으로서의 선한 영향력을 미치며 사는 복된 인생이 될 것입니다.

그리스도인들은 자신이 하나님께 어떤 은혜를 받았고/받고 있고, 어떤 존재인지만 제대로 알아도 정체성이 흔들릴 수 없는 사람들입니다 (참조. 요 1:12, 3:16; 롬 8:35-39; 고전 1:26-31; 엡 2:8-9 등). 다시 말해, 그리스도인들은 아직 죄인으로 있을 때에 예수 그리스도께서 십자가에서 자신들을 대신해서 죽어주심으로 하나님의 사랑을 확실히 보여주셨음을 마음에 깊게 새기고 그 사실을 날마다 기억해야 합니다(요 3:16; 롬 5:6-8 등). 그리스도인들은 자신이 그 놀라운 하나님의 사랑과 은혜를 받고 사는 것을 기억하며 사는 사람이라면, 그리스도인으로서의 정체성에 맞게 사는 것을 자랑스러워 할 것이고, 어떻게든지 그 정체성을 유지하기 위해 노력할 것입니다.

모든 그리스도인들은 성경을 기준으로 하나님 안에서 자신이 어떤 존재인지를 정확히 알 뿐만 아니라, 그리스도인으로서의 정체성에 맞게 살아야 합니다. 특히 그리스도인으로서의 정체성을 가진 그리스도인들은 세상의 교훈이나 사람들의 유혹에 넘어가지 않도록, 말씀과 성령을 통해 영적으로 강해지고 성숙해져야 합니다(갈 5:16-26; 엡 3:16-17, 4:11-16, 5:12 등).

그리고 그리스도인들은 그리스도의 향기요, 그리스도의 편지요, 그리스도로 옷 입은 자요, 그리스도의 증인으로서 세상에 예수 그리스도의 사랑을 알리고 전해야 합니다. 또한 그리스도인들은 그리스도의 군사로서 마귀와의 영적인 싸움에서 승리할 뿐만 아니라 마귀의 방해로 인해 예수 그리스도를 믿지 못하는 사람들을 예수 그리스도께로 인도하기 위해 적극적으로 마귀와 싸워야 합니다.

그리스도인들 모두는 그리스도인으로서의 정체성에 맞게 사는 동안 예수 그리스도를 닮아가야 합니다(히 3:1, 12:1-3; 요일 2:6 등). 그리고 그리스도인들이 그리스도인으로서의 정체성에 맞게 살기 위해 예수 그리스도를 믿기 전에 가지고 있었던 자신의 좋은 조건들(좋은 집안, 지식, 능력, 물질, 경험 등)과 헛된 생각, 헛된 욕심, 신앙생활에 방해가 되는 관계와 모임들, 그리고 세속적이고 죄의 본성에 따른 육체적인 욕구들을 과감히 버려야 합니다(고전 15:31-34; 빌 3:4-8 등).

그러기 위해 그리스도인들은 서로 협력하고 함께 기도하며, 하나님의 말씀과 교회 중심의 신앙생활을 해야 합니다. 왜냐하면 그리스도인으로서의 정체성에 맞게 사는 데는 말씀 안에서 믿음의 형제들과의 친밀한 교제를 하고, 교회 중심의 신앙생활을 하는 것이 그 무엇보다 중요하기 때문입니다.

예를 들어, 그리스도인들이 하루만 그리스도인의 정체성에 맞게 살면 되는 것이 아니라, 예수 그리스도를 믿은 후 평생 동안 그 정체성을 유지하며 살아야 합니다. 물론 그리스도인들이 그리스도인으로서의 정체성에 맞게 살면 하나님이 주시는 큰 기쁨과 감사를 맛보며 믿음이 더 성장하고 성숙해질 것입니다. 그런데 인생을 오래 살다보면 때로는 고난과 고통이 찾아와 괴롭히고, 때로는 삶의 어려움으로 낙심이 되며, 때로는 마귀와의 영적인 싸움으로 힘들고, 때로는 다른 사람들과의 관계로 인해 어려움을 당하며, 때로는 어떤 환경이나 상황으로 인해 믿음이 식을 수도 있습니다.

그렇게 되면 마귀의 유혹과 시험이 강하게 찾아와 그리스도인의 정체성에 맞게 사는 것이 부질없는 것처럼 느껴질 때도 있고, 그 정체성에 맞게 사는 것이 맞는지 흔들릴 때도 있고, 그 정체성에 맞게 사는 것을 힘들어 할 수도 있습니다. 그렇지만 그런 상황에서도 자신이 하나님 안에서 어떤 존재인지를 깊이 묵상하면서 기도한다면, 분명히 하나님께서 위로와 다시 일어날 힘을 주셔서 그리스도인으로서의 정체성을 회복할 수 있을 것입니다.

물론 하나님 안에서 자신이 어떤 존재인지를 묵상할 마음조차 생기지 않는 것을 대비해서, 항상 교회 중심의 신앙생활을 하면서 믿음의 형제들과 친밀한 교제를 하면서 살아야 합니다. 믿음의 형제들과의 영적인 교제나 교회 중심의 신앙생활은 인생을 살면서 삶의 의욕이 꺾일 만큼 엄청난 고통과 고난, 환난과 핍박, 그리고 지속적인 시련을 당할 때, 그리고 믿음이 연약해지고 이런 저런 이유로 영적으로 낙심될 때 지탱할 수 있는 힘과 다시 일어설 수 있는 도움을 받을 수 있습니다. 그리스도인들이 하나님 안에서의 정체성에 맞게 살기 위해서는 항상 성령 하나님의 도우심이 필요하기에, 말씀과 기도를 통해 하나님과 영적으로 깊은 교제를 함으로써 그 분과의 친밀한 관계와 성령 충만한 상태를 유지하도록 노력해야 하고, 교회 중심의 신앙생활을 해야 하며, 믿음의 형제들과도 친밀한 영적인 교제를 하면서 살아야 합니다.

요즘 그리스도인들 중에 그리스도인의 정체성을 제대로 갖고 있지 않아, 마귀의 유혹과 시험에 넘어져 구원 받기 전의 옛 모습, 즉 세속적이고 죄의 본성인 육체의 요구대로 사는 사람들이 많이 있습니다. 또한 그리스도인들 중에는 죄로 인해 하나님과 멀어져 하나님 안에서 자신이 얼마나 귀한 존재인지, 얼마나 큰 은혜와 사랑을 받으며 사는지를 잊어버린 채 사는 사람들도 많습니다.

마귀의 전략으로 세상 사람들은 점점 더 세속적이고 쾌락적인 모습으로 변질되고 있는데, 그리스도인들이나 지역 교회들도 그리스도인으로서의 정체성을 잊어버리고 그런 세속적인 모습을 따라가고 있는 것이 안타까운 현실입니다. 그러한 때에 그리스도인들은 성경을 기준으로 바른 정체성을 제대로 알아, 그리스도인으로서의 정체성을 회복하고, 그 정체성에 맞게 살고자 노력해야 합니다.

물론 그리스도인들은 그리스도인으로서의 정체성에 맞게 사는 것은 한 순간이 아니라 평생 지속되어야 한다는 것을 늘 마음에 새기고 살아야 합니다. 그리스도인들이 바른 정체성을 가지고 살기 위해 성경을 읽고 배우고 실천하며 교회에 모이기에 힘써야 할 뿐만 아니라, 믿음의 형제들끼리 자주 영적인 교제를 통해 자신을 점검하고, 서로를 돕고 세워주어야 합니다.

　요즘 세상에서 많은 이슈가 되고 있는 동성애 문제와 같은 성 정체성의 문제는 성경을 기준으로 볼 때 잘못되었음에도 불구하고, 수많은 그리스도인들과 지역 교회들이 시대가 변했으니까 괜찮다는 식으로 받아들이는 잘못을 범하고 있습니다. 마귀는 그리스도인들이 그리스도인으로서의 정체성에 맞게 살지 못하도록 끊임없이 방해하는데, 그 시험에 그리스도인들이 너무 쉽게 넘어진다는 것이 안타까운 현실입니다.
　또한 그리스도인들과 지역 교회들은 시대와 상황, 그리고 세상 사람들의 주장이나 그 시대의 상식보다 오직 하나님의 말씀에 기준을 두고 살아야 하고, 마귀의 유혹과 시험에 넘어져 그리스도인으로서의 정체성을 잊어버리지 않도록 끊임없이 깨어 성령 하나님께 기도로 도움을 요청하며, 말씀을 읽고 배우며 그 말씀을 실제 삶에서 적용함으로 성숙한 믿음을 가지려는 노력을 해야 합니다. 그래서 모든 그리스도인들은 한 순간도 예외 없이 하나님 안에서의 자신의 정체성에 맞게 살므로 하나님을 기쁘시게 해야 합니다. 그리스도인들에게 자신의 정체성에 맞게 살라는 말은 강조하고 또 강조해도 지나치지 않을 만큼 영적으로 아주 중요합니다.
　다시 말해, 한국 사람은 한국의 전통과 역사, 문화와 상식을 비롯해 한국인다운 모습으로 살아야 합니다. 그리고 한 가정의 가족들은 그 누구보다 서로를 사랑하고 위해 주며, 가족들을 위해 목숨까지 바칠 마음으로 아끼고 최선을 다해 서로를 돌보는 모습으로 살아야 합니다.
　마찬가지로 그리스도인들은 자신이 하나님 안에서 어떤 존재인지와 어떻게 살아야 하는지에 대해 정확히 이해한 후에는, 하나님께 받은 사랑과 은혜에 감사하고 기뻐하는 가운데 자연스럽게 몸에 베인 습관처럼 그리스도인으로서의 정체성에 맞게 살아야 합니다.

그리스도인들은 하나님 안에서 자신의 정체성에 맞게 사는 모습으로 자신의 믿음을 증명할 수 있어야 합니다(참조. 약 2:14-26 등). 다시 말해, 진짜 그리스도인들은 하나님 안에서 자신의 정체성에 맞게 살지만, 가짜 그리스도인들은 말로만 그리스도인인 척 할 뿐 실제로는 그리스도인의 정체성에 맞게 살지 않는 위선적인 모습을 보입니다(참조. 마 13:24-43, 23:1-36; 고후 13:5; 딤후 2:18-19; 요일 3:3-10 등).

진짜 그리스도인이라고 확신하며 사는 사람들 모두는 자신이 그리스도인으로서의 정체성에 맞게 살고 있는지 다시 한 번 점검해 보고 그리스도인으로서의 정체성에 맞게 살 뿐만 아니라, 가족들(자녀들)에게도 그리스도인의 정체성에 대해 더 적극적으로 가르쳐 그들도 그리스도인으로서의 정체성에 맞게 살 수 있도록 돕고 이끌어 주면서 살기를 바랍니다.

그리스도인의 정체성 | 나는 누구인가

2022년 11월 15일 초판 발행

지은이　|　김환동

편집과 디자인　|　Kay Jung
펴낸곳　　|　(사)기독교문서선교회
등록　　　|　제16-25호(1980.1.18)
주소　　　|　서울특별시 동대문구 천호대로71길 39
전화　　　|　02-586-8761~3(본사) 031-942-8761(영업부)
팩스　　　|　02-523-0131(본사) 031-942-8763(영업부)
이메일　　|　clckor@gmail.com
홈페이지　|　www.clcbook.com
송금계좌　|　기업은행 073-000308-04-020 (사)기독교문서선교회

ISBN 978-89-341-2493-1 (03230)

※ 낙장. 파본은 교환해 드립니다.(The damaged (tears, missing pages, etc.) book will be replaced.)
※ 신저작권법에 의하여 보호를 받는 저작물이므로 무단복제를 금합니다.
　 (Copying without prior autorization is strictly prohibited.)

이 책의 저작권은 김환동 목사와 L.G.E.S.가 소유합니다.
Copyright ⓒ 2022, by Hwan Dong Kim & L.G.E.S. All rights reserved.